KB126215

부모가 알아야 할

사교육의 비밀

 이야기로 세상을 바꾼다. 스토리하우스

부모가 알아야 할

사교육의 비밀

황치호 지음

스토리하우스

추천사

대학에서 미래의 법률가를 길러내는 본인은 소위 선생이다. 하지만, 막상 집에 가면 학부모이고, 자식의 미래를 집사람과 함께 고민해야 하는 수험생의 아비다. 남들은 교수라는 직업을 가진 본인이 자녀교육에 관한 어떤 특별한 노하우know-how를 가지고 있을 것이라고 어림짐작 하지만, 실상은 본인도 자녀의 학년별 성장에 따라 수시로 공교육은 물론 사교육에 종사하는 분들의 조언을 얻어서 자녀교육에 참고해야 하는 필부에 불과하다.

본인은 지난 2014년 가을 어느 날, 이 책의 저자인 황 선생으로부터 이 책에 대한 추천사를 좀 써달라는 청을 받고, 주저하지 않고 기쁜 마음으로 멋진 추천사를 쓰겠다고 흔쾌히 수락했다. 그 후 황 선생이 보내 준 원고를 보면서 그간 본인이 애를 기르는 과정에서 미처 몰랐던 많은 내용들을 이 책의 원고에서 발견하면서 이 책이 좀 더 일찍 세상에 나왔더라면 훨씬 더 많은 도움이 얻었을 텐데 라는 아쉬움을 갖기도 했다.

본인이 생각하기에, 이 책은 다른 사교육에 관한 책들과는 다른 다음의 세 가지의 특징을 가지고 있는 듯하다.

첫째, 이 책은 현장에서 잔뼈가 굵은 사교육 전문가인 저자가 직접 사교육의 현장에서 경험하고 체득한 장점과 단점을 솔직하게 논하고 있다. 또 효율적이며 효과적인 사교육 활용법을 잘 보여주고 있다. 사교육을 강하게 비난하면서도, 사교육을 대체할 별다른 대안을 제시하지 못하는 분들도 한 번쯤 읽고 참고했으면 하는 내용이 이 책 곳곳에 잘 담겨진 책이다.

둘째, 현재 쟁점이 되는 입시문제에 대한 찬반양론을 잘 정리하고 있다. 이 책은 그간 피상적으로만 알고 있던 각종 교육문제를 저자만의 독특하면서도 명확한 시각과 충분한 근거를 바탕으로 충실 히 전달하고 있다. 본인을 포함해 이 책을 읽는 독자들이 미처 생각하지 못한 현 교육의 문제점들을 한번쯤은 다른 각도에서 생각해 보게 하는 책이다.

셋째, 기존의 사교육에 관한 책들이 담지 못한 다양한 내용들을 이 책은 소개하고 있다. 과열된 사교육이 우리나라나 일본에만 있던 것일 것이라고 얼핏 알고 있던 본인에게 미국은 물론 중국, 싱가폴, 유럽 각국의 교육현실을 충실히 소개함으로써 사/공교육에 관한 사고의 범위를 넓혀준 책이다.

고3때 같은 반 짝꿍이었던 필자와 본인은 80년대, 당시는 서울의 외진 양천구에 위치한 중학교와 고등학교에서 동문수학한 사이다. 그때 우리의 비루한 모습은 어디론가 사라지고 이제는 어느덧 40대 중반을 넘어선 나이가 되었다. 지금의 우리를 있을 수 있게 한 것은 어찌 됐든 우리가 받은 고등교육의 힘이다. 비록 본인은 공교육에 있고, 이 책의 필자인 황선생은 사교육에 있지만, 미래의 인재를 가르치는 분야에 함께 있다는 것이 희미해도 분명히 존재하는 저자와 본인의 공통분모이다.

저자와 본인은 가끔 만나 세상의 이런저런 얘기를 안주삼아 맥주 한두 잔을 나누는 사이지만, 이렇게 글을 통해 친구의 생각을 확인하고 추천의 글을 쓰는 것은 또 다른 새롭고 뜻 깊은 경험이다. 이 책이 다소 늦게 세상에 나온 감이 있지만, 자녀 교육에 관해 고민하고 길을 찾고자 하는 많은 독자들에게 큰 도움이 되길 바란다. 끝으로 굳은 용기를 모아 세상을 향해 이 책을 내던진 친구 황치호 선생에게 따뜻한 박수를 보낸다.

2015년 3월 30일

부산대 법과대학원

교수 서희석

prologue

글을 쓴다는 것은 한편으로는 두려운 일이고 또 다른 한편으론 밤잠을 설치게 하는 가슴 설레임이기도 하다. 특히나 필자처럼 전문 작가가 아닌 사람이 글을 쓴다는 것은 정말 새롭고 무모한 도전임에 틀림없다. 하지만 사교육 현장에서 근 20년을 몸담아온 필자가 사교육의 좀 더 직접적이고 내밀한 이야기를 이 시대의 학부모들에게 전하는 것도 내가 할 수 있는 작지만 소중한 일이라는 과감한 생각이 이 무모한 도전을 가능케 했다.

이 시대의 부모들은 본인의 아픔과 삶의 상처를 돌 볼 겨를도 없이, 등에 그리고 양손에 가족이라는 큰 짐을 안고 쉼 없이 뛰어야 하는 고독한 존재들이다. 특히 우리의 아버지들은 지친 몸을 이끌고 집에 돌아와서도 애들의 예쁜 미소 한 번에 내일 또 펼쳐질 직장에서의 치열한 전투를 위한 무한한 힘과 용기를 얻는 존재들이다. 이 아빠들은 겉으로는 무관심해 보이지만 애들의 학교성적이나 대학입시에 대해서 그 누구보다도 큰 관심과 기대를 가진 사람들이다. 하지만 이들은 학교에 가서 선생님들과 상담하는 것도 쑥스럽고, 갑자기 자녀들이 내미는 성적표를 앞에 두고 그들과 긴 대화를 나누는 시작점을 잃어버린 존재들이다. 그 이유는 그들이 현재의 교육제도나 흐름에 무지하기 때문이다.

아빠들은 애들 교육에 나서지 않는 것이 오히려 애들 앞길에 도움이 된다는 통설을 믿고 애써 교육의 일선에서 물러서 있는 자신들을 현명한 아버지라고 스스로를 위로한다. 그러나 애들이 받아오는 성적표에 속으로 끙끙 앓고 크게 화가 나는 존재들이다. 이런 보통의 아빠들이 필자의 주변에 가득하다. 남들에게는 자식교육에 관해 묻는 것이 쑥스러운 이들도 필자를 만나면 자기 자식들을 위한 교육정보를 한 가지라도 더 얻고 싶어 귀를 쫑긋 세운다. 이런 이들에게 좀 더 체계적이고 입체적인 교육 얘기를 들려주고 싶은 욕심으로 필자는 그간의 경험과 생각을 담아 이렇게 책을 내게 되었다.

필자가 이 책에서 다루는 교육에 관한 주된 주제는 아래와 같다.

1. 변화된 교육환경에 대해 무지한 부모들에게 입시나 교육에 대한 정보를 쉽게 전달하자.
2. 대치동으로 상징되는 사교육의 실체는 무엇이고, 현재의 사교육을 어떻게 인식할 지에 관한 다양한 견해들을 제시하자.
3. 사교육과 경쟁교육이 한국에 사는 우리들만의 특별한 현상인지 아니면 다른 나라에도 흔히 있는 일반적인 현상인지를 살펴보자.
4. 사교육을 우리사회의 필요악으로 인정한다면, 이 사교육을 어떻게 잘 활용할지를 살펴보자.
5. 근본적으로 우리 애들을 어떻게 기를지에 대한 고민을 같이 해보자.

우리가 자녀들을 어떻게 기를지는 전적으로 각 부모의 교육관과 가치관에 달려있다. 이 책에서 필자가 소개하거나 주장하는 내용을 독자 여러분이 얼마나 동의하고 받아들일지 혹은 혹독한 비판 꺼리로 삼을지는 전적으로 학부모인 독자들의 몫이다. 하지만, 애들을 잘 길러보고 싶지만 어떻게 기르는 것이 잘 기르는 것인지에 관한 길을 찾고 있는 독자들에게 이 책이 작지만 의미 있는 도움이 되기를 바란다.

우리가 나이가 들수록 더 크게 아쉬워하는 것 중의 하나가 학창시절에 좀 더 열심히 공부하지 못했던 것이다. 지금 우리의 자녀들이 어른이 되어서도 지금의 우리와 똑같은 아쉬움을 갖게 될지도 모른다. 우리의 자녀들은 부모와 선생님들의 관심과 사랑의 크기에 맞춰 자라는 나무다. 우리는 세상이 아는 만큼 보인다는 것을 잘 알고 있다. 자녀교육도 마찬가지다. 부모들이 현재 교육현실에 대해 많이 알면 알수록 자녀의 학업상황과 미래도 더 선명하고 자세하게 보일 것이다.

이 책을 다 읽은 독자들에게 당부하고 싶은 것이 있다. 그것은 가끔 자녀들과 그들의 꿈과 공부에 관한 주제로 진지한 대화를 나눠보라는 것이다. 아마 애들이 그간 가슴에 담아뒀던 많은 고민과 궁금증을 독자 여러분들에게 좀 더 편하게 터놓고 말하게 되고 그 과정에서 나름의 해답을 함께 찾게 될 것이다. 이 책을 읽고 난 후 얻는 작은 성공은 여러분의 사랑스런 자녀의 현실을 좀 더 이해하고 그 들의 입장에 서서 그들과 함께 그들의 고민과 문제를 바라봐 주는 것이다.

이 글은 필자가 혼자 행한 글쓰기 작업의 산물이라기보다는, 그간 이 책을 쓸 수 있도록 깊은 영감과 자극을 준 고마운 지인들의 응원의 산물이다. 한 꼭지 한 꼭지 글이 생성될 때 마다 그 글을 다 읽고 객관적인 비판과 건설적 제안을 아끼지 않았던 고교동기 임병진님, 전체를 다 읽고 지속적인 관심과 조언을 해준 친우 송왕기 한의사, 김경섭 교수, 안세라 선생, 박 채희 선생, 이기명 선생, 신우수님, 김상구님, 박용희님, 정성욱님 또 맨 처음 이 글을 시작하는 작업에 불꽃을 붙여준 많은 친구들의 도움으로 이 책이 세상에 나오게 되었다. 특히, 바쁜 와중에도 멋진 추천사를 써준 고3때 나의 짝 서희석 교수와 묵묵히 지난한 집필 과정을 지켜봐준 딸 미나와 가족들에게도 깊은 감사의 마음을 가득 전하고 싶다.

끝으로 현재 우리나라의 곳곳에서 애들의 미래에 대한 희망과 신념을 가지고 최선을 다하고 계시는 공–사교육에 종사하는 모든 선생님들과 묵묵히 선생님들의 말씀을 경청하며 하루하루 그들의 꿈을 키워나가는 모든 학생들에게 위로와 감사의 마음을 담아 이 책을 세상에 내 보낸다.

2015년 4월 5일

황치호

사교육, 넌 누구냐

사교육이 문제인가? 공교육이 문제인가?

공부, 어떻게 할 것인가?

Part 4
교육과 입시의 모든 것

에피소드

사교육, 넌 누구냐

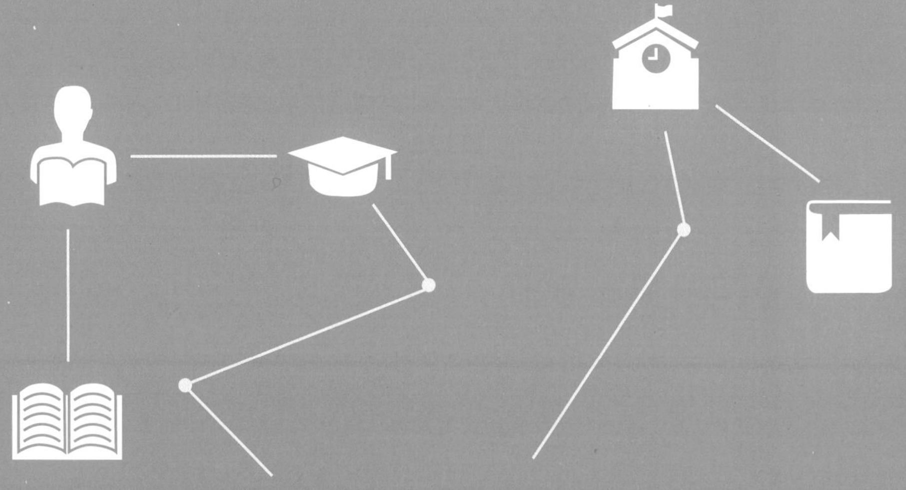

PART 1

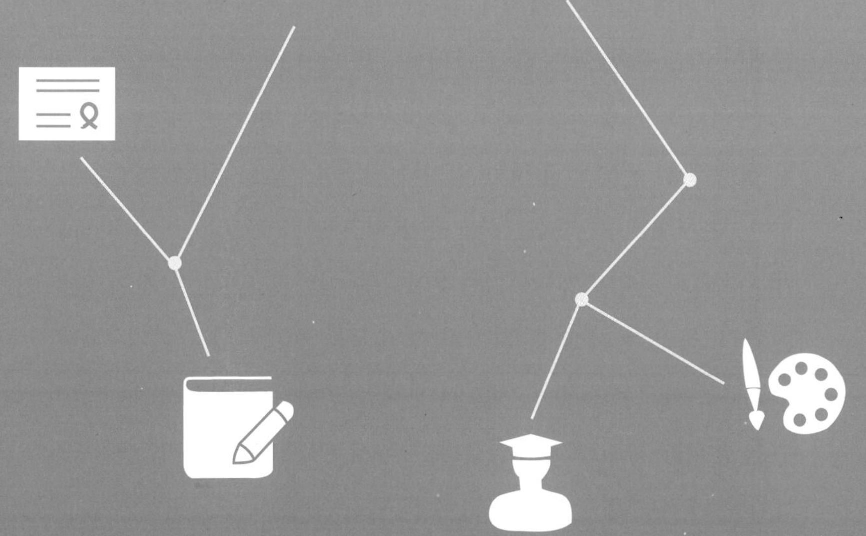

Part 1

사교육의 비밀

사교육 없는 세상?

'사교육의 도움 없이 명문대 합격' – 신문에서 이런 타이틀의 기사를 보면 자식을 둔 거의 대부분의 부모들은 부러움 반 호기심 반의 심정으로 그 기사에 집중하게 된다. 지금의 우리 교육 현실에서 사교육의 도움 없이 자녀를 원하는 대학에 보내는 것이 너무도 어렵다는 것을 잘 알고 있는 부모들의 입장에서는, 우리 애도 저렇게 잘 되었으면 하는 기대와 희망을 자연스레 가지게 된다.

우리 사회의 저변에는 사교육 없이 자녀를 기르는 것이 자녀를 참사랑으로 올바르게 기르는 것이라는 인식도 깊다. 심지어 일부는 '사교육 없는 세상'을 외치며 그 운동을 전개하기도 한다. 그 반대급부로 사교육을 많이 시켜서 자녀를 명문대에 진학시키는 것이 무슨 반칙을 저지르고 승리를 차지하게 한 것 같아 그리 당당하지 못한 부끄러운 일로 치부되는 것도 현실이다.

그렇다면 과연 일부의 기대대로 우리사회에서 사교육이 완전히 없어진다면 정말 살기 좋은 세상, 우리가 원하는 교육제도의 세상이 되는 걸까? 여기서 함께 '사교육의 본질과 사교육이 없는 세상'에 관해 논해 보자.

사교육이란 무엇인가? '사교육私敎育'은 '공교육에 반대되는 개념으로, 국가가 관리하는 유아교육법 및 초 · 중등교육법 그리고 고등교육법의 적용을 받는 교육기관 밖에서 이루어지는 교육'을 통칭한다. 사교육비의 범위는 한국교육개발원이 규정한 바에 따르면 우리가 알고 있는 것과는 다소 다르게, 입시학원비, 개인과외비, 특기 · 재능 학원비, 교재 구입비, 부교재 구입비, 학용품비, 수업 준비물비, 학교지정 의류비, 단체 활동비, 교통비, 급식비, 하숙비, 잡비, 기타 육성회 찬조금, 어머니회비 등을 모두 포함한다. 하지만, 필자는 여기서 학원비, 과외비 등 공교육 이외의 영역에서 이뤄지는 사적 교육비용만을 사교육비의 영역으로 규정하고자 한다.

'사교육 없는 세상'을 외치는 사람들이 주로 겨냥하고 있는 사교육의 영역은 학과수업의 보충과 심화 학습이 이뤄지는 학원이나 개인 과외형태의 사교육을 말한다. 사교육의 현장에 있는 필자 역시, 우리 사회 구성원의 일원이기에 사교육이 불러일으키는 일부 부작용을 모르는 것은 아니다. 하지만 몇 몇 교육운동가들의 주장처럼 과연 '사교육이 없는 세상'이 실현된다면 현재의 교육문제 혹은 사회문제가 우리가 원하는 만큼 혹은 원하는 방향으로 한방에 해결될까? 또 자연스럽게 공교육이 되살아날까? 우리들 대부분은 '사교육 없는 세상'이란 구호에는 거의 찬성하면서도, 그 결과로 돌아올 역효과나 더 큰 부작용에 대해서는 깊이 생각하지 않고 있는 듯하다.

여기서 함께 사교육이 없는 세상을 가정해 보고, 사교육이 없어진다면 부각될 부정적 문제점들을 함께 살펴보도록 하자.

첫 번째, 사교육 없는 세상은 오히려 기득권층의 지배력을 강화시킨다. 예를들어, 두 가정을 머리에 그려보자. 부모의 학력이 우수하고 경제적 여유가 있는 A라는 가정과 부모의 학력이 초라하고 경제적 여유가 없는 B라는 가정이 있다. 만일 사교육이 없는 세상이 실현된다면, 어느 가정의 자녀가 학업에서 유리할까? 너무도 자명하다. A가정의 자녀는 유치원 출발 때부터 절대적으로 유리하고 우월한 입장에서 학업을 시작할 것이다.

필자가 일부 사교육을 비판하는 사람들의 얘기를 들으면서 심히 실망하는 부분이 있다. 그들의 사교육에 대한 대안중에서 거의 첫 번째가 '자녀를 집에서 부모가 직접 가르치는 것이 제일 좋다.'는 것이다. 너무도 아름다운 주장이다. 하지만 자녀를 집에서 직접 가르칠 수 있는 학력과 경제력을 가진 부모가 없는 B가정의 자녀들의 입장을 생각해본 적이 있는가? 영어를 못하는 부모, 경제적 여력이 없어서 집에 돌아오면 파김치가 되는 노동자 부모, 한국말을 읽고 쓰는 것마저도 서투른 다문화 가정의 부모.... 이런 부모들이 자녀를 직접 가르치고, 함께 독서하고, 같이 여행하는 것을 A가정의 부모만큼 잘 할 수 있을까?

방송이나 기타 매체에 나와서 사교육 없이 부모가 애들을 직접 가르쳐서 명문대에 합격시킨 것을 자랑하는 사람들이 있다. 사교육이 창궐한 현실에서 부모가 직접 자녀를 가르쳐서 명문대에 보낸 것은 분명 자랑스러운 일이다. 하지만 그 사람들이 방송 등에서 그런 자랑을 늘어놓는 것이 필자의 눈에는 그리 달가워 보이지 않는다. 그런 학식과 경제력을 갖춘 부모가 없는 자녀들이 느끼는 박탈감과 입시에서의 불이익을 살펴보는 아량이 없기 때문이다.

사교육이 없어진다면 분명 학생들의 공교육에 대한 의존성은 더 높아질 것이고 공교육을 대하는 애들의 태도 또한 개선 될 것이다. 하지만 현재의 공교육 현실이 '개천에서 용이 나'는 구조를 가지고 있는가? 부모의 학력이 대물림되는 현상은 강화될 것이고, 소수의 선호되는 직업의 독식은 현재의 기득권 층으로만 제한되는 등 사회계층간의 이동은 더욱 어렵게 될 것이다.

두 번째, 사교육 없는 세상은 학습부진 학생의 패자부활을 막는다. 필자가 2014년 현재 가르치고 있는 학생 중에 000라는 학생이 있다. 필자가 그 학생을 가르치기 시작한 것은 작년 말인 2013년 12월 경 부터다. 중3이 다 되어 필자에게 왔던 이 학생은 student, study, Monday와 같은 기본적인 단어를 모르고 있었다. 정말 믿을 수 없을 정도의 학력수준을 가지고 있었다. 학교에서 이 학생을 거의 포기했음은 너무도 명백했다.

이 학생은 He goes to school by bus.

라는 문장에서 왜 'go'가 'goes'로 바뀌는지 알지 못했었다. 또

He does his homework. 라는 문장의 부정형이 He doesn't do his homework. 로 바뀌는 패턴을 전혀 이해하지 못했었다.

비단 이런 학생의 경우 학력수준만이 문제가 되는 것이 아니다. 이런 학생들은 30분 이상 책상에 앉아 있는 것 자체가 고역이고 형벌이며 막대한 도전이다. 그리고 무엇보다도 이런 학생들의 보편적 특징은 기본적으로 우리말 어휘가 부족하다는 것이다. 이런 학생들이 '온당한' '적합성'과 같은 단어들을 이해할 리가 없다. 하지만 마음을 다잡고 공부를 시작한 후 3~4개월이 지난 지금, 이 학생은 주어진 문장을 부정문, 의문문, 과거형, 수동태 등으로 만들어 보면서 서서히 공부의 맛을 알아가고 있는 중이다.

여러분은 과연 이런 학생들이 학교에서 매일 맞이하고 있을 현실을 생각해 본적이 있는가? 이 학생만을 따로 불러내서 가르쳐 줄 수 없는 학교 선생님의 현실 또한 이해해야 한다. 이런 학생들은 어디에 의지해야 할까? 학원수업이나 과외를 받는 학생 중엔 학업성적이 탁월해서 선행과 심화가 필요한 학생도 있지만 위의 예와 같이 학년의 벽을 뒤로 뛰어넘어 기초를 차근차근 배워야 하는 학생도 수없이 많다. 유급제도가 없는 우리의 학교제도에서 이런 학생들은 기초 학력의 신장 없이 그냥 몸만 자라고 있고, 학교 수업시간은 그냥 외계어로 소통되는 혼돈의 시간임에 틀림없다. 사교육은 이런 학생들에게 재도약의 기회를 제공하고 있다.

세 번째, 사교육 없는 세상은 다양한 교육을 받을 기회를 박탈한다. 우리의 헌법 31조는 "모든 국민은 능력에 따라 교육 받을 권리를 가진다."고 돼 있다. 사교육은 공교육과는 달리 개인의 선택권이 최대한 보장된다. 공교육을 수행하는 학교는 획일적 교과과정과 수업내용을 가르치지만, 사교육은 학생과 학부모의 선택에 따라 다양한 교과과정과 수업을 진행할 수 있다. 학생들은 동일한 학교를 다닌다 할지라도 그들의 능력과 기호는 천차만별일 수 있다. 우리는 김연아와 박태환과 박세리 등을 배출한 예체능의 선행과 심화는 당연시 하면서도 학업의 선행과 심화만을 억제한다. 장기적 관점에서 국가적 인재의 손실을 초래할 수 있다.

또 학교에서 학과목을 가르치는 선생님의 수업준비나 강의능력이 부족할 경우 그 대안을 찾는 것이 학생측에서는 필요하다. 공교육 선생님들의 능력도 학원 강사들과 마찬가지로 천자 만별이다. 하지만, 강사와 과정을 선택할 수 있는 사교육과는 달리 공교육의 학과담당 선생님을 학생들의 기호에 따라 바꾸는 것은 불가능하다.

필자가 학창시절에 영어선생님들 중에서는 일제식 영어 발음을 구사했던 선생님이 계셨다. 그 선생님께 영어를 배웠던 우리 친구들의 영어 발음이 좋았을 리 만무했다. 만약 필자가 팝송과 카세트테잎을 들으며 영어발음공부를 따로 하지 않고, 지금 그 발음으로 영어 발음을 한다면, 필자는 필시 학생들 사이에서 한바탕 큰 웃음거리가 될 것이다. 지금의 학교 강의실도 크게 다르지 않다. 선택의 범위가 제한적인 학교교육을 보완하는 기능을 사교육이 행하고 있는 것이다.

'사교육 없는 세상'을 꿈꾸는 데는 나름의 많은 이유가 있어 보인다. 어떤 이들은 우리의 자녀들이 사교육에 매몰되지 않고 인간답게 살았으면 하는 바람이 있을 것이고, 또 어떤 이들은 사교육에 소요되는 금전적인 부담감이 지나치게 버거워, 자원의 낭비예방측면에서 사교육의 폐해를 바라볼 수도 있다. 하지만 내 자식이 학교에서 공부를 잘해서 좋은 대학에 진학하는 것을 싫어할 사람은 아무도 없을 것이다. 다만 오늘 날 그 경쟁의 과정에 소요되는 비용과 정보의 벽이 너무 크고 높아서 학생과 학부모 모두가 지쳐있다.

교육은 사교육이든 공교육이든 그 효과가 짧게는 몇 개월, 길게는 수년이 지나야 얻을 수 있는 지난한 과정이다. 자녀를 교육시키는 것은 종신보험에 드는 심정으로 시켜야 하는 것이다. 학문적 재능이 없는 학생이나 학업 이외의 다른 대안을 부모가 찾아줄 수 있는 학생들은 학업에 전념 하지 않아도 좋다. 하지만, 교육수준이 신계급을 형성시키고 있는 지금의 현실에서 자녀들에게 바른 교육 기회를 제공하려고 노력하는 것은 어쩔수 없이 오늘날 부모들의 책임이다. 애들이 나중에 머리가 자라 어른이 되었을 때 그간 열과 성을 다하지 않아서 가장 크게 후회하는 첫 번째가 교육일 가능성이 가장 커 보이기 때문이다.

사교육의 폐해는 분명히 존재한다. 하지만 사교육의 폐혜를 넘어 우리사회가 어떻게 사교육의 순기능을 수용하고 활용할 수 있을지가 더욱 중요해진 시점이다.

올바른 사교육 활용법 Q&A

이 장을 읽는 독자들이 만약 사교육의 장점을 전혀 인정하지 않는 분이라면 이 장을 건너뛸 것을 권하고 싶다. 하지만 독자 여러분이 사교육의 긍정적인 면을 일부라도 인정한다면, 여러분의 친한 친구가 술자리에서 두서없이 귀하의 자녀 학업에 관해 같이 고민하고 답해준다는 느낌으로 읽어 내려가시기를 바란다.

우리애가 고1인데 다른 과목은 괜찮은 데 수학이 약해서 문제야. 어떻게 해야 하니?

▶ 고1 시기에 다른 과목은 괜찮은데, 특정 과목만 좀 뒤떨어진다는 것은 그 과목만 보충해 주면 되기 때문에 그리 나쁜 건 아니야. 왜냐하면 애가 기본적으로는 공부습관이 잡혀있다는 거거든. 하지만 애가 고2 1학기 종료시점 전까지 스스로 만족할 만한 수준까지 수학성적을 끌어올리지 못하면 결국은 재수까지 가야 할 거야. 좀 무시무시한 얘기지만, 방학을 이용해서 하루 4시간~5시간씩, 주 20시간 이상 수학을 집중적으로 공부하는 프로그램을 찾거나 만들어 봐. 아마 한 달 정도 하면 6개월~1년 분량의 학습이 가능해서 수

학성적이 꽤 좋아지고 애도 수학을 훨씬 좋아하게 될거야.

전에 내가 중3 학생들을 상대로 하루 5시간, 주 3일씩 수업하는 프로그램을 만들어서 수업을 진행했었는데, 한 3달 공부하고 나니깐 애들의 실력이 몰라보게 좋아졌어. 그 반 애들도 처음엔 힘들어 했는데, 나중엔 성적도 좋아지고 실력도 늘어나는 걸 스스로 느껴서인지 다들 무척 만족했었지. 학원비든 과외비든 3달 비용을 한 달에 쓰겠다는 각오로 집약적으로 공부를 시키면 반드시 그 과목의 성적이 좋아지고 자신감도 갖게 될 거야. 하루 4~5시간 공부한다고 해서 반드시 4~5시간 내내 수업을 듣게는 하지 말고, 3시간 정도 강의를 듣게 하고, 나머지 1~2시간은 그날 배운 내용의 문제를 풀어보는 시간을 갖도록 하는 프로그램을 만들어 주면 좋을 거야. 애들이 4~5시간 내내 수업을 듣고, 또 추가로 과제까지 해야 한다면 너무 힘들고 지루해 할 수 있거든.

Q2 우리애가 중2인데 경찰대에 가고 싶대. 그럼 과외를 어떻게 시켜야 되니?

어차피 사교육의 도움을 받아 경찰대 입시를 준비할 거라면, 사교육비 지출의 예산과 비율을 미리 잘 조정해봐. 사교육의 효과가 잘 가장 발휘되는 시간은 중2~3 시기거든. 그러니 내가 우리 애를 위해서 수능 때까지 100의 비용을 쓸 거라면, 중3 겨울방학까지 총비용의 80이상을 쓰겠다는 생각으로 고등학교 입학 전까지 특히 영수의 기초를 확고하게 해두는 것이 꼭 필요하지. 특히 경찰대는 영어 과목의 난이도가 아주 높은 시험이라서 영어시험 대비를 잘 해둬야 할거야. 중3쯤에는 기출문제도 잘 풀어보게 하고.

그리고 중3때 특히 주말을 잘 활용해서 공부를 시키는 것이 중요한데, 중3때 주말을 어떻게 보내느냐가 고등학교 진학 이후에 학생이 어떤 입시결과를 얻게 될지를 결정하는 중요한 요소가 되거든. 애들에게 당장 주말에 놀지 말고 공부하라고 하면 너무 가혹한 스케줄이라고 할지도 모르지만, 나중에 고등학교에 가면 그때 가서는 중학교시절에 주말을 이용해서 공부량을 늘렸던 것을 뿌듯하게 느끼고 안도의 한숨을 쉬게 될 거야. 고2~3이 되면 웬만한 경쟁자들은 다 주말에 공부할 것이고, 그때 가서 성적이 안 나오면 맘은 답답하고 고생은 고생대로 해야 하거든. 관건은 어떻게 애들을 잘 설득해서 주말 자유시간을 잘 활용 할 수 있을지 인데, 이건 전적으로 부모의 능력이지.

Q3 우리애가 지금 초6이고 미국에서 1년동안 공부한 후 얼마 전에 돌아왔는데, 영어를 어떻게 가르쳐야 하니?

아빠나 엄마가 그런 애들에게 꼭 맞는 학습프로그램을 찾거나 만들어주는 것이 정말 어려울 거야. 어차피 학교 6학년 영어 수업이 그런 애들에게 충분한 동기유발을 해줄 수 없을 것이 거의 분명하거든. 그러므로, 애 수준에 맞는 적절한 학원을 찾아 가서 비슷한 레벨의 애들하고 같이 공부하면서 현재 실력을 유지발전 시키는 방안을 찾아보는 게 좋을 거야. 우리나라에서만 공부한 애들 중에서도 정말 뛰어난 애들은 영어실력이 아주 좋은애들도 많이 있거든. 애가 미국에서 공부하는 동안에 국내에 있는 학생들에 비하면 영어는 상대적으로 유리한 입장에서 공부한 부분도 있지만, 한국식 교육의 결손때문에 다른 과목은 물론 영어쪽에서도 부족한 부분이 많이 생겼을 수도 있거든.

아마 그런 애들이 학원에 가면 '주니어 토플' 같은 프로그램을 진행할 텐데, 그 과정을 잘 따라하면서 추가적으로 영작 같은 교육을 시켜주면 금상첨화라 할 수 있지. 당장 영작실력이 뛰어 나지 않더라도, 장기적 관점에서 영작을 시켜보는 것이 영어 공부를 심화하는 좋은 계기가 될 거야. 그런 상황에 있는 애들은 괜찮은 수업이 진행되면, 영작 실력이 일취월장할 수도 있거든. 게다가 애가 작성한 영작에 대해 누군가가 proof reading을 해주고, 간단한 debate나 speech를 시켜보면 더욱 좋지. 수준에 맞는 원서를 꾸준히 읽고, 영어듣기 습관을 지속시켜 주는 것도 꼭 필요해.

Q4 우리애가 중2인데 공부를 아주 싫어 해, 어떻게 해야 해?

그 나이에 공부를 싫어하거나 성적이 안 좋은 애들의 특징은 책상에 앉아서 공부를 하는 습관이 거의 형성되어 있지 않다는 거지. 근데, 혹시 공부량도 좀 되고 공부습관도 괜찮은 것 같은데 성적이 안 오르는 경우라면 그건 아마도 책상에 앉아 있긴 하지만 집중하는 능력이 아주 부족한 경우이고, 또 본인 수준에 맞는 공부의 기초가 부족해서일거야.

모든 공부의 기초는 어휘력에 있는데, 아마 그 나이에 공부를 못한다면 분명 어휘실력이 아주 부족할 거야. 여기서 말하는 어휘력 부족은 영어 어휘는 물론이고 우리말, 특히 한자로 된 어휘력이 부족하다는 거야. 그걸 해소하는 가장 좋은 방법은 독서와 한자교육인데, 아마 혼자 하라고 하면 절대 안할 거야. 그러니 부모가 집에서 붙들고 같은 책상에서 공부를 해보던지, 아니면 믿을 만한 선생을 찾아서 현재 학년보다 낮은 단계의 공부부터 차근차근 시키는 게 좋아.

중2라 해도 중1과정의 공부부터 하나씩 해나가는 게 좋은데, 보통 애들은 자기 학년보다 어린애들하고 공부하게 되면 창피해해서 그걸 잘 이겨내지 못하는데, 그래도 신뢰할 만한 선생을 찾아서 도움을 구해서 본인의 학력수준에 맞는 공부를 하는 것이 매우 중요해.. 이런 애들은 과외 같은 '질적 공부'와 학원 수업 같은 '양적 공부'를 병행해서 시켜주는 게 좋아.

과외 같은 1:1 수업은 애가 부족한 부분을 찾아서 채워줄 좋은 기회가 될 것이고, 다른 애들하고 함께 하는 수업은 그간 부족했던 학습습관을 형성하고 공부에 필요한 이런저런 얘기를 듣는게 도움이 될 거야. 학원 선생들이 수업시간에 이런 저런 얘기를 하는 것이 처음엔 쓸데없는 얘기 같지만, 시간이 좀 지나고보면 그 얘기들이 다 도움이 될 만한 얘기들인 것을 알게 돼. 어차피 애들이 거쳐 갈 과정을 먼저 공부했던 인생선배들의 얘기잖아.

Q5 **우리애가 중3 남학생인데, 학원을 갔다 오면 집에서는 전혀 공부를 안 하고 학원가기 전에 잠깐 숙제만 하는 정도야. 이런 애들을 어떻게 지도해야 하는 거야?**

이 문제를 반대로 가정해봐. 만약 이 애가 학원을 안다닌다면 집에서 공부를 열심히 할까? 또 학원을 다니기 전에 집에서 공부를 열심히 했던 애였을까? 아마 이 애는 집에서는 공부를 거의 안하던 애였을 거야. 그리고 학원에서 공부하는 태도가 썩 좋다고 볼 수도 없다고 추론 할 수 있지. 모든 게 그렇듯이 애들이 갑자기 정신을 차려서 하루아침에 변하지 않아. 좋은 일이든 나쁜 일이든 다 어느 정도의 예열과정을 거쳐 지금의 현상이 나오는 것이지 갑자기 그런 일이 발생하는 것은 아니거든.

이 애가 중3 남학생이니 지금 한창 이성에 대한 호기심도 많고, 멋도 부쩍 내고, 친구들과 어울려 다니며 놀고도 싶어 할 거야. 하지만 그 모든 것을 하루아침에 다 끊을 수는 없을 거야. 그래도 이제 거의 사춘기의 끝 무렵에 와 있으니 곧 나름의 삶에 대한 각성이 생길 거야, 그럴 때 일수록 부모의 세심한 관찰과 도움이 필요하지.

하지만 부모가 애들한테 늘 모범을 보이고 세련된 관리를 한다는 것은 거의 불가능한 일이야. 그래서 그 시기에는 믿고 따를만한 멘토를 만들 수 있도록 도와주는 게 좋은데, 모범이 될 만한 친척 형이나 좋아하는 선생님과 자주 대화를 할 수 있는 기회를 만들어 주는 것이 좋을 거야. 또 애가 관심을 갖고 있는 분야에서 성공한 사람의 전기를 골라서 읽어보도록 지도하는 것도 좋은 방법이 될 거야. 지금 독서 습관이 안생기면 평생 책을 가까이 하는 습관을 갖기가 힘들거야.

Q6 **우리 애가 고2 여자앤데, 성적이 꽤 괜찮은데도 왜 좋은 대학을 가야 하는지에 대한 생각이 없어. 그냥 성적에 맞춰 아무 대학이나 가겠다는데, 요즘 애들이 다 그러니?**

애들 중에 성적에 관계없이 대학 진학에 대해 지나치게 여유가 있는 애들이 있지. 하지만 어느 대학에 가던지 괜찮다는 태도는 장기적으로는 공부에 집중하는 것을 막는 장애요소임에 틀림없어. 우리나라 대학 진학률이 1990년도 무렵만 하더라도 35% 정도였었는데, 지금은 거의 80%에 육박해. 그 애기는 성적과 관계없이 애들이 원하면 누구나 대학은 갈 수 있다는 거야. 반에서 꼴등을 해도 대학을 갈 수 있으니, 대학진학의 가치가 과거에 비해 거의 없어진 거지. 따라서 몇몇 우수한 애들을 제외하고는 딱히 목표의식이 없이 그냥 시간 때우면서 고등학교 시절을 보내는 애들도 많아.

근데, 목표의식이 없으면 성적은 당연히 떨어지게 마련인데,

그런 애들도 나중에 수능이 임박해서는 원하는 대학이나 전공에 대한 목표가 생기는 경우도 많아. 하지만 그땐 이미 대입 진학에 관한 궤도를 수정하는 것은 늦었다고 봐야지. 애들이 목표가 없을 때 목표의식을 심어주는 좋은 방법 중의 하나가 애가 좋아할 만한 대학교정으로 애를 데리고 소풍을 한번 가보는 거야. 그 대학 안에 있는 식당에서 식사도 해보고, 대학 내 서점에 가서 연습장이나 기념품 같은 것도 좀 사주고 그러다 보면 애가 자연스럽게 대학에 대한 나름의 목표가 생길거야.

애들은 우리 사회에서 본인의 출신대학이나 전공이 그들의 나중의 삶에 얼마나 지대한 영향을 미치는지를 아직 실감하지 못해서 그러는데, 막상 나이가 들면 절감하게 되지. 하지만 그걸 절감하기 전에 목표를 설정하도록 선제적으로 잘 이끌어 주는 게 부모의 역할이지. 부모가 사회의 현실을 아름답게 포장하는 것도 좋지만, 가끔은 사회의 불편한 진실에 관해 애들과 깊이 있는 대화를 나눠보는 것도 좋은 일이야.

사교육 해법은…없다!

고대 그리스극 중에 'deus ex machina데우스 엑스 마키나'라는 장치가 있다. 이는 극의 사건 진행 과정에서 도저히 해결될 수 없을 정도로 뒤틀어지고 비꼬인 문제가 파국catastrophe 직전 무대의 꼭대기에서 기계 장치를 타고 무대 바닥에 내려온 신의 대명大命에 의해 난마처럼 얽혀있던 문제가 해결되는 기법이다. 왜 필자는 이런 현학적인 용어를 지금 소개하는가? 그 이유는 복잡다단한 현대를 사는 우리 모두에게 deus ex machina의 출현을 고대하는 심리가 있고, 특히 교육문제가 이 deus ex machina의 출현에 의해 한방에 해결되길 바라는 심리를 우리 모두가 가지고 있기 때문이다.

필자는 현재 대한민국 사회를 짓누르는 두 가지 문제가 있다고 생각하다. 첫 번째는 부동산 문제이고, 두 번째는 사교육 문제로 위장시켜 그 본질을 숨겨 버리는 교육 문제이다. 이 두 가지 문제 해결이 거의 모든 대통령후보자의 대권 공약이며, 이들 모두는 이 두 문제의 해결을 장담하고 있다. 또 이 두 가지 문제가 저출산, 고령화 문제 그리고 사회성장의 저해요인으로 간주되고 있다.

이중 먼저 부동산문제의 해결은 가능할까? 경제적 관점에서만 볼 때 우리 주거의 기본 토대가 되는 것은 토지인데, 토지는 근원적으로는 확대 재생산이 불가능하지만, 공간의 확대는 충분히 원하는 수준까지 가능하다. 좁은 면적에 다수가 거주 가능한 공동주택의 도입은 토지의 효율적/공동적 활용을 가능케 한다. 그래서 우리 주변에 아파트가 많다.

하지만, 교육문제의 해결은 그 목적을 어디에 두느냐에 따라 완전해결도 가능하고 또 다른 한편으로는 전혀 해결할 수 없는 영구미제의 문제가 될 수도 있다. 우리가 교육의 목표를 건전한 시민양성에 둔다면 이는 시험성적 혹은 입시라는 문제와 별개로 완전히 해결할 수 있다. 왜냐면 건전한 시민양성의 문제는 그 잣대가 지극히 추상적이어서 100% 달성으로 이해될 수도 있고, 반대로 0% 달성으로 이해될 수도 있기 때문이다.

그러나, 우리가 논하는 사교육 문제는 사회적 자원 재분배의 문제다. 좀 더 쉽게 말하자면 우리의 미래세대 구성원들 가운데, 누가 의사가 되고, 누가 경찰이 되고, 누가 거리를 청소하는 환경미화원이 될지를 결정하는 문제가 교육문제와 결부 되어 있다.

나는 직업을 크게 두 가지로 분류한다; 좋은 직업과 안 좋은 직업. 좋은 직업은 부모가 현재 종사중인 직업을 자기 자식에게 권하고 싶은 직업이고, 안 좋은 직업은 그 반대로 내 자식이 선택 하지 않았으면 하는 직업이다.

우리는 내가 맹장염이 걸려 병원에 갔을 때 반에서 꼴등하던 친구가 담당의사가 되어 내 배를 수술하려는 상황을 쉽게 받아들이지 못할 것이다. 또 반에서 제일 총명하던 친구가 대학도 졸업하고 박사과정까지 끝낸 후 정화조를 청소하는 직업절대 이 직업을 비하하려는 것이 아님을 밝힌다.에 종사하고 있다면 이는 사회적으로 투입되었던 자원의 낭비가 될 것이다.

우리는 좋은 사회, 좋은 교육의 대명사로 거의 늘 북유럽3국스웨덴, 노르웨이, 핀란드을 거론한다. 왜 그 나라에선 교육 문제가 해결된 것처럼 보일까? 그것은 교육 문제 이전에 사회복지 혹은 부의 분배 문제가 상대적으로 잘 해결되어 있기 때문이다. 이런 복지사회에서는 본인의 학문적 소양 부족 때문에 평생 경제적으로 고생하며 살지 않는다. 학문적 재능의 부족은 그저 개인의 학교 재학시절의 문제이지 사회생활에서의 문제로 확대되지는 않는다.

위에서 언급한 좋은 사회에서는, 사회적으로 존경받는 고학력 직군우리사회의 예를 들자면, 의사, 변호사, 금융인등..에 종사하는 사람들의 월 소득이 600~1,000만원에 이르면 세금을 제하고 300~500만원을 개인의 가처분 소득으로 가져간다. 또 고등학교를 졸업하고 사회적으로 선호되지 않는 직업에 종사하는 사람은 월 소득 300~400만원 정도를 받아 세금을 제하면 270~350만원의 가처분 소득을 가지고 그 사회에서 살아간다. 이런 사회에서는 굳이 학문에 열정이 없는 사람들이 괜히 고등교육을 받고 사회에 진입해야 한다는 강박관념을 갖지 않게 될 것이다. 우리로 치면, 대졸자가 유럽여행갈 때, 고졸자도 동남아시아 여행정도는 갈 수 있는 사회구조 속에서 사는 것이다.

그렇다면 우리의 현실은 어떠한가? 고졸자의 초임이 150만원이고 10년 후에는 그 임금이 기껏해야 200만원 내외이고 20년 후엔 그 마저도 고용불안에 시달리는 사회, 하지만 의사, 변호사 등

전문직 혹은 소수 대기업 종사자들은 대졸 초임이 4천만원 혹은 그 이상, 그리고 몇 년이 지나면 1억 이상의 소득을 갖게 되는 사회다. 이런 사회구조가 유지, 지속되는 한 우리는 절대 해결될 수 없는 교육문제를 안고 살아가게 될 것이다.

부의 공평한 분배 문제가 해결되지 않은 채, 오직 사교육 문제만을 교육 문제의 거의 대부분인 것으로 치환하여 해결하려 하는 것은 마치 우리 사회가 안고 있는 난제가 한방에 해결되기를 고대하는 것과 같다. 우리 사회가 기다리는 deus ex machina의 출현. 과연 가능할까? 나의 현재 대답은 미안하지만 NO이다.

데우스 엑스 마키나(deus ex machina–God from the machine)

고대 그리스극에서 자주 사용하던 극작술(劇作術). 초자연적인 힘을 이용하여 극의 긴박한 국면을 타개하고, 이를 결말로 이끌어가는 수법이다. 라틴어로 '기계에 의한 신(神)' 또는 '기계장치의 신'을 의미하며, 무대 측면에 설치한 일종의 기중기(起重機) 또는 그 변형으로 보이는 시올로가이온(theologeion:theologium)을 움직여서 여기에 탄 신이 나타나도록 연출한다 하여 이러한 이름이 붙었다. 이 수법을 가장 많이 사용한 사람이 에우리피데스이다. 그의 걸작 희곡《메디아》에 대해 아리스토텔레스는 자신의 저서《시학(詩學)》에서 "이야기의 결말은 어디까지나 이야기 그 자체 안에서 이루어지도록 해야 하며, 기계장치와 같은 수단에 의지해서는 안 된다"라고 비판하였다.

그러나《시학》이 저작되기 100여 년 전 이러한 비극이 상연될 당시에는 무대에 신비한 분위기를 조성한다는 것은 대단히 중요한 것이어서, 무대에 신이 갑자기 나타나게 하는 연출방법이 관중에게 특별한 효과를 발휘하였을지도 모른다. 이 수법은 나중에 중세의 종교극에서 자주 활용하게 되었으며, 그 후 더욱 일반화되어 몰리에르의《타르튀프》제5막에서와 같이 단순한 기계적인 시추에이션을 예측치 못한 구조의 손길에 의하여 일거에 해결한다는 통속적인 것이 되었다.

〈두산백과사전〉

사교육 대리모를 어떻게 볼 것인가?

이 글을 읽는 독자들은 '사교육대리모'라는 용어를 들어본 적이 있는가? 언론이 정의하는 '사교육대리모'는 '아이가 명문학교에 진학할 수 있도록 고액을 주고 아예 아이를 키워달라고 맡기는 사람'이다. 이 용어가 세간에 등장한 것은 2012년 후반이다. 언론보도에 따르면 '사교육대리모'는 부모대신 유치원부터 초, 중, 고, 대학 진학까지 아이의 교육을 책임지는 데, 한 달에 드는 비용이 많게는 천 만 원에 이르기도 한다고 한다.

물론 언론의 보도가 전부 사실일리도 없고, 또 설령 그 내용이 사실이라 하더라도 월 천 만원씩 교육비를 지불하고 '사교육대리모'를 고용할 수 있는 사람은 극히 소수에 불과할 것이다. 당장 입에 풀칠하기도 바쁜 '없는 사람들' 입장에서 보자면 '돈지랄'한다라고 욕하기 딱 좋은 보도내용이다.

하지만, 여러분들 중 많은 사람들이 '독선생獨先生'이란 용어를 들어본 적이 있을 것이다. 독선생은 '한집안의 아이만을 맡아서 가르치는 선생'을 의미한다. 조선시대에도 부유했던 집안에서는 '독선생'을 고용하여 자녀들을 가르치게 하기도 했었다. 또 가깝게는 70년대 80년대에는 '입주과외'라는 것이 있었다. 실제로 필자의 친구들 가운데서도 입주과외를 해서 부잣집 자녀들을 가르쳤던 친구들이 꽤 있었다. 그들은 부잣집에서 과외수업은 물론 함께 숙식을 하면서 공부 이외의 부분까지 돌봐주는 역할을 했었다.

이렇게 본다면 '사교육대리모'라는 것이 용어상의 변신을 거듭했을 뿐이지, '독선생' 이나 '입주과외선생'과 별 차이가 없는 극성 사교육의 한 형태이다. 그 용어가 무엇이든 간에 이런 형태의 사교육은 상당한 부를 배경으로 하지 않으면 엄두를 낼 수 없는 정말 '그들만의 리그'에 속하는 초고비용의 사교육형태다.

그렇다면, 아무리 '집에 돈이 썩어난다' 할지라도 한 달에 천 만 원이라는 거금을 아낌없이 '사교육대리모'를 고용하는 데 사용하는 사람들이 바라는 기대효과는 무엇일까? 이 글을 읽는 여러분들도 아마 어린 시절에 공부를 아주 잘하던 친구의 사생활이나 공부 방식에 관한 것들을 궁금해 해본 적이 있었을 것이다. 필자도 '저 친구는 집에 가면 얼마나 오래, 그리고 도대체 어떻게 공부를 하기에 저렇게 성적이 좋은 걸까?' 라는 궁금증을 유발했었던 친구가 있었는데, 독자 여러분들도 아마 크게 다르지 않았을 것이다.

학교에서는 나랑 똑같이 공부를 하는 것 같은데, 왠지 모르게 시험만 보면 좋은 성적을 받는 친구의 비밀은 궁금증의 대상이었다. 내가 그 토록 궁금해 하던 성적이 탁월했던 그 친구의 집에는 우리 집에는 없는 뭔가 특별한 것이 있을 것이라는 억측을 하곤 했었다. 그리고 하루 종일 저 친구와 함께 공부하면 내 성적도 더 좋아질 거라는 생각을 하기도 했었다. '사교육대리모'를 찾는 부모들은 필자가 했던 고민에 대한 해법을 찾아냈다고 생각하는 것이다.

모든 부모가 자녀들에게 완벽한 롤모델이 되기는 참 힘들다. 그리고 모든 부모가 대학 입시라는 장도에서 자녀를 성공적으로 이끌 수 있는 존재들도 아니다. 자식이 태어나서 우리가 부모가 되면, 자녀들의 발달과정에 따라 각종 신비로운 일을 경험하게 된다. 어린애들이 자라면서 보여주는 천재성에 감동의 나날을 보내면서 우리는 '이 애가 혹 천재가 아닐까?' 하는 착각을 하기도 한다. 그 순간 이 애 만큼은 엄마 아빠가 이루지 못한 학문적 성취를 해줄 것이라는 은연중의 기대를 갖게 된다. 쉽게 말하면 '우리 애는 나보다 훨씬 더 공부를 잘해서, 내가 가고 싶었던 대학에 갈 수 있을 거야.'와 같은 기대를 품게 된다. 하지만, 거의 대부분의 부모들은 애들이 아주 어릴 때부터 하루하루 애들을 잘 가르치는 것이 정말 어렵고 힘든 일임을 곧 깨닫게 된다.

그런데 옆집에 사는 아줌마가 자식들을 남들이 모두 부러워하는 명문대에 보냈다는 얘기를 듣는다면, 우리는 그 옆집아줌마의 교육 노하우를 간절히 알고 싶어 할 것이다. 그리고 점점 자신이 없어지는 내 자식교육을 그 아줌마가 좀 도와주고 가르쳐 준다면 얼마나 좋을까하고 생각하는 것도 그리 생경한 일만은 아닐 것이다. 그 중에는 집에 재산이 수백억 있어서, 몇 년간 몇 억을 써서라도 우리 애가 잘만 된다면 그 돈을 아까워하지 않을 사람들도 꽤 있을 것이다.

요즈음 우리는 '멘토'라는 말을 아주 흔하게 들으며 살고 있다. '멘토'란 무엇인가? 위키백과에 실린 '멘토'라는 용어의 유래를 먼저 여기에 소개한다.

옛날 트로이 전쟁 때 그리스 연합국 중에 소속 돼있던 '이타카'국가의 왕인 오디세우스가 전쟁에 나가면서 자신의 어린 아들을 친구에게 맡겼다. 왕의 아들을 맡은 친구 '멘토'는 왕의 아들을 친아들처럼 정성을 다해 훈육하면서 키웠다. 왕의 친구는 왕의 아들에게 때론 엄한 아버지가 되기도 하고 때론 조언자도 되고 자상한 선생도 되어서 아들이 훌륭하게 성장하는데 있어서 더할 나위 없이 커다란 정신적 지주의 역할을 충실히 잘 감당했다. 10년 후에 오디세우스 왕이 트로이 전쟁을 끝내고 다시 돌아왔을 때 왕의 아들은 놀라울 정도로 훌륭하게 성장되어 있었다. 그래서 오디세우스 왕은 자신의 아들을 그렇게 훌륭하게 교육시킨 친구에게 그의 이름을 부르면서, "역시 자네다워! 역시 '멘토(Mentor)다워!' 라고 크게 칭찬해 주었다."그 이후로 백성들 사이에서 훌륭하게 제자를 교육시킨 사람을 가리켜 '멘토'라고 불러주는 호칭이 유래되었다.

우리 자녀들을 위해 이런 '멘토'를 만들어 주고 싶어 하는 것은 거의 대부분의 부모들의 욕망일 것이다. 이 '멘토'의 현대판 버전이 '사교육대리모'인 것이다. 옛날 이타카 국왕이 고용했던 멘토를 오늘날에는 거금의 돈으로 고용하는 것이 바로 '사교육대리모'인 것이다. 비용측면에서 사교육의 최상위에 자리 잡고 있는 '사교육대리모'의 역사는 우리의 상상 이상으로 오래된 것이다. 하지만 우리 모두가 '사교육대리모'를 고용할 경제적여유가 없다. 옆집 사람들이 매달 해외여행을 다니고, 매주 고급호텔에서 식사를 한다고 해서 우리는 격분하지 않는다. '사교육대리모'를 바라보는 시각도 마찬가지다. '사교육대리모'가 주변에 존재하더라도 그냥 남 얘기라 치부하고 웃고 넘어가자. 슬프게도 유사 이래 기록을 보면 '사교육대리모'와 같은 초고비용의 과외는 우리 생각이상으로 많았으니.... 아! 힘 없는 우리가 대체 어쩌랴?!

대치동 학원의 비밀

'야! 너 대치동에서 강의해? 너 성공했구나. 근데 대치동학원이 왜 그리 유명 한 거야? 이런 질문은 필자가 고교졸업 후 25년이 훌쩍 지난 요즈음 고교시절 친구들을 만나서 그들에게 내 근황을 소개할 때 흔하게 듣는 반응의 전형이다. 고교 졸업 후 스무 성상을 훌쩍 보낸 후 만난 친구들은 중고교시절의 촌스럽고 투박했던 모습은 거의 다 가신 대신, 세월의 무게를 짐작케 하는 얼굴과 몸매들을 가지고 있다. 또 그들의 관심도 많이 변해서 이젠 제법 무겁고 진중한 대화가 오가곤 한다.

그 중 친구들의 가장 큰 현안이자 고민거리중의 하나가 바로 자녀들의 교육문제다. 그들은 자녀들이 공부를 잘하면 잘하는 대로, 또 못하면 못하는 대로 다들 나름의 고민을 가지고 있다. 그 중 교육에 관심이 좀 많은 친구들은 술자리에서도 이런저런 질문을 한껏 쏟아 낸다. 친구들의 공통된 질문 중 하나는 대치동 교육의 현실과 강도를 알고 싶어 하는 내용이다. '왜 대치동이 유명한지', '대치동 학원의 수강료가 얼마인지' 또 '대치동은 고액과외가 많다는데 실제로 어떤지' 그런데 필자가 곰곰이 생각해 보니 이런 보편적인 질문에 관한 얘기를 그 누구도 제대로 정리한 적이 없는 듯하다. 그래서 필자는 이런 질문들에 대한 대답을 시작으로 '대한민국 사교육의 큰 비밀'인 대치동 이야기를 여러분에게 전하고자 한다.

대치동! 대치동은 21세기를 학부모로 사는 우리에게 어떤 의미와 상징일까? 대치동大峙洞은 서울시 강남구에 속해있는 행정단위의 한 이름이다. 동쪽은 탄천을 경계로 송파구 잠실동과 접하고, 서쪽은 도곡동, 남쪽은 양재천, 북쪽은 삼성동과 이웃하고 있다.

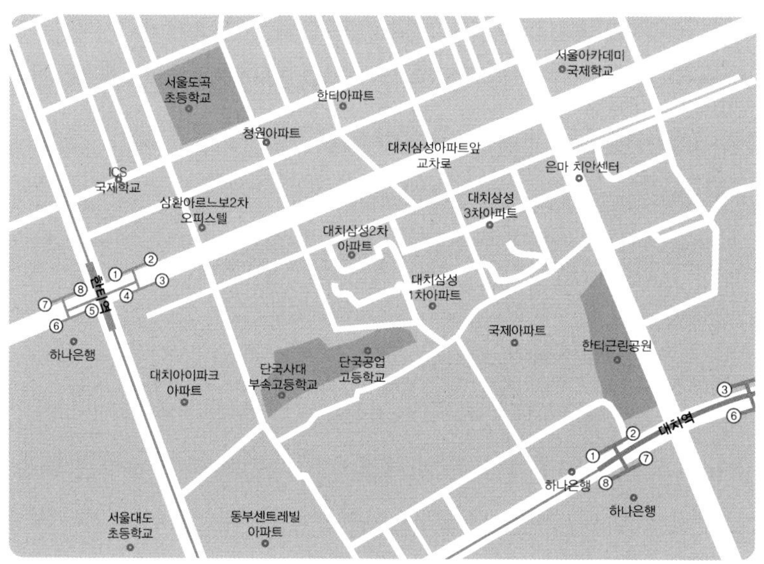

대치동 학원가 지도

이곳의 옛 이름은 높은 언덕이라는 의미의 '한티마을'이고 이 뜻의 한자어가 대치大峙다. 그래서 지금 롯데백화점사거리에 있는 지하철역의 이름이 한티역이다. 조선시대 말까지는 '경기도 광주

군 언주면 대치마을'이었고, 1963년 서울특별시 성동구에 편입되면서 대치동으로 바뀌었다가, 1975년 강남구 신설로 이에 속하게 되었다. 현재 대치동의 동쪽부근에 있는 은마아파트 부근에서 부터 서쪽의 롯데백화점에 부근에 이르는 거리가 속칭 우리가 말하는 '대치동 학원가'이다.

'대치동' 이 한 단어가 한국사회의 학부모와 학생들에게 환기시키는 의미는 대단하다. '대치동'이란 행정단위에 불과한 단어는 '학원' '사교육' 혹은 '8학군'이란 접미어와 연결되면 엄청난 파괴력, 자부심 혹은 공포감을 불러일으킨다. 대치동 이외 지역의 많은 학부모들은 우리 자식을 대치동에 보내지 못한 것을 못내 안타까워하며 늘 대치동학원이 만들어내는 사교육의 트렌드에 관심을 기울이고, 학생들 또한 본인들이 대치동에서 입시 준비를 하지 못하는 것에 대한 막연한 두려움을 가지고 있다.

그렇다면 왜 대치동이 대한민국 사교육의 대명사가 되었으며 그 대치동 학원의 실체는 무엇인가? 나는 이 대치동학원가를 구성하고 있는 두 가지 요소 즉, 첫째, 대치동 학생과 학부모 측면 그리고 두번째, 대치동 학원과 학원장들의 측면에서 대치동 사교육의 다면을 바라보고자 한다.

1. 대치동 학생과 학부모

좀 아는 척 좀 해보자. 대치동의 부모들의 사교육에 대한 관점은 '기펜의 역설'Giffen's paradox에 해당한다.

기펜재는 열등재의 한 종류가 가격의 하락이 오히려 수요량의 감소를 가져오는 재화나 서비스를 말한다. 기펜재는 가격과 수요량이 같은 방향으로 이동함으로서, 가격과 수요량 사이의 역의 관계를 나타내는 보편적 수요와 공급의 법칙이 적용되지 않는다. 19세기 아일랜드 지방에서 감자 가격이 하락하여 구매력이 증가하자 그동안 주식으로 해 온 감자에 신물이 나서 감자 소비를 줄이고 고기 소비를 늘린 사례가 대표적인 예이다. 하지만 현실적으로 기펜재의 존재는 아주 드물다.

대치동 학부모들을 기본적인 기능을 하는 보통재혹은, 정상재 ordinary goods보다는 우등재superior goods를 구매하려는 심리와 능력을 가진 집단이라고 할 수 있다. 이들이 사는 지역의 높은 주거비용은 필자가 여기에 언급하지 않더라도 여러분이 당장 인터넷만 두드려 보면 금방 알 수 있다. 간단한 예를 하나만 들자면, 롯데 백화점 주변의 33평 아파트의 매매가는 10억 전후, 전세가는 7억 원 정도이다. 이를 연 5%의 이자로만 계산한다 해도, 아파트 자가 보유자 연 5,000만원월 420만원, 전세입자는 3,500만원약 290만원의 주거비용을 감당하고 있는 것이다.

그럼 이 지역엔 과연 누가 사는가? 대치동 학부모들의 구성원 중 상당수는 파워엘리트층이다. 이는 이들의 교육수준이 다른 지역서울의 기타지역이나 지방보다 월등히 높다고 보는 것을 짐작케 해준다. 이들의 높은 교육수준은 당연히 사회 내에서 노른자위 직업의 점유를 가능케 했으며, 이는 학생들에 대한 풍부한 교육비 지원과 함께 정신적, 문화적 지원을 가능케 한다. 따라서 타 지역에 비해 월등히 높은 자녀 교육에 전념하는 전업주부이들은 학생 개개인의 학습매니저가 된다. 층을 가지고 있다.

또 자녀들의 일선 교육에는 나서지는 않지만 뒤에서 든든한 지원군으로 남아있는 아버지들 또한 사회의 주요 구성원으로서 자녀들에게 각종 비전제시와 파워엘리트가 갖는 경제적, 사회적 측면의 장점들을 직간접적으로 보여주고 있다. 서울 목동 쪽에서 고등학교를 졸업한 본 필자의 친구들 중 대치동 주변에 거주하는 구성원만 보더라도, 그들의 직업이 판사, 변호사, 치과의사, 대학교수, 사업가 혹은 대기업 간부 등이다. 이들의 높고 안정적인 소득은 맞벌이 보다는 자녀교육에 전념하는 '대치동맘'전업주부이자 학생들에게는 학습매니저을 만들어 낸다. 물론 이런 필자의 예에 대해 '일반화의 오류' 혹은 '과장된 예'라 지적할 사람들이 많다는 것을 알지만, 어찌됐든 내가 아는 한도 내에서 대치동의 파워엘리트의 분포는 타 지역에 비해 월등히 높아 보이고 이 학부모들의 높은 학력수준과 사회적 지위는 자녀들에 대한 과감한 투자나 교육에 대한 체계적 플랜제시를 가능케 해준다.

그럼, 대치동의 학생들은 어떤 특성을 가지고 있을까? 본 필자가 주목하는 대치동 학생들의 가장 큰 특징은 그들이 거의 예외 없이 해외여행경험을 가지고 있으며, 해외거주 혹은 유학 경험자 또한 아주 찾기 쉽다는 점이다. 부모들의 높은 교육수준과 경제력에 더하여 학생들의 높은 해외경험 비율은 타문화와 사회에 대한 확대된 시각뿐만 아니라 '영어'라는 과목에 대한 조기접근 및 빈도 높은 노출을 통해 입시영어에서 타 지역에 비해 훨씬 높은 점수를 가능케 한다. 영어 과목에 대한 상대적 자신감 혹은 실력은 수학을 비롯한 다른 과목에 대한 더 많은 시간 투자를 가능케 하며, 이는 높은 대입 진학률로 연결된다. 더 나아가 이들의 조기 해외체류 경험이나 앞선 영어실력을 통한 자신감은 더 세계화되고 구체화된 미래에 대한 마스터플랜작성을 가능케 한다.

물리적 관점에서 보자면 대치동 학원가에는 타 지역에 비해 훨씬 적은수의 PC방, 술집, 당구장, 만화방 등이 있다. 가끔 대치동에서 만나는 우리 친구들은 '참, 대치동애들은 학원이외엔 갈 곳이 없네...'라는 한탄인지 부러움인지 모를 말을 내 뱉곤 한다. 대치동은 정말 학생들을 기르는 부모입장에서 본다면 학원이나 학원 관련 업소들로 가득 찬 지극히 학생들이 탈선할 곳이 없는, 그래서 애들 키우기 아주 좋은 '교육특구'라 불릴만한 한 곳임에 틀림없다.

2. 대치동 학원들

대치동 학원비는 왜 그리 높아 보일까? 그리고 실제로 높을까? 대치동 학원비는 기타 지방이나 서울의 타 지역에 비하면 비싼 것이 현실이다. 그럼 왜 대치동은 수강료가 비쌀까? 그 비밀의 기저에는 높은 임대료가 있다. 이 책을 읽는 독자들은 대치동의 높은 주거비용에 관해 많이 들어봤을 것이다. 하지만 그러면서도 대부분의 사람들이 대치동의 학원들의 임대료에 관한 생각으로는 그 사고의 범위를 확대하진 않는다.

대치동 학원의 임대료는 어느 수준일까? 본 필자는 2003년부터 2012년까지 근 10년 정도 대치동 991번지에 있는 모 건물의 6층에서 임대평수 75평, 실 평수 48평의 공간을 임대하여 학원을 운영했었다. 2012년 당시, 강의실 5개가 있는 그 학원의 임대료는 보증금 5,000만원에 월 520만원 관리비가 120만원 정도였다. 이 액수는 서울의 기타 지역 임대료의 거의 3배 수준이다. 물론 목동이나 상계동 지역도 대치동과 거의 비슷한 수준에 육박한다고는 하지만… 그렇다면 대치동학원의 수강료는 서울의 다른 지역의 수강료의 3배가 될까? 그렇지 않다. 아래 제시된 표를 참조**** 대치동 수강료는 많게 잡으면 서울 타 지역에 비해 과목당 5~10만원 정도 높은 수준이다. 미안하지만, 한시적 특수성을 갖는 논구술 시장은 논외로 하자.

잠깐 학원 운영으로 인한 지출측면을 살펴보자. 월별 임대료 520만원+관리비 120만원+상담직원 1명 월 200만원+각종 부대비용 전기세, 복사기, 통신비 등 100만원+시설보수비 100만원+광고비 100만원+α… 이렇게 하면 필자가 운영했던 정도의 규모를 가진 학원을 개원하면 무조건 한 달에 최소 1,100만 원 이상의 비용이 든다. 이 비용가운데 임대료라는 '고정비용'은 수강생의 많고 적음에 관계없이 지출되는 말 그대로 고정비용이 된다.

그렇다면 학원이 수용가능 한 학생은 몇 명이고 이를 통해 얻게 되는 수입은 어느 정도일까? 학원은 보통 강의실 대비 $\frac{2}{3}$가량의 강사를 고용하게 된다. 학원 수업이 가능한 시간은 고등학생 기준 오후 6시~8시, 8시~10시 이렇게 소위 하루 2타임이 된다.

월/수, 화/목, 토/일을 기준으로 하면 한 강사가 할 수 있는 강의의 총수는 6~8 강좌이다. 한 반당 인원이 5명이라 가정이 숫자에 관한 논쟁은 다음에 하도록 하자.한다면 한 강사가 가르칠 수 있는 학생의 수는 30~40명이며 한 학생의 수강료가 20만원교육청이 정한 수강료는 15만원이라 한다면 한 선생님은 600~800만원의 매출실 매출은 물론 550이하가 되겠지만-100% 수강료를 내는 것은 아니므로-실제 학원비의 징수는 90%가량이다.을 갖게 된다. 이중 강사 월급을 400만원 정도를 지급하면 강사 1명당 200~300만원... 200~300만원X4=800~1,200만원의 차익이 생기는데, 이 비용으로 학원을 운영해야 한다.

서울 행정구역별 사설학원 현황 (단위: 곳)

행정구역	2011	2010	2009
종로구	299	250	255
중구	144	129	143
용산구	161	155	159
성동구	287	289	262
광진구	427	435	414
동대문구	352	342	337
중랑구	354	366	373
성북구	449	460	448
도봉구	270	277	297
노원구	456	221	416
은평구	532	393	516
서대문구	343	532	343
마포구	574	347	524
양천구	923	558	885
강서구	673	958	650
구로구	426	710	374
금천구	228	410	221

영등포구	477	233	451
동작구	424	458	354
관악구	554	429	518
서초구	976	515	839
강남구	1965	933	1695
송파구	1172	1834	1167
강동구	757	1180	759

결론적으로, 본 필자의 경험에 비춰보면 대치동에서 이 높은 임대료를 지불하면서 학원을 운영한다는 것은 거의 미친 짓이다. 대치동 학원은 학생들학부모들의 수강료를 받아 그 돈의 상당부분을 건물주에게 상납하고, 그 건물주는 다시 그 건물에 대출한 은행 등을 비롯한 금융기관에 상납하고.. 이렇게 해서 대치동 학원운영자의 대부분은 그들이 보여주는 외형이나 사회적 인식과는 달리 자본주의 계급 시스템의 가장 하층에 존재하는 일벌에 해당한다.

하지만, 학부모와 사회에는 사교육비라는 이름으로 고액의 돈을 약탈해 가는 장사꾼으로 인식되고, 건물주와 그 주변에 기생하는 부동산 업자들에게는 불타죽을지 모른 채 밝은 곳만을 찾아 날아드는 포획의 대상이 되는 부나방의 역할을 충실히 하고 있다.

서울 행정구역별 사설학원 현황 (단위: 곳)

행정구역	2011	2010	2009
종로구	299	250	255
중구	144	129	143
용산구	161	155	159
성동구	287	289	262
광진구	427	435	414
동대문구	352	342	337
중랑구	354	366	373
성북구	449	460	448
도봉구	270	277	297
노원구	456	221	416
은평구	532	393	516
서대문구	343	532	343
마포구	574	347	524
양천구	923	558	885
강서구	673	958	650
구로구	426	710	374
금천구	228	410	221
영등포구	477	233	451
동작구	424	458	354
관악구	554	429	518
서초구	976	515	839
강남구	1965	933	1695
송파구	1172	1834	1167
강동구	757	1180	759

그렇다고 해서 대치동에 있는 모든 학원들의 거의 대부분이 적자상태라는 것은 아니다. 대치동에서 그런대로 수익성을 가지고 유지되는 학원은 주로 다음 세 가지 유형으로 나눌 수 있다.

첫째, 특례대비학원과 과고 대비 학원이다. 이 유형의 학원은 대치동지역 이외의 학생들의 수요가 대치동으로 집중되는 수요층을 가지고 있고, 타 지역에서는 공급이 거의 불가능한 특성을 가지고 있어서 꾸준한 수요층을 가지고 있는 학원이다.

둘째, 초/중 중심의 학원이다. 여기서 말하는 초/중 중심의 학원이 수익성을 가지고 있다는 애기는 대치동만의 특성이 아닌 거의 전국적인 현상이다. 학부모들이 '입시'라는 단어를 떠 올리면 '대입', '고등부', '영수' 이런 단어를 떠 올리겠지만, 현실은 이와 상당한 괴리를 가지고 있다. 수능의 비중약화와 구성원 사이에 발생한 학력격차 때문에 고등부는 더 이상 보습학원이나 어학원의 주요 marketing 대상이 아니다.

셋째, 중/고 대상의 학원의 경우 주로 학부모출신의 원장이나 상담실장이 운영하는 학원의 형태이다. 소위 '돼지엄마' 자신의 자녀를 명문대학에 입학시키는 과정에서 습득한 노하우를 가지고 학원이나 강사를 학습소비자인 학부모와 연결시켜주는 사람의 속칭 라 불리는 이들은 '학생소개 및 공급'에 조력자 역할을 하다가 어느 순간엔가 학원의 운영을 좌지우지 하는 단계로 진화하고, 최종적으로는 스스로 학원을 운영하고 역으로 강사를 고용하거나 동업의 형식으로 직접 학원 경영에 뛰어든 형태이다. 학원에서 이뤄지는 고액 그룹수업이나 과외는 주로 이런 형태의 학원에서 가장 빈번히 행해진다고 보면 된다.

그렇다면 왜, 대치동 학원가에는 수익성이 그리 좋지 못한데도 불구하고 그토록 학원이 많을까? 여기에는 다른 여러 요인이 있지만, 크게 다음 세 가지로 요약할 수 있다.

첫째, 학원 강사들의 '내가 세상에서 제일 잘났다'라는 착각이다. 이런 호기는 다른 직종에 종사하는 사람들도 한번쯤 가져 보는 것이겠지만, 특히 학원 강사의 경우 그정도가 심하다고 볼 수 있다. 강의실에 모여 있는 학생들이 내가 하는 얘기를 경청하고, 내가 내주는 숙제를 해오고, 질문하고 하다 보면 강사들은 '아! 내가 대단한 사람이구나' 하는 착각을 하게 한다. 이런 강사들은 서울의 주변지역에서 학원을 운영하다가 좀 자신감이 생기면 사교육의 메카인 '대치동'에서 한번 겨뤄보고 싶은 심리가 커져서 대치동입성을 결정한다. 마치 프로야구 선수들이 언젠가 메이저리그에 가서 한번 뛰어 보고 싶어하는 것처럼…

둘째, 대치동학원을 운영하는 것이 주는 대외적 이미지이다. 비록 대치동 학원에서 소득이 별 볼일 없다 하더라도 '저 대치동에서 강의합니다.' 하는 말과 '저 OO에서 강의합니다.'하는 것은 주변 반응의 현격한 차이를 느끼게 해준다. 또 과외를 소개받더라도 이런 고급화된 사회적 이미지가 주는 브랜드가치와 이에 따른 과외비의 액수에 큰 영향을 미치게 된다.

셋째, 높은 권리금과 임대료에 발이 묶인 경우다. 대치동 학원이 매매되는 경우 상당한 액수의 권리금이 오간다. 권리금에 대한 사회적 이미지가 이중적일 수 있지만, 학원에서 오가는 권리금은 주로 그 학원을 개원할 때 지출한 인테리어와 시설비를 의미한다. 본 필자가 언급했던 실평수 50평 가량의 학원에 대한 인테리어 비용과 시설비는 거의 1억 가까이 소요된다. 이런 학원에 대한 초기 투자비용 때문에 학원들은 인테리어의 감가상각이 최대화될 때 까지 버티어 보는 것이다. 다른 자영업과 마찬가지로 학원의 경우도 강의를 하는 원장이 병이 나거나, 다른 이유로 강의를 진행 할 수 없는 경우 매수자를 찾지 못하면 계약서에 합의된 기간까지 월 임대료를 비롯한 기타 고정비용을 어쩔 도리 없이 감당해야한다.

그렇다면 대치동 학원장들의 눈에 비친 학부모들은 어떤 모습일까? 대치동 학부모들은 일반지역의 수준을 훨씬 뛰어 넘는 높은 학력수준을 가지고 있다. 이런 학부모들이 그들의 지갑을 열기 전에 행하는 서비스 구매 전 시장 조사는 간단치 않다. 소위, 대치동 엄마들은 빈번히 학원 쇼핑을 한다. 대치동 엄마들특히 전업주부들은은 평일 오후시간이 되면 대치동 학원가 순례를 하는데, 그들의 손에 들려있는 각종 학원 전단지는 그들이 얼마나 많은 학원을 돌아다니고 있으며, 그들이 얼마나 많이 자녀 교육에 대한 열의를 가지고 있는 지를 보여주는 아름다운(?) 모습이기도 하다.

하지만 이를 역으로, 학원의 입장에서 보자면, 학원장들의 오후 근무시간은 그 학부모들을 접대해야 하는 기대와 떨림과 불쾌감이 공존하는 시간이다. 그리고 이 상담이 수강등록으로 이어지는 경우는 거의 5% 미만이다. 그래서 일부 학원들은 미리 예약하지 않으면 절대 상담을 하지 않은 경우도 빈번해 졌다. 이 학원 상담을 백화점 윈도우 쇼핑하듯이 하며 돌아다니는 부모들은, 그렇게라도 하는 것이 그들이 자식들을 위해 할 수 있는 최상의 노력을 행하는 것이라고 생각하며, 거기서 얻은 정보를 자신들의 이너서

클 안에서만 공유하려는 특성을 갖는다.

대치동맘들은 이렇게 함으로써, 그들이 맞벌이 엄마들에 대해 느끼는 경제적, 사회적 박탈감을 일부나마 상쇄하고 있다고 생각하는 것이다. 하지만 필자의 경험적 시각으로부터 보자면, 이런 엄마들이 거두는 성과는 그 노력에 비해 그리 커 보이지 않는다. 왜냐하면 다른 장에서 말하겠지만, 자녀의 빈번한 학원 옮기기는 안정된 사교육 진행에 방해가 되는 큰 요소가 되기 때문이다.

사람들은 미지의 파랑새를 좇는 경향이 있다. 대치동맘들이 좇는 새롭고 멋져보이는 강좌가 지금 애들이 듣고 있는 수업보다 더 좋을 수도 있고 또 더 나쁠 수도 있다. 미국의 사회심리학자 H.H hyman이 말한 것처럼 우리는 준거집단準據集團, reference group의 추구를 통해 소속집단所屬集團, affiliated group의 틀을 벗어나고 싶은 심리가 팽배해 있고 이는 사교육의 수요를 만들어 내는 동력이기도 하다.

대치동의 초엘리트학생의 비밀

대치동의 모든 학생들이 다 공부를 잘하는 것은 아니다. 또 대치동의 모든 학생들이 다 충분한 사교육을 받고 있는 것도 아니다. 하지만, 대치동주변에 거주하는 학생들 중 상당수가 상대적으로 월등한 학력수준과 또 지극히 높은 명문대 진학률을 보이는 것 또한 부인할 수 없는 사실이다. 필자가 대치동에서 공부하는 모든 엘리트학생들의 공부법을 다 알 수도 없고, 또 이 한정된 지면에 그 전체를 소개하는 것도 불가능하다. 하지만, 필자가 알고 있는 두드러진 예를 소개함으로써 대치동 사교육을 이해하는데 좀 더 많은 도움을 주고자 한다.

ex 대치동에 거주하는 ㅇ윤수는 현재 초등학교 6학년 학생이다. 초5때부터 본격적으로 학원 경시반에서 공부를 하기 시작한 ㅇ윤수는 이미 6학년 여름방학 무렵 수학은 고1 과정까지, 영어는 고등부 영문법 수준의 학습을 끝냈다. 이 글을 읽는 독자들은 ㅇ윤수가 주마간산(走馬看山) 식으로 영수과정의 공부를 끝냈다고 생각하면 큰 착각이다. ㅇ윤수는 강남권 고1 상위 10%학생들의 수준으로 영수과정을 끝냈다.

수학과목의 경우 겨울, 여름방학에는 하루 10시간씩 주 5일 진행되는 수학수업을 수강했고, 학기 중에는 주 4일(월/수/금/토) 하루 5시간씩 진행되는 수학 수업을 하고 있다. 영어 과목은 주3일(화/목/토) 하루 3시간씩 수업을 하고 있었는데, 지난여름 Test 통과 후 화학 올림피아드 반에 들어갔기 때문에 영어는 집에서 주 이틀 정도 과외로 돌릴 수 밖에 없는 상황이다. ㅇ윤수는 물리 올림피아드 반에도 들어갈 수 있지만, 시간을 낼 수 없어 화학올림피아드 과정만 공부할 예정이다.

이 글을 읽는 부모들이 대치동 학원에서 수학 경시반이나 과학 올림피아드 반에 들어가는 것이 쉬울 것이라고 생각한다면 그 착각을 빨리 버리는 게 낫다. 대치동의 경시반이나 올림피아드 반에 들어가는 것은 거의 해당과목 전교 1등만을 위한 자리다. 아무리 돈을 싸들고 들어가고 싶어도 절대 끼워주지 않는다.

ㅇ윤수가 엄마의 독기어린 눈빛 속에서만 공부하고 있다는 착각도 버려야한다. ㅇ윤수는 주어진 숙제를 집에서 다 해가기 위해 거뜬히 새벽 2시까지 공부할 수 있는 "습관" 을 가지고 있다. 또 윤수는 매주 토요일 아침 4시간 동안 축구교실에서 축구를 3년째 하고 있다. 친구들과 함께 프로축구선수 출신의 전문코치의 지도들 받고 있는 윤수와 윤수 친구들의 축구 실력은 웬만한 초등학교 축구팀 못지않다.

이런 과정을 거친 대치동의 엘리트 학생들이 영재고나 과학고에 진학하고 그 후에는 서울대나 의대에 진학하게 되는 것이다. 상대적으로 좋은 유전자와 경제력, 월등한 교육환경, 선의의 경쟁을 펼치는 동료그룹, 일찍 공부의 맛을 깨달은 본인의 노력 등이 결합된 윤수의 학업현실이 다른 학생들과 큰 격차를 만드는 것은 당연해 보인다.

학부모가 주도하는 대치동 사교육

시장에서 가격이 결정되는 방식은 여러 가지이다. 일반적으로 우리가 알고 있는 가격결정 방식은 '원가중심의 가격결정', '수요중심의 가격결정', '경쟁자모방 가격결정', '강제가격 결정방식' 등이다. 사교육에서 통용되는 가격결정 방식은 위의 결정 방식 중 두 세 가지 방식의 혼합형이라 할 수 있다. 사교육의 형태가운데 가장 보편적인 학원수업은 교육청에 의한 '강제가격 결정방식'이 일반적이다. 하지만, 대치동 주변의 사교육은 '수요중심의 가격결정'에 상대적으로 높은 영향을 받는다.

대치동에서의 사교육이 기타 지역에서 실시되는 사교육과 유사할 것이라고 미리 판단하지 말라. 대치동에는 다른 지역에 비해 뭔가 앞서가는 수업형태가 늘 존재한다. 대치동은 다른 지역에서는 국 · 영 · 수 종합반이 주를 이루던 2000년대 초반에 이미 과목별 학원이 성행했고, 지금은 누구나 수강 신청 후에 수업을 들을 수 있는 open-shop 방식의 수업보다는 특정학생들만을 수강생으로 하는 closed-shop의 특성을 가진 수업이 훨씬 일반적이다. 특정 과목의 진도, 수업수준 그리고 수업기간을 학부모가 설정하고, 그에 걸 맞는 가격을 강사나 학원에 제시하여 사교육을 진행하는 방식을 가장 큰 특징으로 한다.

공교육을 행하는 학교가 '공급자위주'의 수업내용과 방식을 가지고 있다면 대치동을 정점으로 한 사교육은 소비자의 선택에 의해 수업의 모든 것이 결정되는 '소비자우의의 시장구조'를 가지고 있다. 특히 대형학원보다는 소규모의 학원이 난립하는 대치동 사교육 기관들은 소비자가 원하는 맞춤식 수업을 진행하는데 최적화된 사이즈와 강사진을 가지고 있으며, 철저한 소비자우위의 시장에서 생존할 각오를 하고 있다.

대치동에는 일반적인 학부모들이 알고 있는 사교육 형태를 벗어난 사교육들이 흔히 존재한다. 예를 들면, 특례입학학원이나, 외국에서 공부하는 학생들을 위한 박학특강 학원, 주말 집단 기숙형 학원 등이다. 이런 다양한 사교육 공급자를 선택하는 것은 주로 학생이 아닌 학부모이며, 특히 그룹식 수업을 위한 팀을 짤 수 있는 학원이나 강사에게 막대한 영향력을 발휘하는 전업 주부들이 많다는 것이 큰 특징이다. 그 중 리더격에 해당하는 엄마들의 입김에 의해 대치동 사교육의 내용과 가격이 결정된다.

대치동식 학부모 주도 사교육의 장점은 아래와 같다.

첫째, 자녀들의 눈높이에 맞는 수월성 교육이 가능하다. 사교육의 가장 큰 특징은 공교육이 행할 수 없는 소규모의 수월성 교육이 가능하다는 것이다. 비슷한 학업수준과 경제력을 갖춘 대치동 학생들이 소규모의 수월성 교육을 받을 때 성적향상이나 특정 진도의 선행학습 목표를 성취하는 것은 그리 어려운 게 아니다.

둘째, 다양한 강사 수준과 학습수준을 고르거나 개설 할 수 있다. 독과점식 공급방식을 가진 공교육과는 달리 사교육은 완전경쟁구조를 가지고 있다. 독과점의 단점은 품질과 관계없이 공급자가 일방적으로 재화 혹은 용역을 공급하고 가격을 임의대로 결정할 수 있다. 하지만, 사교육은 강사의 질과 진도를 자유롭게 선택할 수 있는 다양한 선택사항을 제공한다. 대치동 학부모들이 주도하는 대치동식 사교육은 다양한 수업 가운데 일부를 선택하는 수준을 넘어, 새로운 형태의 반을 개설하는 능력까지 가지고 있다.

셋째, 강사의 결점을 보완하는 수업이 가능하다. 대치동의 학부모들은 수업에 태만하거나 강의력이 떨어지는 강사를 용납하지 않는다. 또 강사나 원장이 알고 있더라도 혹시 망각할 수 있는 내용을 학부모들이 꾸준히 견제하기 때문에 지속적인 강의의 결점보완이 가능하다. 또 학생들보다는 학부모들의 선택에 의해 좌지우지되는 수업은 학생의 눈높이보다는 학부모입장에서의 만족감이 사교육구매의 중요한 잣대가 되기 때문에 사교육 공급자인 학원이나 강사는 학생들 보다는 학부모들에게 만족을 주기위해 좀 더 치밀한 학생관리, 상담, 수업진행을 하게 된다.

대치동식 사교육에 장점만 있는 것은 아니다. 대치동식 소비자우위 사교육의 단점은 아래와 같다.

첫째, 개인별 수강료가 상대적으로 높다. 대치동식 사교육은

closed-shop의 특성을 가진 수업이 진행되기 때문에 학부모입장에서는 open-shop 강의보다는 개인부담이 많아 질 수밖에 없다. 하지만 대치동맘들은 성적향상이라는 결과만 얻게 된다면, 상대적으로 높은 수강료에 대해 그다지 개의치 않고 받아 들이는 것이 일반적이다.

둘째, 강사가 원하는 수업보다는 학부모가 원하는 수업은 때론 독이 될 수도 있다. 필자가 보기에 이 문제는 학부모들이 꽤 유념해야 할 아주 중요한 내용 중 하나다. 학원장이나 강사들은 학부모에 비해 교육현장 경험이 훨씬 더 많은 사람들이다. 일선에서 학생들을 가르치다 보면 집에서 부모들이 모르는 학생들의 치명적인 결점이 있을 수 있다. 애들은 평소보고 알고 있는 것과는 다른 '괴물'의 모습으로 그들 나름의 사회생활을 하는 경우도 있다. 이것은 학생들이 공부를 잘하고 못하고의 문제만은 아니다. 교과내용에서도 마찬가지다. 학생들에 대해 부모가 평가하는 수준과 강사가 평가하는 수준의 괴리는 상당하다. 부모의 개입이 많을수록 학원장이나 강사는 학생들을 주도적이고 주체적으로 지도할 기회를 잃게 된다.

셋째, 학부모가 선택할 학원이나 강사가 많다는 것이 반드시 좋은 결과를 가져오는 것은 아니다. 우리가 구내식당에서 식사를 할 때와 여러 식당 중에서 한 식당을 골라 식사를 할 때, 오히려 구내식당을 이용하는 것이 여러모로 유리할 때도 있다. 사교육도 마찬가지다. '학업'이란 일정기간동안의 학습과정의 연속성과 지속성을 가져야 효과를 확인할 수 있다. 하지만 메뚜기처럼 학원을 자주 옮겨 다니는 것은 일관된 학업능력 신장에 방해가 된다. 내가 선택한 학원보다는 옆집의 공부 잘하는 애가 다니는 학원이 늘 더 좋아 보이고, 무작정 그 학생이 다니는 학원으로 옮긴다 해서 우리 자녀의 성적이 바로 향상 될 리 가 없다.

소비자우위의 시장은 양질의 재화와 용역의 구매를 가능케 한다는 면에서 무척이나 바람직한 시장이다. 하지만 소비자 우위의 시장이 반드시 가장 좋은 효용을 제공해 주는 것만은 아니다. 선택거리가 많을수록 소비자는 시장에 대한 더 많은 공부가 필요하고 시장에 관한 지속적인 관찰이 필요하다. 이게 말이 쉽지 실제로 아마추어가 거대한 시장의 흐름을 읽는 다는 것은 무척이나 어려운 일이다. 소비자가 많이 알면 알수록 그 시장은 소비자에게 더 잘 보이게 되어있다. 교육도 마찬가지이다. 대치동 사교육이 다른 지역보다 앞서가는 이유는 자녀교육에 전념하고 자녀들과 함께 행동하는 부모들이 타 지역에 비해 많은 것이 주요 요인 중 하나다. 안타까운 사실이지만, 교육에 대한 학부모의 공부가 자녀들의 미래에 미치는 영향은 지대하다.

과외가 좋은가? 학원수업이 좋은가?

'애를 학원에 보내야 하는 거야 과외를 시켜야 하는 거야?' 자녀 교육에 아주 관심이 많은 필자의 한 고교동창 친구가 했던 질문이다. 일주일에 최소한 1번 이상 만나서 스크린골프를 같이 즐기는 이 친구와는 거의 모든 주제에 대해 아주 편하게 필터링 없이 이런 저런 얘기를 하는 사이지만, 이 문제만큼은 좀 뜸을 들여 대답할 수밖에 없었다. 내 맘속엔 그 질문에 대한 정답이 있었지만, 다시 한 번 여러 가지 고려를 하는 게 좋아서 일 듯 해서였다.

위 질문에 대해 내가 내린 학습의 효율성 순위는 '과외>그룹수업>학원수업>인터넷 수강>독학'의 순이다. 물론 강사의 질이 동일하고 수업에 소요되는 비용이 같다는 전제하에서다. 우리가 비용이라는 큰 요소를 동일하게 놓는 것이 무척이나 어려운 것을 감안한다면 '과외'가 우리가 선택하는 최우선의 것이 되기는 쉽지 않아 보인다. 그리고 학생의 현재 학업상황과 거주 여건에 따라 일반화하기 어려운 측면이 많다. 여기서는 필자가 위에 언급한 5가지 공부 형태의 가장 보편적인 장점과 단점을 간략히 소개하고자 한다.

첫째, 과외수업 과외수업(일대일 과외수업)은 학생의 눈높이에 맞는 수업과 질의응답의 용이성, 진도의 탄력성 등의 장점이 확연하다. 특히 성적이 탁월하거나 아주 부진한 학생, 혹은 단기간에 특정 목표를 성취해야 하는 학생의 경우 가장 많이 의존하는 수업형태다. 하지만 고비용의 단점이 가장 큰 장애물이다. 여러 명을 가르치는 대신에 한명의 학생을 가르쳐야 하니 비용이 상승하는 것은 당연해 보인다.

참고로 학부모들이 간과하는 내용이 하나 있는데, 이는 바로 '과외가 행해지는 장소'다. 공부를 못하는 학생의 경우 웬만하면 학생의 집에서 과외를 하지 않는 게 좋다. 공부를 못하는 학생이 본인의 집에서 과외를 하게 되면 그 학생이 갖고 있는 부정적인 학습태도가 고착화되고 과외교사는 본인의 홈그라운드가 아닌 학생의 홈그라운드에서 수업을 진행하기 때문에 이를 교정하거나 혼내면서 수업을 할 수 없는 수세적인 상황이 계속된다. 과외는 학생의 집보다는 제 3자의 장소나 강사가 편하게 수업할 수 있는 곳이 좋다.

과외의 경우 강사 선정이 매우 중요한데, 좋은 강사를 선정할 수 없는 부모의 경우 쉬 과외를 선택하지 않는 편이 더 좋을 수도 있다. 대학생 과외의 경우 많은 장점과 단점이 공존 하지만 최선은 아니지만 차선의 방책으로 생각한다면 선택할 만하다. 하지만, 전문강사의 수업과 대학생 강사의 수업을 프로야구 선수(전문강사)와 대학생 야구선수(대학생 과외선생님) 정도의 실력차이가 있는 정도로 일반화 시켜야 하는 필자의 입장을 이해해 달라. 강사의 역할은 지식 전달

뿐만 아니라 학생에게 동기를 유발하고 수업중에 바른 태도를 갖게 하는 것도 중요한 요소이기 때문이다.

간혹 과외의 경우 강사가 학력을 속이거나 강의의 질이 터무니없이 떨어지는 경우도 학원에 비해 훨씬 빈번하다. 학원에서 강사가 강의하는 경우 그 학원의 시스템이나 원장, 부원장 등의 관리체계 덕분에 상대적으로 균형 잡히고 체계적인 수업의 진행이 가능하지만, 과외의 경우 이런 견제나 조언의 장점이 없이 과외강사가 펼치는 1인극이 되는 경우가 많다. 따라서 과외교사가 그릇된 방향제시와 잘못된 교수법을 시행할 경우 학생개인에게 치명적인 해가 될 수도 있다. 필자 주변에서 자녀에게 고액 과외를 시키는 것 그 자체로 만족하고 있는 부모들을 종종 보는데, 과외교육이 그 장점만큼이나 해악이 클 수도 있다는 것도 명심해야 한다.

둘째, 그룹수업 그룹수업은 주로 두 가지 형태로 이뤄진다. 일대일 과외가 좀 확대되어 진행되는 경우와 학원에서 특정 학부모의 의뢰에 의해 그룹식 수업이 진행되는 경우다. 수업료는 일반적으로 과외와 학원수업의 중간쯤이며 비슷한 수준의 학생들을 한 그룹으로 모으는 것이 이 수업의 성패와 직결된다. 주로 과외방 같은 형태의 교습 장소에서 이뤄지는 것이 가장 일반적이며 과외와 학원수업의 장단점이 혼재되어 있다.

필자의 경험으로는 4명 정도 되는 그룹반을 가르치는 경우에도 그들 간에 은근한 학력차이가 존재하며 아무리 친한 엄마들 사이에서도 자기 자식을 중심으로 가르쳐 주기를 원하는 바람과 압력이 늘 존재한다. 이런 반의 형태가 아주 장기간 지속되는 경우는 드물고 중학교 혹은 고1 정도까지는 계속되지만 고2,3까지 지속되는 경우는 무척 드물다. 그룹수업에 동참했던 학생 중 일부가 이런 저런 이유로 중간에 탈락하는 경우가 많으므로, 이 경우 수업료나 강사의 변경 등 여러 조건의 변경에 대하여 사전에 협의하는 것이 수강자와 수업을 진행하는 강사 양편 모두에게 안전하고 유리하다. 강사와 수업내용 선택의 경우 과외와 마찬가지로 많은 주의가 요구된다.

셋째, 학원수업 학원수업은 우리가 사교육하면 가장 일반적으로 생각하는 교육의 형태이다. 재수생 종합학원도 있지만, 여기서는 이를 제외한 초중고학생들을 주로 대상으로 하는 보습학원과 교습소에 관한 설명을 하도록 하자.

보습학원과 교습소는 개설 및 강사나 직원의 채용과정에서 성범죄조회는 물론 강의개설 건등 거의 모든 과정에 관하여 교육청에 신고를 해야 하고, 상해보험에도 의무적으로 가입해야 한다. 수업료도 해당 교육청에 신고해야 하기 때문에 일정 범위 이상의 수강료를 청구할 수 없다. 한때는 수십, 수 백 명을 한 강의실에 모아 두고 강의를 하던 소위 막단과학원이 성행했던 적이 있었으나, 근래에는 특정 과목 중심의 보습학원 혹은 국영수중심의 보습학원이 가장 일반화 되어있다.

강의의 질과 수강료 또한 가장 일반적이지만, 정부 당국의 규제의 초점이 되어, 관련 법망의 규제를 쉬 벗어날 수 있는 과외 교습소 등에 시장을 많이 잠식당하고 있는 상황이다. 일반적으로 강의 경험이 상당한 강사가 개업을 하여 학원을 운영 하는 경우가 많기 때문에 원장들이 강의와 운영을 병행하는 경우가 많다. 사교육 형태 가운데서는 가장 지속적이고 균형 잡힌 교육을 실시 할 수 있는 형태이다. 수업에 대한 불만이 생기는 경우 강사의 교체가 가능하므로 강사의 질 또한 일정수준 이상을 기본적으로 담보하고 있다. 하지만, 학교만큼은 아니지만 반 구성원 사이에 존재하는 실력차이 때문에 수준별 학습에 대한 고민을 꾸준히 할 수 밖에 없는 것이 현실이다.

넷째, 인터넷 수강 인터넷 수강은 크게 두 가지로 나눌 수 있다. 하나는 EBS나 강남구청 등이 제공하는 거의 무상에 가까운 공적 인터넷강의이고, 다른 하나는 메가스터디나 스카이에듀 등 사기업이 제공하는 유료 인터넷 강의다. 강사의 질만을 고려한다면 여타 수업에 비해 인터넷 강사의 질이 가장 우수할 것 같다. 인터넷 강의를 진행하기 위해서는 일정수준이상의 강의력이 있어야만 강의의 기회가 부여된다. 또 강의의 제작과정에서 상당한 기술과 자본이 필요하기 때문에 상업적으로 시장이 받아들일 만한 강의와 강사를 엄선하여 시장에 내놓을 수밖에 없다.

하지만 양질의 강사나 강의가 양질의 수업이나 효과를 담보하지는 않는다. 인터넷강의의 속성상 대면 학습이 불가능하고 질의응답의 부재 등 각종 한계가 존재할 수밖에 없다. 인터넷강의가 잘 활용될 수 있는 대상은 주로 고3 학생 그리고 과목은 강사를 주변에서 잘 찾을 수 없는 사탐사회탐구이나 과탐과학탐구과목이다. 교육여건이 비교적 열악한 지방 소도시나 산간벽지의 학생에게는 유리한 방법이라고 할 수 있다. 우리 애가 고3 학생이 아닌 상황에서 EBS든 메가스터디이든 간에 인터넷 강의를 통해 공부를 잘 할 수 있을 것이라 기대하는 것은 마치 필드에 나가지 않고 TV만 보면서 골프를 잘하고 싶어 하는 어른들과 같다고 할 수 있다. 하지만 골프를 잘하려거든 최소한 스크린 골프라도 해봐야 제대로 골프를 즐기게 되지 않을까?

물론 인터넷 강의만을 수강하면서 효과적이고 체계적으로 학습효과를 얻는 학생들도 있다. 하지만 그 숫자는 상위 5% 이내이다. 본 필자도 이 글을 쓰기 위해 컴퓨터를 열면 기본으로 메일체크하고 주요뉴스 살피고 등등으로 꽤 많은 시간을 보낸다. 나이가 한참 든 어른들도 이럴 진대, 호기심 왕성한 학생들이 컴퓨터를 켜는 순간부터 공부이외에 다른 용도로 컴퓨터를 사용하고, 꽤 긴 시간을 허비할거라는 것은 안 봐도 비디오다. 컴퓨터가 교육용으로만 활용된다면 얼마나 좋을까마는 수험생들도 인간인지라 그렇지 못하다는 현실을 인정하자. 자녀가 잘되길 바란다면 인강에 의존하게 하지마라! 그게 현명하다.

다섯째, 독학 필자를 비롯한 우리가 맹신하는 말 중에 하나가 '공부는 스스로 하는 것이다.'라는 말이다. 그리고 우리는 애들에게 '아빠 때 공부 잘 하던 애들은 다 알아서 스스로 공부했어.'라고 말하는 것도 잊지 않는다. 맞는 말이다. 그런데, 그 엄혹하던 우리 때(40대 후반)에도 '몰래바이트'라 불리던 불법과외를 받았던 학생들 다수가 전교 상위권을 차지했던 것을 알고 있는가? 그리고 그 친구들로부터 나중에 그런 얘기를 듣고 난 후에 은근하게 느낀 배신감을 가져본 적이 없던가? 이 글을 읽는 독자 중에 혹 중국어나 골프를 배우고 있는 분들이 있을 것이다. 혼자 배우고 계신가 아니면 누군가의 도움을 받으며 배우고 계신가? 아마 대부분 학원이나 연습장에서 강사나 코치의 도움을 받으며 열심히 배우고 있을 것이다. 물론 애들에게 '학교에 잘 가르쳐 주시는 선생님이 계시잖아!' 라고 말할 수도 있다. 그런데 독자여러분이 학창시절에 정말 공부를 열심히 하고 싶었는데, '공부보다는 다른 얘기를 많이 해주셨던 선생님'덕에 학업이 부실해졌던 경험이 없는가? 또 우리의 애들이 초1부터 고3때까지 최상의 선생님을 매년 만나게 될 것이라는 확신이 있는가?

필자가 생각하는 독학은 모든 교과과정의 중간에 또 일정한 과정이 끝난 후에 반드시 필요한 학습방법이다. 하지만 왕성하게 배워나가는 단계에 있는 학생들은 다면적 학습이 필요한 것이 현실이다. 학교에서 한번 배운 것을 학원이나 인강 등을 통해 다시보고 다른 각도로 학습한다면 그 이해도는 훨씬 더 향상될 것임에 틀림

없다. '말을 물가까지는 끌고 갈 수는 있지만 강제로 물을 마시게 할 수는 없다.'는 속담이 있다. 하지만 물까지 가는 것 자체를 싫어하는 말을 '물까지 잘 끌고 가는 것' 또한 기술이고, 물을 잘 마시지 않으려 하는 말에게 '물을 잘 마시게 하는 것'도 엄청난 기술이다. 귀하의 자녀가 스스로 '물가를 찾아가 충분히 물을 마시고 온다.'면 얼마나 좋은 일일까 마는, 물을 찾지 못하고, 혹 물을 찾았다해도 물마시기를 두려워하는 말을 잘 유도해서 물가까지 끌고 가서 물을 바르게 마시게 하는 것이 올바른 마부의 역할이다. '스스로 행하는 자기주도학습'은 참으로 좋은 것이다. 하지만 이건 아무나 할 수 있는 학습법이 아니다.

이 글을 읽는 독자들 대부분은 자녀에게 가장 잘 맞는 수업이나 선생님을 찾아주고 싶을 것이다. 하지만 부모가 좋은 것이라 생각하는 것이 애들에게 적합하고 좋은 것인지는 당장 알 수 없다. 가장 좋은 방법은 부모가 자녀와 수시로 대화를 하는 것이다. 그들이 어려워하는 부분을 찾아서 같이 고민하다 보면 해답이 보일 것이다. 오늘부터 당장 공부에 대한 진지한 대화를 자녀와 함께 시작하라!

좋은 강사란 누구인가?

좋은 강사에 관한 일반론을 논하기 전에 필자의 한 친구에 관한 얘기를 좀 해보자. 지금은 전라도 광주에 내려가 학원에서 초중고 학생들을 대상으로 강의를 하고 있는 그 친구는 필자와 중, 고등학교 동문이고 중3때는 필자의 짝이기도 했다. 초등생들에겐 논술을, 중고생들에겐 언어와 사탐을 가르치고 있는 그 친구는 어린 시절부터 지도력이 뛰어난 학생으로 필자에게 각인되어 있다. 그 친구는 당시 중학교 시절 전교학생회장을 두 차례나 맡았었다. 당시 우리의 동기들만 1,500명가량 이고, 후배들까지 다 합치면 전교생이 4,500명 가량됐던 그 거대한 중학교에서 어찌 학생회장을 두 번이나 할 수 있었을까? 그 이유는 우리가 우리 중학교의 1회 졸업생이었기 때문이었다.

그 친구는 고등학교 시절에도 성실하고 모범적인 태도로 열심히 공부하여 신림동에 있는 국내 최고의 대학의 사범대학에 진학한 후 열심히 그리고 가열 차게 학생운동을 했다. 87학번이던 우리가 당시 군사독재에 맞서 학내외 투쟁을 했던 것은 흔한 일이었지만, 순수한 영혼 그 차제를 가진 그 친구는 특히 열심히 운동을 했고 그 이후에는 지방에 내려가 학원을 운영하다가 지금은 학원을 정리하고 열심히 강의를 하면서 저술활동에 힘을 기울이고 있다. 여담으로 그 친구가 얼마나 순수(?)하고 naive한지에 관한 예를 하나 들어보자. 그 친구는 필자가 이 책을 쓰고 있는 현재 아직 자동차 운전면허증이 없다. 그의 아내는 베스트셀러가 된 책의 번역가이자 작가이다. 그의 아내가 정말 착하지 않은가?! 운전면허 없는 남편을 그 간 데리고 살아주다니...

꾸준한 독서, 왕성한 저술활동과 더불어 지극히 성실히 학원에서 강의를 하고 있는 그 친구는 어느 날 필자와의 대화에서 '나는 학원 경영에도 소질이 없고 인기강사가 될 수 없나봐!'라는 자기 고백을 했었다. 외적으로는 상위 몇 %의 프로필과 자질을 갖춘 이 친구가 학원에서 엄청난 인기를 누리거나 경영을 잘하지 못하는 이유는 무엇일까? 그리고 과연 이 친구는 좋은 강사로 수강생들에게 각인되고 있을까? 아마 아닐 듯하다. 일반적으로 지적 수준이 높은 강사일수록, 본인의 학창시절 학습습관대로 원리에 대한 이해를 중시하고 엄격한 학습습관을 우선시 할 것이다. 하지만 학생들의 입장에서 보자면 원리보다는 쉬운 강의를 또 엄격성 보다는 재밌는 강의를 우선시 할 가능성이 크다.

강사이든 교사이든, 우리가 매체에서 흔히 접하는 연예인이든, 명문대 출신자들은 학벌이 주는 상당한 Halo Effect후광효과를 누린다. 똑같은 내용의 강의를 하더라도 왠지 높은 학벌의 인사가 행하는 발언에 무게가 실리고 청자의 머리에 별 저항감 없이 수용된다. 연예인 중에 싸이, 주영훈, 최수종 등이 자신의 학력을 속이고 연예계에 입문했던 이유도 여기에 있다. 이 후광효과는 초등생보다는 강사를 선택하는 부모들이나 중고등학교 학생들에게 더 막대하다. 왜냐하면 학부모들이나 고등학교 학생쯤 되면 '좋은 학벌=좋은 강사'라는 나름의 등식을 가지고 학원을 찾기 때문이다.

대치동학원은 타 지역에 비해 훨씬 더 일찌기 국영수 보습학원보다는 과목별 학원이 성행한 지역이다. 국영수 종합반 중심의 보습학원은 강사 개인의 강의력 보다는 학원의 시스템을 중심으로 학원을 홍보하고 학생들을 모집한다. 하지만 특정과목 특화 학원들은 학원의 원장이나 강사의 개인적인 프로필을 중심으로 강의를 홍보하고 학생들을 모집한다. 대치동학원가에 나름의 학벌과 강의력이 좋은 강사들이 많이 있는 것은 사실이다. 하지만 전국의 수험생 모두가 대치동에 와서 공부할 수 있는 것은 아니다. 그래서 여기에 몇 가지 기준을 토대로 좋은 강사를 선택하는데 도움이 될 만한 내용을 정리하고자 한다.

첫째, 강사의 언어습관 강사의 언어습관을 파악하기 위해서는 학부모가 직접 학원을 방문하거나 전화상으로라도 애들을 가르치는 강사와 한번쯤 대화를 나눠보는 것이 좋다. 우리가 강사의 실력이나 인격을 한 번의 대화로 판단하는 것이 쉽지는 않지만 그래도 한번쯤 대화를 나눠보는 것이 그 강사의 언어습관과 지식 전달 방식을 이해하고 판단하는데 도움이 된다. 어른들이 들어도 이해가 안 되는 화법을 가지고 있거나, 말끝을 흐리는 강사들은 일반적으로 강의력이 별로 좋지 못한 강사일 가능성이 크다.

둘째, 전공에 대한 전문성 애들을 가르치는 일이 반드시 해당 과목에 대한 전공을 요구하지는 않는다. 하지만 최소한 유사과목에 대한 전공정도는 했는지 여부를 살피는 것이 좋다. 전혀 전공과 거리가 먼 과목을 가르치는 경우 심화학습에 분명 저해 요인이 되기 때문이다. 학원은 학교보다 상대적으로 비전공자가 많다는 것을 알아 둘 필요가 있다.

셋째, 배출한 학생들의 성과 교육의 성과가 당장 한두 달 후에 평가될 수 없다는 측면이 교육의 효과를 평하는데 큰 걸림돌이자 어려움의 핵심이다. 따라서 당장 강사의 강의가 어렵거나 너무 쉽다 하더라도 그 강사가 배출한 학생의 면면을 본다면 지금의 강의 효과를 미래의 시점에서 판단하는데 많은 도움이 된다. 물론 우리 애를 가르치는 강사가 그간 좋은 결과를 냈다고 해서 무턱대고 믿을 것만은 아니다.

일주일에 어느 정도의 수업량으로 이 강사와 함께 공부를 했는지, 또 얼마나 긴시간동안 어떤 과정을 공부했는지를 확인하면서 배출학생의 면면에 관한 얘기를 듣고, 독자들의 자녀의 경우에 대입해 봐야 한다. 원래 공부를 아주 잘하던 학생이 해당 강사로부터 단지 한두 달 강의를 듣고 명문대에 합격해도 본인의 성과로 돌리는 강사들이 주변에 많다.

넷째, 강사 고유의 교재나 커리큘럼 사교육의 질과 성패 여부는 거의 90% 이상이 강사의 역할에 달려있다. 그리고 강사의 강의력은 그 강사가 가지고 있는 교재나 커리큘럼 교과과정 에 크게 의존한다. 강사가 본인 고유의 교재를 가지고 있다면 그 교재가 본인이 집필한 것이든 여러 교재를 편집한 것이든 해당 과목에 대한 상당한 강의 노하우를 가지고 있다고 볼 수 있다. 그리고 본인의 커리큘럼이 없는 강의는 별다른 목표 없이 항해를 하는 선장과 같다.

좋은 강사를 고르는 데는 위에서 언급한 것 이외에 다른 여러 요소가 있을 수 있다. 그리고 위에 언급된 내용을 하나하나 체크하면서 강사를 고르는 일도 쉬운 일이 아니다. 그럼 정말 쉬운 방법이 없을까? 어쩔 수 없이 '구전'에 의존하는 것이다. 학부모들이 무리지어 몰려다니며 학원쇼핑을 하는 것이 그리 좋아보이지는 않지만 그래도 사교육을 선택하기 전에 친한 학부모로부터 조언을 듣는 것이 다소나마 도움이 될 것이 확실하다. 공교육에 비해 사교육이 갖는 최고의 장점은 좋은 강사를 골라 그 강사에게 자녀의 교육을 맡길 수 있다는 점이다.

앞에서 언급한 광주에서 강의하는 내 친구는 내가 눈으로 직접 보지 않아도 좋은 강사이자 스승일 것이다. 그간의 삶의 진실함이 그의 말 한마디 한마디를 더욱 신뢰하게 만드는 친구이다. 그리고 이 친구는 어찌 보면 사교육보다는 공교육에서 좀 더 긴 호흡을 가지고 강의하는 것이 훨씬 더 어울리는 친구일 듯하다. 과연 지금 그 친구로부터 독서와 작문의 기술art을 배우고 있는 어린학생들은 특히 초등학생들은 정말 본인들이 축복받은 양질의 교육을 받고 있다는 것을 인식할 수 있을까? 이 어린 친구들이 지금의 받고 있는 교육의 효과를 실감하게 되는 시기는 그들이 더 많이 자란 후 한참 어른이 되어서 일지도 모른다. 하지만 분명한 것은 좋은 스승은 우리 자녀의 삶을 송두리째 바꿔놓을 수 있는 가장 중요한 영향력 가운데 하나다.

선행학습은 약인가 독인가?

2014년, 정부는 여야 정치권의 절대적인 도움을 얻어 '선행학습금지법'을 제정했다. 그렇다면 왜 우리사회에서 '선행학습금지법'이 등장할 정도로 '선행학습'이 논란이 되고 있는가?

필자가 '선행학습'의 정의를 여러 자료에서 찾아보려 했지만 쉬그 정의가 눈에 들어오지 않았다. 그래도 일반적으로 사회에서 통용되는 선행학습의 정의를 말하자면 '선행학습'은 '학원이나 과외를 통해 정상적인 학교 교육과정보다 앞서서 진도를 나가는 학습' 정도 될 듯하다. 물론 여기서 우리 모두가 헛갈리는 것은 '선행학습'과 '예습'의 차이다. 아마도 필자가 이해하는 수준에서 정리하자면 사교육의 도움을 받아 미리 진도를 나가면 '선행학습'이고, 스스로 공부하여 진도를 미리 나가면 '예습'이라 여겨질 것 같다.

사회나 언론이 바라보는 '선행학습'에 관한 시각을 살펴보자. 신문이나 방송에 등장하는 선행학습에 대한 일반적 논쟁에서 공교육 쪽 관계자들은 주로 선행학습의 부정적인 측면을 강조하고, 사교육이나 학력신장을 중시하는 쪽에서는 선행학습의 긍정적인 측면을 강조하는 경향이 있다. '서울교대신보'에 실린 '서울교대 초등과 김성식 교수'는 선행학습에 관해 아래와 같이 말하고 있다.

"선행학습을 예습으로 본다면 그 장점을 무시 할 수 없다. 예습을 통해서 아이들은 수업에 대한 흥미를 갖게 되고, 수업에 몰입하기 때문이다. 하지만 선행학습이 과도해지면 이러한 장점이 사라진다. 마라톤을 할 때 처음부터 전력 질주하는 상황과 비슷해지는 것이다. 아이들은 결승지점에 도착하지도 못하고 마지막에는 포기해 버린다. 또한 과도한 선행학습은 실질적 학습효과보다는 심리적 효과가 크다. 선행학습을 통해 문제를 푸는 아이들은 그 원리를 이해하기 보다는 자신의 기억력에 의존해서 문제를 해결하기 때문에 선행학습의 학습효과는 실제적으로 거의 없다고 볼 수 있다."

그렇다면 우리가 관심을 갖고 있는 대치동 학생들은 어느 정도의 선행학습을 하고 있을까? 먼저 2012년 6월 21일 '사교육 걱정 없는 세상'이 발표한 자료에 따르면 조사대상 초중고생의 70.1%는 학교 진도보다 최소 1개월 이상 빠른 선행학습을 사교육을 통해 하고 있었다. 선행학습을 한다는 학생을 대상으로 수학 선행학습의 진도를 조사했더니 초등학생의 72.9%, 중학생의 69.2%는 한 학기 이상 선행학습을 하고 있었다. 1년 이상 빠른 진도를 공부한다는 비율은 초등생의 47.7%, 중학생의 47.9%에 달했다. 심지어 초등학생의 15.1%, 중학생의 21.2%는 2년 이상 진도를 앞서가는 선행학습을 하고 있었다. 조사 대상 지역은 강남 · 서초 · 송파 · 노원 · 양천구 등 서울 5개구 · 분당 · 수원 영통 · 수지 · 일산 · 평촌 등 경기 5개 지역, 인천 연수구, 대전 유성구, 대구 수성구, 광주 남구, 부산 금정 · 해운대구, 울산 남구 등 모두 8개시도 17개 지역이었다.

대치동학생들의 선행학습 정도에 관한 구체적인 통계는 아직 존재하지 않는다. 하지만 필자가 구전취재를 통해 파악한 대치동에서 공부를 좀 한다는 친구들의 일반적 선행학습의 진도는 수학의 경우 초6 학생은 중2 수학까지, 중3 학생의 경우 고2 수학까지 끝내고 영어의 경우 초6쯤 되면 고1 모의고사를 풀고, 중3이 되면 거의 고3 모의고사 정도까지 학습하는 정도다. 대략 2년 정도의 학습량을 미리 공부하는 것을 사교육에서 선행이라 칭하고 있다고 할 수 있다. 물론 과도한 경우는 초등학교 3학년 학생이 고등학교 범위의 공부를 하는 학생들도 가끔 찾아볼 수 있다.

선행학습이 행해지는 과목은 "수학＞영어＞언어" 과목 순이고 일부 학생의 경우 과학이나 사회과목의 선행학습을 하고 있다. 국/영/수 선행은 이해할 수 있지만, 과학이나 사회가 선행이 이뤄진다는 데 의아함을 표하는 독자들이 있을 수도 있지만, 전국적으로 실시되는 각종 과학경시나 사회과목 관련 경시대회나 인증획득을 대비하여 공부 하는 학생들이 대치동지역에는 의외로 많다.

선행학습이 행해지는 유형은 크게 3가지인데, 첫 번째가 과외, 두 번째가 소수 그룹반 그리고 세 번째가 학원수업이다. 대치동에서 가장 보편적인 방법은 두 번째 소수그룹반이라고 할 수 있다. 일반적으로 학원가에서는 '팀짠다'라고 불리 워 진다. 소수 그룹반을 통한 선행학습은 그룹반을 만든 학부모들주로 엄마들이 특정학원이나 강사를 찾아 가서 학습범위, 시간, 교재 그리고 강습비를 합의하여 진행한다. 기존의 학원수업이 기성복을 구매하여 착용하는 것에 비유될 수 있다면, 그룹반이나 과외는 맞춤복을 구매하여 착용하는 것과 유사하다. 그룹반의 구성원은 비슷한 성적이나 가정환경을 가진 학생들로 구성이 되며, 그 그룹이 다른 과목수업도 같이 듣는 것이 일반적이지만, 특정과목만을 위해 일정기간 동안 그룹반이 형성되는 경우도 빈번하다.

한국교육개발원의 '선행학습 효과에 대한 연구'를 보면 선행학습과 성적 상승은 상관관계가 거의 없는 것으로 드러났다. 고2 학생들의 과거 5년간 사교육 경험 여부와 성적 추이 관계를 분석한 결과, 선행학습의 유무에 따른 두 집단 간 성적의 격차는 고학년이 될수록 점점 줄거나 오히려 역전됐다는 것이다. 하지만 이 발표에는 맹점이 존재한다. 특목고 지망생들의 성적은 중학교 때까지의 성적으로 당락이 결정되고, 특목고 합격은 곧 명문대 진학으로 이어지는 것이 현실이다. 따라서, 더 합리적 연구조사는 일반고 학생은 물론이고 특목고 재학생에 대한 조사까지 확대되어야한다.

다른 과목보다 '수학선행'이 학부모들 사이에 화두가 되고 있는 것은, 과고나 외고 등의 특목고 진학에 수학과목이 절대적인 영향을 미치고 있기 때문이다. 입시경쟁률이 높고 영어 시험의 변별력이 떨어진 상황에서 각종 특목고들이 수학을 통한 학생을 변별이 하려는 의지가 강해진 것이다. 또 과학고 진학의 경우 공식적인 자격요건은 아니지만, KMO한국수학올림피아드 입상경력이 있어야 과고에 진학할 수 있다는 믿음이 학부모들 사이에 널리 퍼져있고, 주변의 경험담에서 증명되고 있는 것도 현실이다. 고교 입시를 준비하는 과정에서 얻게 되는 KMO한국수학올림피아드 입상경력은 나중에 과학고 졸업생들이 고교 과정이후에 명문대에 진학할 때도 지대한 영향을 미치고 있다.

수학은 기본적으로 동일한 내용이 돌고 돌면서 심화되어가는 과정을 가지고 있다. 따라서 심화학습과 선생학습의 구분을 분명히 할 수 없는 특성을 가지고 있다. 하지만, 각급 학교의 시험에서 선행학습을 한 학생이 주어진 문제를 더 깊이 있게 다룰 수 있는 학습능력을 가지고 있는 것은 당연한 일이다. 선행학습에서 일정한 효과를 본 부모들이 자녀들의 선행 학습을 막을리는 없어 보인다.

필자도 '선행학습금지법'이라는 제도적 장치를 통해서, 과도한 입시경쟁이나 사교육의 폐해를 줄여보려는 사회각층의 고민의 일단을 이해 할 수 있다. 하지만, '선행학습금지법'의 시행은 결과적으로 공교육 내에서의 선행학습에 족쇄를 채워버렸다. 이런 결과로 선행학습에 의지가 있는 부모들은 또 다시 사교육에 자녀를 맡기는 수밖에 없다. 우리나라는 학교별로 공정한 학생 선발과 엄격한 행정관리로 선행 학습AP: Advanced program을 공교육 틀 안에서 운영하고 있는 미국의 예와는 정반대로 가는 결과를 만들어 낸 것이다. 미국의 선행 학습은 일부 학습 능력이 선천적으로 뛰어나거나 각 학년 당 학습 성취도가 탁월한 학생을 현장의 지도 선생이 선별하여 자신의 학년보다 높은 고학년이나 상급 학교에 출석하여 수업을 듣고 정식 시험을 치르게 해 공개적으로 학점을 취득하게 유도한다. 이를 통해 선천적 자질이 뛰어나거나 후천적 노력을 기울인 학생들은 조기 졸업이나 상위 학교 진학할 때 취득학점으로 인정해주고 있다.

그렇다면 사교육의 힘을 빌리지 않고 자녀들에게 선행학습을 시키는 방법은 없을까? 아마 누구나 경험하는 일일지 모르지만, 부모나 형제가 자녀나 동생을 가르치는 일은 무척 어려운 일이다. 그 이유는 첫 번째는 학년이 올라갈수록 해당 과목에 대한 지식수준이 부족하거나 전문적인 전달력이 없어서이고, 두 번째는 가족 간의 느슨한 통제력 혹은 지나친 감정적 대응 때문이다. 그래도 집에서 자녀의 선행학습을 유도하고 싶다면 아래의 방법을 따르는 것이 현실적인 대안이 될 것이다.

수학의 경우 방학을 이용하여 지난 학년이나 지난 학기의 과정을 다시 공부하는 것이다. 수준에 맞는 문제집을 하나 골라서 그 문제집을 쭉 풀어보는 것이 필요하고, 이 과정이 끝난 후에 다음 학기 교재를 구입하여 미리 학습해 보는 것이다. 하지만 혼자 공부하는 것이 그리 쉽지 않기 때문에 EBS 혹은 교재와 함께 무료로 제공되는 동영상 해설 강의 콘텐츠를 이용하여 공부하는 것이 유익하다.

영어의 경우 지난 학년의 단어와 문법 부분을 다시 한 번 점검하고, 다음 학년의 단어를 미리 암기해야 한다. 단어암기는 1~2년 미리 공부해두는 것이 학교 교과과정을 따라가는데 절대 유리하다. 하지만, 문법이나 독해는 혼자 공부하는 것이 쉽지 않기 때문에 수학과 마찬가지로 EBS 혹은 교재와 함께 무료로 제공되는 동영상 해설 강의 콘텐츠를 이용하여 공부할 필요가 있다.

위에 언급한 선행학습방법이 너무도 일반적이고 또 막상 실행에 옮기려면 무척 어려운 것이 현실이다. 따라서 근본적인 선행학습을 하고 싶다면, 오히려 학령에 맞거나 좀 앞서는 독서와 한자 학습을 시키는 것이 정말 좋은 방법이다. 독서와 한자 학습은 학년이 올라갈수록 그 빛을 발하는 진정한 의미의 득이 많은 선행학습법이다.

우리나라의 교육정책 방향이 국가교육의 질이나 학력신장에 있지 않고 사교육의 억제에만 초점이 맞춰지는 것은 안타까운 일이다. 그리고 엄연히 사회에 존재하는 개인, 단체 간의 경쟁을 마치 존재하지 않는 것처럼 정부나 언론이 가리려 하는 것은 정보나 재력이 부족한 사회적 소외계층에게는 더욱 불리하게 작용하고 있다.

일반 학부모들이 선행학습에 주력하는 학부모나 아이들을 보면서 '절벽을 향해 달려가는 레밍쥐들'이라고 칭하면서 걱정 반 폄하 반의 시선을 가지고 그들을 바라보고 있지만, 선행에 투자했던 학생들이 입시에서 성취하는 좋은 결과를 보면서 종국에는 상대적 박탈감을 갖는 것이 현실이다. 교육에 관한 최고의 정보력과 재력을 가진 '대치동 아줌마'들이 그토록 선행교육에 집중하는 데는 그만한 이유가 있다. 선행학습에 관한 선호와 논란은 '선행학습금지법'의 제정과 관계없이 아직도 계속 진행형이다.

사교육이 문제인가?
공교육이 문제인가?

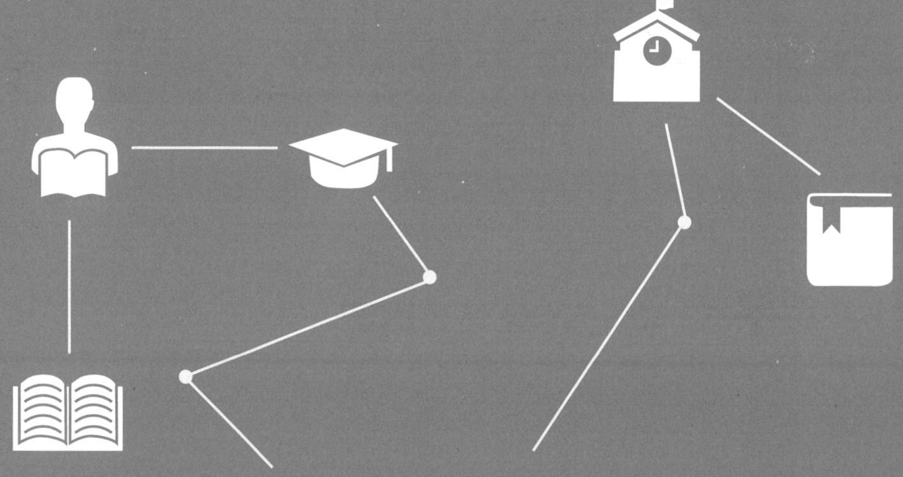

PART 2

Part 2

사교육과 공교육에 대한 궁금증

우리는 왜 노벨상을 못 받는가?

'우리나라에서는 애를 낳고 기르기 무서울 만큼 사교육이 성행하는데 왜 노벨상 수상자 한 명 나오지 못하는가?' 이 질문은 필자의 친구 가운데 중앙정부에서 꽤 잘 나가는 공무원인 친구가 필자에게 물었던 질문이다. 사교육에 종사하는 필자를 포함한 모두가 현답을 찾는 것이 쉽지 않아 보이는 좋은 문제 제기다. 이 글을 읽는 독자 여러분이 답변자의 입장이라면, 과연 어떤 대답을 내놓을 수 있을까? '그래 맞아, 이렇게 사교육에 돈을 물 쓰듯 쓰고 있는 데도 노벨상 하나 받지 못하는 것은 분명 문제가 있어!' 라고 하면서 우리교육의 문제점, 특히 사교육의 문제점을 질타할 것이다.

노벨상스웨덴어: Nobelpriset, 노르웨이어: Nobelprisen, 영어: Nobel Prize은 다이너마이트의 발명가인 스웨덴의 '알프레드 노벨'이 1895년 작성한 유

언에 의해 만들어진 후 1901년부터 매년 인류의 문명 발달에 학문적으로 기여한 사람에게 시상을 하고 있다. 이 상의 시상분야는 물리학상, 화학상, 생리학 · 의학상, 문학상, 그리고 평화상이다. 이중 우리나라 출신으로는 2000년 노벨평화상을 수상한 고故 김대중 대통령이 유일하다. 거의 매년 노벨 문학상 후보로 고은 시인이나, 황석영 작가 등이 거론되고 있긴 하지만, 기타 학문분야에서 우리나라 학자가 그 수상의 영광을 얻는 것이 요원해 보이는 것이 현실이다.

노벨상이 학문적 성취와 인류에 대한 기여의 유일한 잣대는 아니지만, 유력한 잣대임을 인정 한다면 필자의 친구가 노벨상 수상 여부로 우리나라의 학문적 현실을 논하는 것은 유효해 보인다. 그렇다면 노벨상은 주로 누구에게 수여되었을까? 가장 두드러진 수상자들은 주로 유대인들이다. 2013년 12명의 개인 노벨상 수상자가 발표된 가운데서 6명이 유대인이고, 1901년부터 2013년까지 노벨상 수상자 중 약 22%159명가 유대계통이다. 물론 지금까지 노벨상을 가장 많이 받은 나라는 미국이지만 주로 미국국적의 유대인들이나 유럽 각지의 유대계통의 사람들이 가장 많은 수를 차지하고 있다.

그럼 우리나라 사람들은 왜 노벨상을 수상하지 못할까? 필자는 우리나라의 노벨상 수상이 어려운 이유를 두 가지 측면에서 이유를 제시할까 한다.

첫째, 탈무드식 가정교육과 지극히 높은 세계 유수 명문대학 진학실적을 가진 유대인들만큼 질 높은 교육을 우리는 받지 못하고 있다. 노벨상을 가장 많이 수상한 유대인들은 철저한 탈무드식 가정교육을 받고 있다. 탈무드식 가정교육의 가치를 필자의 기준으로 재단하라고 한다면, 최소 월 300~500만원의 가치 이상의 과외수업이다. 질 높은 사교육이 유대인 가정에서는 일상적이고 집단적으로 행해지고 있다. 유대인의 탈무드 교육만큼 질 높은 사교육이 우리 주변에는 존재하지 않아 보인다. 탈무드식 가정교육의 장점은 필자가 본 책의 뒷장에서 자세히 논할 것이다.

노벨상은 학생이나 국민들의 평균적인 지적 능력을 측정하지 않는다. 과장하여 말하면, 국민 99%가 문맹이라 할지라고, 단 1% 혹은 단 1명의 천재가 나타난다면 그 1%나 단 한명이 국가의 평균수준과 상관없이 노벨상의 수상자가 될 수 있다. 미국이나 영국을 위시한 많은 서구 선진국은 소수의 상위계층에게 선별적 엘리트 교육을 실시한다. 필자가 여기서 소수만을 위한 엘리트 교육을 옹호하고자 하는 것은 결코 아니다. 다만, 초엘리트들이 수상하는 노벨상의 결과로 한국의 교육수준을 평가하는 것이 합당한 잣대가 될 수 없고, 무모한 논쟁이 될 수도 있다는 것이다.

두 번째, 한국교육이 필연적으로 갖고 있는 '영어'의 장벽이다. 영어는 영국이나 미국의 언어를 넘어 이미 지구촌 언어의 지위를 획득하고 있다. 특히 학문적 성과나 상업적 성공을 얻기 위해서 영어의 사용은 이제 선택이 아닌 필수 요소가 되었다. 이런 이유로 우리나라에서 고등교육을 받는 거의 모든 학생들은 전공공부보다 더 많은 시간을 영어공부에 투자해야 한다. 우리나라 수험생들이 국/영/수를 각 3시간씩 공부할 때, 미국의 경쟁상대는 국어영어/수학을 각각 4시간 씩 공부하면 우리나라 수험생보다 과목별 공부시간은 더 많고 여분으로 1시간의 여유시간이 생기게 된다. 이 여유시간이 추가로 공부에 투자 된다면 영어를 공용어로 하는 학생들은 더 심화된 학습이나 연구를 할 수 있다.

또, 세계의 가치 있는 거의 모든 논문이나 정보는 영어로 발표되고 유통된다. 영어 논문에 대한 접근성의 유불리가 전공연구의 깊이를 좌우할 수 있다. 우리나라의 유능한 학자가 최고의 연구 성과를 낸다 하더라도, 그 논문을 영어로 발표하지 못한다면 전 세계 학계에서 그 학문적 성과를 인정받기 힘들고, 노벨상과 같은 유럽 중심의 상을 수상할 가능성은 더욱 희박해 진다.

2013년 현재, 가장 많은 노벨상 수상자를 배출한 나라는 미국으로 그 숫자가 350명이다. 다음이 영국으로 120명, 3위는 독일 101명, 프랑스가 4위로서 66명이다. 일본은 두 명의 문학상, 한 명의 평화상 수상자와 16명의 물리, 화학, 생리 부문을 합쳐 총 19명의 노벨상 수상자를 배출했다. 일본이 20세기에 가졌던 세계 2위의 지위에 비하면 이 16명의 학문분야 수상자 수가 그리 많은 숫자는 아니다. 이런 결과에는 분명 영어 혹은 유럽어의 활용여부가 영향을 미치고 있다고 추론해 볼 수 있다.

노벨상을 받았다고 해서 반드시 세계최고의 석학이고 가장 좋은 학문적 기여라고 단정적으로 말 할 수는 없다. 그럼에도, 우리

국민 모두는 우리나라에서 하루빨리 김대중 대통령 이외의 노벨상 수상자가 배출되기를 학수고대하고 있다. 하지만, 노벨상수상을 위한 학문적 토대가 우리 사회 내에 갖춰져 있는지에 대한 반성 없이 노벨상만을 바라는 것은 우물에서 숭늉을 찾는 격이다. 현재의 상황에서 본다면 평화상과 문학상이외의 분야에서 국내 노벨상 수상자를 보는 것이 그리 쉬워 보이지는 않는다. 안타깝지만 인정해야 할 현실이고 극복해야할 현실이다.

우리는 왜 영어를 못하는가?

우리는 왜 영어 앞에만 서면 작아지는가? 이글을 읽는 독자가 40대 고졸 혹은 대졸 이상의 성인이면, 중1때부터 고교 3학년 까지 혹은 대학 4학년 때 까지 6년~10년 동안 여러 학과목 중 가장 중요한 과목으로 영어를 공부했을 것이다. 그런데 왜 타 과목에 비해 훨씬 많은 시간과 노력을 투자해 공부한 '영어'라는 과목이 우리에게 이토록 큰 배신감과 좌절을 주고 있는가? 왜 우리는 영어만 만나면 자신감이 없어지고 머릿속이 하얗게 될까? 그 이유가

문법 위주의 영어 교육 때문일까?
시험 위주의 영어 교육 때문일까?
원어민과의 접촉이 적어서 일까?
영어를 가르치는 선생님들의 능력이 부족해서일까?

이 문제에 대한 정답은 전문가마다 각자의 견해의 차이가 있을 듯하다. 본 필자가 내리는 결론은 '영어는 한국인에게 어렵기 때문이다.' 필자는 너무도 당연한 얘기를 왜 이렇게 거창하게 하려한단 말인가? 본인이 우답을 통해 말하고자 하는 주장의 요지는, '영어'라는 언어는 그 자체가 우리 한국인들에게 유독 어렵다는 것이다.

예를 하나 들어보자. 필자는 고등학교 시절 3년 동안 제2 외국어로 일본어를 배웠었다. 좀 더 자세히 말하면 고1, 2 때 주당 한 시간 내지 두 시간씩 학교에서 일본어를 배웠을 뿐이다. 하지만 본인이 20대 초반에 일본의 동경에 2달 동안 체류하고 있던 동안에 현지에서 웬만한 대화는 일본어로 하는 것이 가능했었다. 물론 일본어를 아주 잘 하는 사람들이 보면 형편없는 수준이었겠지만, 아무튼 내 입장에서는 그 당시 내 전공이었던 영어보다도 일본어로 내가 말하고자 하는 의사를 표현하는 것이 훨씬 쉽고 편했었다. 공부에 대한 투자 시간 대비 효율로 보자면 영어대비 일본어의 효율성이 훨씬 높았던 것이다.

그럼 왜 필자에게 일본어가 영어보다 훨씬 쉽게 느껴졌을까? 그건 바로 일본어가 갖는 어학적인 구조가 우리의 언어구조와 유사하고 한일 양쪽 모두가 한자문화내에 있기 때문이다. 글의 어순이 같고, 표현법이 비슷한 외국어인 일본어가 다른 외국어에 비해 얼마나 쉬운지를 절감할 수 있는 기회였었다.

우리는 중고교시절에 우리의 한글이 '우랄알타이어'에 속한다고 배웠었다. 하지만 최근의 학설은 우리의 언어가 '우랄알타이어에 속하지 않는다는 것이 정설이다. 한글과 일본어는 언어체계에 있어서 세계적으로 '고립어孤立語, language isolate'의 하나에 속한다. 대부분의 세계가 「주어+동사+목적어」를 취한다면 우리와 일본어는 「주어+목적어+동사」형태를 띈다. 이런 이유로 일본과 우리나라는 영어공부면에서 빡세게(?) 고생 하고 있다.

히딩크의 어학능력

2002년 한일월드컵은 우리 대한민국 국민 전체를 하나로 만들었던 엄청난 사건이자 축제였었다. 대한민국의 붉은 전사들은 그 대회에서 월드컵 4강이라는 기적 같은 결과를 만들어 냈었다. 그리고 그 기적의 중심에는 저 먼 유럽의 네델란드라는 땅에서 온 히딩크 감독이 있었다. 그 축제가 고조되어 가는 동안 내가 축구이외에 큰 관심을 가지고 바라봤던 것은 히딩크라는 사람이 구사하는 외국어 능력이었다.

히딩크감독은 거의 모든 기자회견을 본인의 모국어인 네델란드어가 아닌 영어로 진행했었다. 비록 그의 영어구사능력이 영미인 수준은 아니었지만, 그가 영어로 기자들과 의사소통하는 데는 별다른 어려움이 없어 보였다. 그는 월드컵 본선 경기에서 경기가 잘 풀리지 않는 후반이 되면 어김없이 벤치에 앉아 있던 차두리선수를 불러 교체선수로 경기장 안으로 들여보내곤 했다. 그럼 차두리는 히딩크에게 어떤 의미의 선수였을까?

아마 네델란드 청소년 대표출신이라는 미천한(?) 경력의 히딩크 감독의 눈에 차두리는 '붐큰차'라 불리었던 당대 세계유일의 빅리그에서 엄청난 명성을 떨쳤던 '차범근 선수'의 유전자를 지닌 특별한 선수이기도 하고, 경기 중 본인의 말을 알아들을 수 있는 유일한 통역병이었을것이다. 경기장 밖에서야 공식 통역사가 있었겠지만, 경기를 뛰고 있는 선수들에게 히딩크가 원하는 작전을 전달해줄 유일한 선수는 바로 차두리 선수였을 것이다.

차두리선수가 경기에 투입되고 나면 우리 팀은 그전 경기 내용과는 크게 다른 새로운 작전을 수행하곤 했었고, 그 결과는 대부분 성공적이었다. 그때 나는 궁금했었다. '히딩크 감독과 차두리 선수는 과연 어떤 언어로 의사소통을 했을까?' 필자가 추측컨대, 그 둘은 아마 독일어로 의사소통을 했을 것이다. 둘 다 독일어에 능했을 테니.

그렇다면 히딩크라는 사람은 도대체 몇 가지 언어를 구사한단 말인가? 내 계산으로는 히딩크감독은 최소한 5개 국어 이상을 구사한다. 본인의 모국어인 네델란드어, 기자회견 때 사용하는 영어, 차두리선수와 대화할 때 사용하는 독일어, 스페인 바르셀로나 감독도 역임 했었다니 간단한 스페인어, 2002년 지단이 왔을 때 인사를 나눴다던 프랑스어 등.

그럼 히딩크는 운동선수 출신이면서도 언어 천재란 말인가?! 그건 절대 아닌 듯하다. 네델란드 사람이나 독일인들이 영어를 하는 것은 마치 충청도 사람이 경상도말이나 전라 말을 하는 정도에 비견될 수 있다. 그러니 공부보다는 운동 분야에서 두각을 나타냈을 히딩크 감독이 약간의 노력만으로도 여러 언어를 구사하는 것이 가능한 것이다. 우리가 어릴 적 섹스심벌로 여겼던 또 다른 네델란드인 '실비아 크리스텔'이 7개 국어를 한다고 해서 그녀를 경이롭게 여겼던 것도 지금 생각해 보면 그렇게 대단한 것만은 아닌 것이었다.

언어학상 분류에 의하면 영어는 Western Germanic 계통에 속하는 언어, 즉 독일어의 일종이다. 그래서 영국영어가 얼핏 들으면 독일어처럼 들리는 것이다. 유럽에서 독일을 기준으로 위도가 같거나 좀 더 높은 지역에 있는 국가의 국민들을 잘 보면 그들은 외국 언론과 인터뷰를 할 때 그들의 학력수준과 거의 상관없이 편하게 영어로 인터뷰를 한다. 하지만 프랑스이하의 위도에 있는 사람들은 영어를 좀 어려워하거나 불편해 해서 주로 그들의 모국어로 인터뷰를 한다. Roman 어족프랑스, 스페인, 이탈리아, 루마니아어 등과 Western Germanic 영어, 독일어, 네델란드, 덴마크어 등 어족이 공통기어共通基語, protolanguage 관계임에도 불구하고 말이다.

필자가 경험했던 슬픈 얘기를 하나하자. 필자는 한국에서 영문학을 전공한 후에 1990년대 중반 영국의 북동부 지역에 있는 뉴카슬Newcastle대학에서 영문학을 공부하고 있었다. 어느 날 당시 친하게 지내던 스페인 친구와 학교 내 식당refectory에서 밀크티를 한 잔 하고 있었다. 그리고 우리 옆 테이블에는 우리가 평소 알고 지내던 이탈리아 친구들이 그들끼리 그들의 모국어인 이태리어로 한담을 나누고 있었다. 그때 호기심이 발동한 내가 '야! 재네 스페인어로 말하는 거 아니야?' 했더니 그 스페인 친구는 '재네 이탈리아어로 대화중인데, 나 재네들이 하는 얘기 거의 알아들어.'라는 뜻밖의 대답을 했다.

그래서 필자가 신기해서 물어봤다. '너 이탈리아어배운 적 있어?' 라고 묻자 그는 '아니, 전혀 배운 적이 없어.'라고 대답했다. 전혀 이탈리아어를 배운 적이 없는 그 스페인친구가 이탈리아 친구들의 대화를 거의 이해하고 있었다. 이탈리아어와 스페인어는 Roman language에 속하는 자매어sister language들이다. 난 외국어를 따로 배우지 않아도 그냥 다른 언어를 이해하는 그들이 마냥 부러웠다.

또 다른 예를 하나 들자. 나는 학교에서 공급하는 기숙사영국대학 내의 기숙사는 주로 플랏 (flat)이라는 공동주택의 형태이다.에서 살고 있었다.

그 기숙사는 방이 6개, 샤워실이 2개, 큰 거실 겸 부엌이 하나 있었다. 그 거실에는 6인용 소파, 6인용 식탁이 있었고, 각자의 방엔 옷장과 침대, 책상과 책장, 그리고 세면대가 하나씩 있는 지금 생각해도 꽤 괜찮은 구조의 건물이었다. 나의 flatmate들은 노르웨이, 그리스, 이스라엘, 대만, 영국 그리고 한국출신인 나 이렇게 6명이었다. 그런데 어느 날 노르웨이 flatmate의 고향 친구 한명이 모토바이크를 타고 영국에 왔다며 우리 flat의 거실에서 3박4일 정도 머물렀었다. 그 친구는 한 달 동안 모토바이크를 타고 유럽여행 중 이라고 했다. 그때 그 건장한 친구의 진취적 기상, 여유가 정말 멋져 보였고 부러웠었다.

그러던 중, 그와 몇번 대화를 나눈 후 필자는 또 다른 고민 혹은 자괴감에 빠졌었다. 그 원인은 고졸인 그 친구가 나보다 영어를 훨씬 더 잘 했던 것이다. 나름 열심히 영어공부를 했고, 영문학을 공부하고 있던 나보다 훨씬 편하고 여유롭게 영어를 구사하는 그 친구를 보면서 나는 심한 상실감에 빠졌었다. 하지만 나중에 그들에게 영어가 그리 어려운 언어가 아닌 것을 이해하고 난 후 난 늘 이런 식으로 나에게 위안을 준다. '나도 북한말, 경상도말, 전라도말, 충청도말을 할 줄 안다고~!'

간단히 읽는 영어 발달사

우리를 한껏 골탕 먹이고 있는 영어란 놈의 실체를 좀더 깊이 이해하기위해, 이 곳에 간략히 영어발달사를 적는다. 혹, 귀찮거나 관심이 없는 분들은 이 장을 그냥 건너 뛰어도 좋다.

고대영어(Old English)

영국제도에 가장 먼저 정착한 부족은 기원전 6세기 경 켈트족$_{\text{Celts}}$이었으며 이들은 켈트어$_{\text{Celtic}}$를 오랫동안 사용했었다. 그 후 B.C 54년에 당시 갈리아지역의 총통이던 쥴리어스 시저$_{\text{Julius Caesar}}$가 도버해협을 넘어 영국을 침공했고, 이후 서기 43년 로마황제 클라우디스$_{\text{Cladius}}$가 다시 영국을 침략하여 그 후 약 400여 년간 영국을 지배하였다. 이에 따라 로마의 언어인 라틴어가 지배계층 사이에서 공식어로 사용되게 되었고 이 라틴어는 기존의 켈트어에 영향을 미쳤다. 이 라틴어에는 헬레니즘 문화의 근간인 그리스어가 상당부분 포함되어 있고 이 라틴어는 우리가 알고 있는 영어의 근간을 이루는데 큰 역할을 했다.

449년에는 독일 북서부에서 브리타니아로 건너온 게르만인의 한 일파를 의미하는 앵글로색슨족$_{\text{Anglo-Saxons}}$이 영국에 침입하여 켈트족을 완전히 몰아내고 영국 국민의 주류를 형성하게 되었고, 이들이 사용하는 언어가 영어가 되었다. 이들이 쓰는 언어인 Anglian에서 English라는 지금의 명칭이 유래하게 된 것이다.

787년에는 스칸디나비아 반도를 본거지로 하던 바이킹Vikings; Danes족족들이 영국을 약탈하기 시작했고. 이후 8세기 중엽에서 10세기 말까지 영국은 이들의 식민지가 되었다. 약 200여년동안 이들 바이킹에 의해 지배를 받은 영국은 이들 언어의 영향을 받게 되었는데 sk-sky, skin, skill계통의 단어들이 스칸디나비아어가 영어에 남긴 흔적이다. 이시기에 형성된 언어를 Anglo-Saxon 또는 Old English라고 부른다.

중세영어(Middle English)

영어발달사에 가장 큰 영향을 미친 사건은 Norma Conquest라 불리는 1066년의 노르만인의 영국 정복이다. 노르만인은 원래 북유럽에서 온 데인족일명 바이킹족이었으나 기독교에 귀의하고 프랑스 문화를 섭취하여 프랑스어를 사용해왔다. 노르만인의 영국 정복이후 1200년까지 영국에서는 왕실과 귀족이 프랑스에 많은 토지를 소유하고 있었고 그들의 관심도 영국보다는 프랑스에 더 쏠려 있었으므로 자연히 이들 귀족의 언어는 영어가 아닌 프랑스어였다.

지배계층을 형성한 앵글로-노르만인들과 하층민으로 전락한 영국인들 사이에는 사용하는 어휘의 차이가 발생했는데, 먹거리를 생산하던 앵글로-색슨인들은 암소cow, 송아지calf, 양sheep, 돼지

pig와 같은 어휘를 사용하였고 이를 소비하던 앵글로-노르만인들은 소고기beef, 송아지 고기veal, 양고기mutton, 돼지고기pork와 같은 불어에서 유래한 단어를 사용했다.

유럽대륙과 영국을 연결시켰던 유대는 1204년 '존왕의 노르만디 상실'이라는 사건으로 깨진다. 이 사건을 계기로 상류층도 영국과 영어에 관한 관심을 기울였다. 1337년에서 1453년까지 약 100년에 걸친 프랑스와의 백년전쟁은 영국에서 프랑스어를 몰아내고 영어를 자국어로 자리매김하는 데 기여했다. 백년 동안 전쟁을 치루면서 영국 국민의 마음속에는 국민적 자각이 고조되었고 프랑스 국민과의 대립의식 또한 강해져서 결국 프랑스어는 적국의 언어라는 사고가 뿌리내리게 되었던 것이다. 이 과정에서 대모음 전환Great vowel shift이 일어나기도 했다.

근대영어(Modern English)

*장미전쟁 이후 새로운 지배계급으로 등장한 튜터 왕가는 문예부흥 정신에 고취되어 학문과 교육에 대단한 열의를 보였다. 영어는 학문과 문예에 뛰어난 이들에 의해 창작되고 번역되었다. 자유분방한 감정과 사고를 표현하던 이 시기16세기의 영어는 문법서나 사전에 의해 제약을 받지 않고 자유롭게 구사되었다. 특히 셰익스피어Shakespeare는 영어를 종횡무진, 자유자재로 구사하면서 놀라울 정도로 많은 수효의 어휘를 새로 만들고 차용했으며 품사의 전환

* 장미전쟁(war of roses: 1455~1485년): 붉은 장미를 상징으로 삼은 랭커스터 왕가와 흰장미를 상징으로 삼은 요크왕가 사이의 왕위쟁탈전쟁. 이 전쟁에서 승리한 랭커스터가는 튜더왕조를 형성한다.

도 대담하게 이루어졌다.

18세기 후반부터 시작된 산업혁명으로 지배계급의 성격이 다분히 시민화됨에 따라 영어 사용에도 변화가 일어났다. 이들 시민은 정확한 언어 사용에 자신이 없었기 때문에 사전이나 문법서에 의지하는 경우가 많아지게 되었고 학교에서까지도 규범을 강요하게 되었다. Lowth의 Short Introduction to English Grammar(1762)와 Samuel Johnson의 A Dictionary of the English Language(1775)는 18세기에 나온 가장 중요한 문법책과 사전이었다.

19세기에 본격화된 영국의 식민지 정책의 영향으로 아프리카, 인도, 아메리카 원주민, 스페인, 포르투갈과 같은 식민지로부터 많은 어휘가 영어에 추가되었다. 그 예로 tomato(토마토), coyote(북미의 이리), chocolate(초콜렛) 등은 Mexican단어들이고, jaguar(열대 아메리카산 표범), poncho(판쵸,-남미 원주민의 외투) 등은 남미 지역에서 왔다. bungalow(방갈로), mandarin(구주 귤)은 인도에서 왔고, chimpanzee(침팬지), banana(바나나) 등은 아프리카에서 온 어휘들이다.

세계영어(World Englishes)

영어는 이제 영국이나 미국만의 언어가 아닌 전 세계인의 언어로 인식되고 있고, 각 지역에서 사용되는 영어를 통칭하여 세계영어(World Englishes)라고 한다. 카추루(Kachru)라는 학자는 영어 사용자를 크게 세 가지 그룹으로 분류하여 아래 그림을 제시했는데, 이때 가장 안쪽 원(inner[3] circle)은 영어를 모국어[4]로 사용하는 사람들을 말한다.

세계의 영어사용자

영국이나 미국, 호주, 캐나다, 뉴질랜드 등이 대표적으로, 이들은 약 5억 명 정도 된다. 가운데 원outer[5] circle은 영어를 제2언어로 사용하는 사람들로, 인도나 필리핀, 싱가포르 등 자기 나라의 고유 언어를 보통 사용하지만, 영어도 공식적으로 흔하게 사용하는 나라들이다. 이들은 약 15억~20억 명에 이른다. 가장 바깥쪽의 원expanding[6] circle은 영어를 외국어로 사용하는 사람들을 말하는데, 우리나라나 일본, 독일처럼 영어를 사용하는 일이 그리 흔하지는 않지만, 영어를 외국어로 배우는 나라들을 포함한다. 이런 인구가 최소 10억 명 정도 된다.

영어는 지난 1,000년 동안 그 사용이 확산일로에 있는 세계어로서의 자리를 구축하였다. 현재 전 세계 우편물의 75%, 인터넷 정보의 80%이상이 영어로 유통되고 있다. 인터넷 등을 비롯한 통신수단과 대형 여객기를 비롯한 첨단 교통수단의 발달로 인해 국가 간의 국경과 언어의 장벽이 서서히 사라지고 있다. 전 세계 약 3,000여 종의 언어가운데, 1,000만 명 이상의 인구가 사용하는 언어는 50종 정도이다. 이중 영어의 세계어로서의 독보적 지위는 더욱 확고해질 전망이다. 30년쯤 지나면 영어가 세계 공용어의 지위를 얻게 될 것이라는 미래학자들의 주장이 나름의 설득력을 갖는 데는 그 만한 이유가 있어 보인다.

아프리카의 후진국보다 우리의 토플성적이 낮다?

'한국 토플 성적 세계 161개국 중 89위' 어느 신문의 토플성적에 관한 헤드라인이다. 우리의 언론은 높은 영어교육에 대한 투자비용 대비 낮은 영어실력이라는 결과를 근거로 한국영어교육을 맹비난한다. 그러면서 흔히 인용하는 내용은 저 후진적인 아프리카 국가들(짐바브웨, 잠비아, 보츠와나 등) 보다 토플실력이 낮다는 내용이다. 대한민국에서 영어를 가르치는 선생님들의 입장에서 보자면 정말 가슴 아픈 일이고 얼굴을 들 수 없는 일처럼 보인다. 하지만, 이런 결과가 과연 한국영어교육의 후진성, 혹은 선생님들의 무능력, 혹은 학생들의 노력 부족 때문일까? 나는 아래 두 가지의 주장을 근거로 이를 반박하고자 한다.

첫째, 위에서 언급한 아프리카 국가들은 19, 20세기 식민지 역사의 유물인 영어라는 공용어를 현재 사용하고 있다. 비록 이들에게도 그들 부족 내에서 사용되는 부족어가 훨씬 쉽고 편하겠지만, 사회적 성취나 고등교육에 접근하기 위해서는 공용어인 영어 사용의 빈도가 훨씬 높을 수 밖에 없다.

둘째, 이 아프리카 국가들에서 토플에 응시하는 사람들과 한국 혹은 일본의 응시생들의 학력 수준 그리고 토플 응시비용에 대한 부담의 정도를 대입하여 비교해보자. 아프리카 등 후진국에서 토플에 응시하는 사람들은 보편적 학력수준이 높은 대학생이나 대학원생들이 대 다수 인 것으로 알려져 있다. 하지만 일본이나 우리나라의 응시생들 중에서는 초중고생의 비율이 상대적으로 높다. 또 2013년 현재, 한국에서 토플응시료는 170달러이다. 나라별로 다소 차이가 있지만

우리나라나 일본에서는 부모의 의욕 혹은 본인의 의지에 따라 영어 실력이 완성되지 않은 상태에서도 큰 경제적 부담을 느끼지 않으며 토플시험에 응시한다. 또 성적이 낮은 학생이 여러 해에 걸쳐 몇 차례 토플 시험에 응시한 후 그 중 가장 좋은 점수를 본인의 토플점수로 보유하려는 응시생들도 많다.

하지만 아프리카에 거주하는 사람들에게 토플응시료가 갖는 부담은 어떨까? 그들에게 토플시험은 간단한 부담으로 치를 수 가 없는 막대한 부담을 감내하면서 치르는 절대 절명의 시험일 것이다. 아프리카 출신의 토플 응시생들이 우리나라나 일본보다 훨씬 더 잘 토플시험에 대한 준비가 되어 있는 상태에서 시험을 치르는 사람들임을 유추해 볼 수 있다.

아래 제시된 국가별 토플 성적표를 보라. 그 나라의 언어가 영어와 어학적 측면에서 가깝거나, 유럽의 식민지 역사를 가진 나라 혹은 영어를 공용어로 사용하거나, 유럽어를 공용어로 사용하는 국가 일수록 높은 토플 성적을 얻는 것을 쉽게 알 수 있다. 그러니 우리의 영어교육의 미흡함, 혹은 학생들의 무능만을 낮은 영어점수의 원인으로 치부하는 우는 범하지 않도록 하자. 원인은 언어학적, 사회문화적 차이에 있는 것이다.

주요 국가의 토플 평균 점수

1위  네덜란드 (100점)

2위  덴마크 (99점)

2위  싱가포르 (99점)

4위  벨기에 (98점)

4위  오스트리아 (98점)

21위  인도 (92점)

36위  말레이시아 (89점)

40위  필리핀 (88점)

70위  대한민국 (82점)

70위  홍콩 (82점)

88위  조선민주주의인민공화국 (78점)

92위  중화인민공화국 (77점)

124위 일본 (69점)

왜 학원을 다녀도 우리 아이의 성적은 향상되지 않는가?

"우리 애를 학원에 보내도 좀처럼 성적이 오르지 않아요. 뭐가 문제인가요?"

필자가 가끔 주변의 지인들로부터 듣는 정말 난해한 질문이다. 불과 몇 년 전까지만 해도, 필자 자신도 이에 대한 명확한 대답을 할 수 없었다. 하지만 수년 간 이 문제를 곰곰이 숙고하고 관찰한 후 이에 대한 필자 나름의 명확한 답을 찾아냈다. 이 답을 여기에 전할까 한다.

과외를 시키거나 학원을 보내는 부모들, 그리고 열심히 공부를 하는 학생들 모두의 바람은 열심히 공부한 만큼 빨리 그리고 눈에 띄게 학업 성적이 향상 되는 것이다. 하지만 과외를 하건 학원을 다니건, 학생들의 성적향상이 그리 쉽지가 않다. 그럼 왜 우리 애들이 열심히 공부를 하는 것 같은 데 그 만큼 성적이 향상되지 않을까? 다음의 표를 이용하여 그 비밀을 말하고자 한다.

아래의 〈표1〉, 〈표2〉에서 A라는 고1 학생이 주어진 문제를 풀기 위해서는 80%이상의 이해력이 필요하다고 가정하자. 하지만 〈표1〉의 A학생이 새로이 공부를 시작한 시점에서의 이해력이 30% 수준이었다고 가정하자. 이 학생의 초기 30% 이해도는 6개월 후 75%까

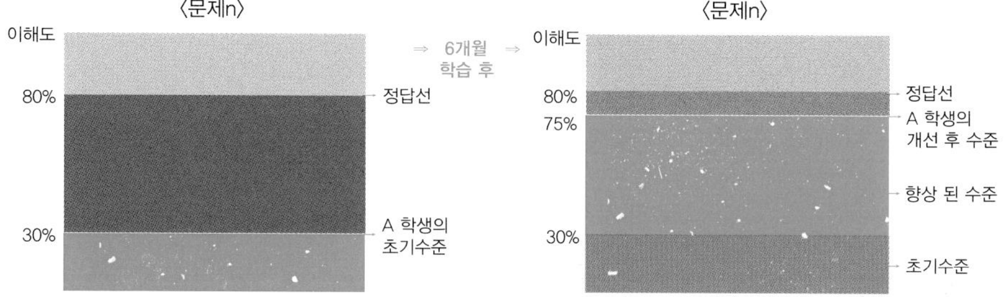

〈표1〉 성적-실력 불일치표 1

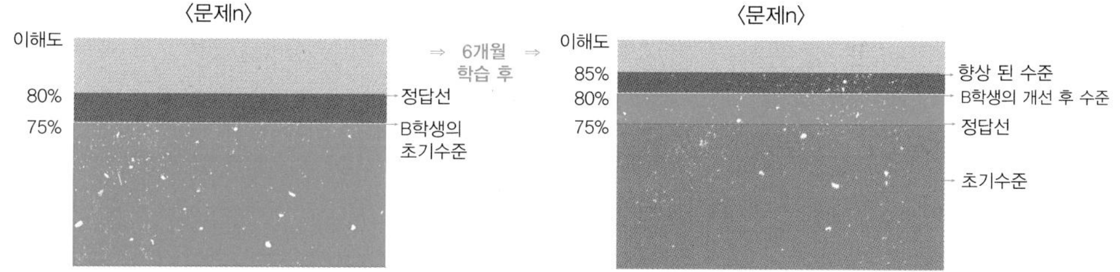

〈표2〉 성적-실력 불일치표 2

지 향상되어 있지만, 아직은 80%의 정답선에 도달하지 못해있다. 따라서 이 학생은 주어진 문제를 맞힐 수 없다. 이와 동일한 난이도의 문제들로 시험전체가 출제 된다면 산술적으로 이 학생의 성적은 100점 만점에서 0점을 받게 된다. 공부를 열심히 하기전의 0점과 열심히 공부를 하고난 후의 0점 사이엔 전혀 성적의 변화가 없는 것이다.

고1 학생인 이 A학생이 지난 초등학교, 중학교 시절에 했던 공부의 전체 총량보다 훨씬 더 많은 시간을 투자해서 최근 6개월 동안 정말 열심히 공부를 했다 할지라도, 이 학생의 향상된 이해 수준인 75%는 이 학생의 성적변화에 아직 영향을 미칠 수 없다. 아

직 5%의 이해력 부족이 문제의 답을 얻을 수 없게 하기 때문이다.

반대로 〈표2〉에서 같은 고1인 B학생은 70%의 이해 수준을 가지고 학원에 왔다고 가정해보자. 그 학생은 A학생보다 덜 열심히 공부했다 하더라고 쉽게 문제에 대한 이해도를 85%로 만들 수 있다. 이 학생은 그 후에 치러진 시험에서 각 문제가 요구하는 80% 정답기준선을 훌쩍 넘길 수 있기 때문에 15%의 실력 향상만으로도 모든 문제의 정답을 얻게 될 것이다,

그렇다면 과연 A 학생의 공부는 전혀 효과가 없었던 걸까? 이미 〈표1〉에서 봤듯이 6개월 동안 열심히 공부한 이 A학생은 6개월 사이에 250%의 실력향상을 일궈냈다. 하지만 학생이 계량화되어 얻은 점수의 변화는 여전히 0이다. 이 시점에서 이 A학생이 다시 6개월 동안 열심히 공부한다면 이 학생의 이해력은 분명 80%를 넘어 서게 될 것이다. 더 나아가 A학생의 이해도가 85%가 되어 동일한 수준의 시험을 치른다면 그 학생의 점수는 어떻게 바뀔까? 의심의 여지없이 그 학생도 100점의 점수를 얻게 될 것이다.

하지만 여기서 두 가지 문제가 생긴다. 첫 번째는 제논의 법칙이다. 즉 80% 이해도 수준의 문제가 이 학생이 공부하는 동안에 계속적으로 머물러 있는 것이 아니라 시간이 지남에 따라 〈표3〉에서 볼 수 있듯이 그 난이도가 상향될 것이다. 그리고 그 기울기는 공부를 못하는 학생일수록 따라가기 벅찬 정도로 점점 가파라진다. 그리고 더 큰 문제는 실력의 향상을 인지하지 못한 채 성적의 가시적 변화에만 초점을 맞추게 되면 학생이든 학부모든 일정시점

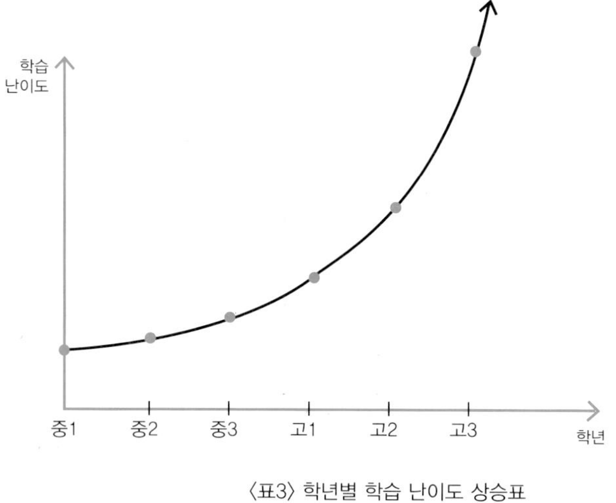

〈표3〉 학년별 학습 난이도 상승표

이 지나면 공부를 쉽게 포기할 가능성이 커진다는 것이다.

두 번째는, 이 학생이 무한대의 시간을 가지고 있지 않다는 것이다. 고1 쯤 된 학생은 고3이라는 결승점에 거의 다다라있기 때문에 후반역전의 가능성이 거의 없는 경주중에 있다. 그럼 이제 학생 B의 경우를 다른 각도에서 생각해 보자. 열심히 공부한 후 85%의 이해력을 갖게 된 B학생은 15%의 실력향상 후에 100점의 계량화된 점수를 일단 얻었지만, 제시된 문제의 난이도가 일괄적으로 90%로 올라간다면 이 학생 또한 0점의 점수를 받게 될 것이다. 그러므로 이 학생은 다시 90% 이상의 실력을 쌓기 위해 더 많은 노력을 해야 한다. 그래서 최상위권 학생들에 대한 변별을 위해서 문제를 출제할 때는 난이도를 조절해서 지극히 어려운 문제를 출제하는 것이다.

여기서 학부모인 우리가 인지해야 하는 것은 학생의 성적향상도 중요하지만 '실력향상'이 이뤄지고 있는지를 인지하는 것이다.

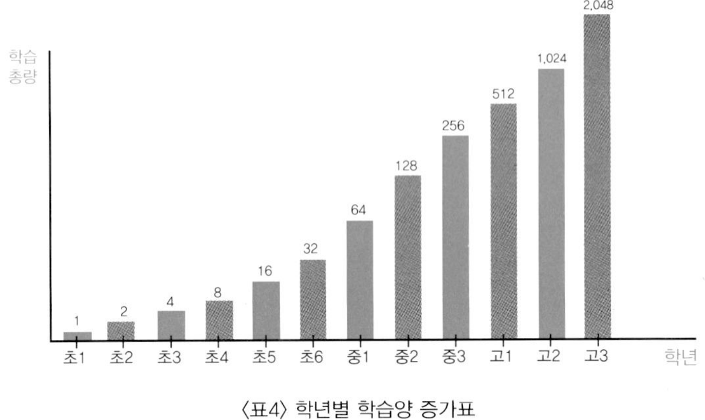

〈표4〉 학년별 학습양 증가표

하지만 이는 쉬 계량화되지 않기 때문에 인지가 어렵다. 본 필자가 계량화 시킨 학습총량의 식이 하나 있다. 필자의 견해로는 초1부터 고3때까지 공부의 양은 2의 제곱으로 매 년 증가 한다. 또 가시적 성적향상은 학생의 현재 수준과 투입된 공부의 총량과 질이 절대적 열쇠가 된다.

위의 〈표4〉의 이해를 위해 공부를 전혀 안했던 학생의 중2 학생C의 예를 들어보자. 위의 〈표4〉에서 보듯이 중2학생의 정상 학습총량은 128 단위이어야 하지만, 이는 그간 정상적으로 꾸준히 공부를 해왔던 학생의 경우이다. 학생C의 경우에는 중2 학습량 128에 그 전의 학습량$_{64+32+16+8+4+2+1}$을 더한 255 단위의 학습량이 필요하다. 하지만 학부모나 학생들은 그들 옆에 있는 우등생이 갖는 128 단위의 학습량이나 140정도의 학습량이면 충분할 것이라고 생각하고 그 정도 공부를 하고나서 원하는 성적이 나오지 않으면, 공부가 너무 어렵다거나 또 본인은 해도 안 된다고 한탄만

한다. 그간 학습을 게을리 하여 누적된 학습량은 소멸되는 것이 아니라 그 총량이 보존된 채 다음 학년으로 고스란히 넘어가는 것을 간과하고 있는 것이다.

위의 모든 내용을 아주 단순히 정리해 보자. 꾸준히 공부를 하는 학생이 실력이 좋아 질까? 아무것도 안하고 가만히 있는 학생의 실력이 좋아질까? 결론적으로 말하면, 학생들의 학업성적이 향상되기 위해서는 절대학습량이 필요하다. 그리고 그 절대학습량은 그간의 누적 학습총량을 충족시켜야만 한다. 혹, 단기간에 걸쳐서 학습량을 급격히 늘렸다고 해서 그 노력이 곧바로 성적향상으로 변환되는 것이 아니다. 실력향상과 성적변화는 동조화될 수도 있고, 비동조화 되어 보이는 경우도 있는데, 고학년이 될수록 그 변화의 정도는 작아지게 되고, 학생들의 육체적 정신적 고생의 양은 n승으로 높아가고, 부모들의 경제적 부담도 누진 적용된다.

학교가 바라보는 학원 VS 학원이 바라보는 학교

10여 년 전 당시 EBS에서 명성을 날리던 어떤 국어선생님이 당시 국내 최대 인강사이트에 스카웃이 되어 재직 중이던 학교를 그만두면서 출사의 변을 남겼었다. 그 전체를 여기에 옮길 수는 없지만, 요지는 '까마귀 노는 곳에 백로가 간다.'는 것이었다. 이런 시각이 그 당시나 지금이나 공교육이 사교육을 바라보는 시각의 전형일 것이다. 당시 그 글을 읽었던 필자와 필자 주변의 사교육 강사들은 '겉이 검다고 속조차 검을쏘냐? 겉이 희고 속 검은 이는 바로 네가 될 것이다!'였다.

그 후 그 분은 사교육 시장의 강의에서 좀 밀리는 등 사교육의 쓴맛을 본 듯하다. 물론 EBS나 유명인강사이트에서 구축한 지명도를 토대로 아직도 그 분은 사교육 분야에서 콧바람께나 부는 사람이긴 하지만, 아마 지금쯤은 사교육에 나온 것을 후회하고 있지 않을 까 하는 것이 일반적인 시각이다. 사교육 종사자들이 나이가 들수록 공교육에 종사하는 사람들을 부러워하는 게 현실인데, 그 분은 그 반대방향을 선택했으니 말이다.

사교육과 공교육의 관계를 논하기 전에, 우리나라의 공교육과 사교육의 연원을 간단히 살펴보자. 우리나라에서 근대 공교육의 시작은 갑오경장 1894 다음해인 1895년 고종 32 고종황제의 '교육입국

조서'에 의하여 시작되었다. 근대 공교육의 탄생은 이전에는 소수 특권계층만의 전유물이었던 학교교육이 일반대중들에게도 개방됐다는 것을 의미한다. 이때부터 소위 신분제를 뛰어넘는 '개천에서 용이 나는 일'이 비로소 현실화 될 수 있었다.

대한민국의 사교육의 시작을 찾아내는 것은 거의 불가능해 보이지만, 문헌상 제도화된 사교육의 시초는 고려시대의 최충이 후진 양성을 위해 설립한 '구제학당' 九齋學堂 혹은 문헌공도(文憲公徒)라 불리기도 한다 으로 여겨진다. 이후 조선시대에는 서원이 사교육의 총본산 역할을 했고, 이 서원은 당시 입신양명의 수단이던 과거급제자 배출을 위한 서원간 무한경쟁을 이끌었고, 과거에 급제한 이들은 그 출신 서원이나 학파에 따라 서로 끌어주고 밀어주는 사적관계를 맺어가는 가교역할을 하였다.

1980년대 초반 전두환 정권시절에는 사교육이 국가에 의해 금지된 적도 있었고, 그 이후에도 이와 유사한 시도는 여러 차례 있었지만 2000년 헌법재판소의 '사교육은 개인의 행복추구를 위한 사적행동영역에 속하기 때문에 이를 규제할 수 없다.'는 판결에 따라 현재 사교육은 우리 주변에 아주 흔하게 존재하고 있다.

현재 21세기에 살고 있는 우리들은 공교육과 사교육의 불편한 동거 속에서 살아가고 있다. 또 공교육과 사교육이 서로를 바라보고 있는 시각 또한 상이하다. 이 두 개의 교육기관이 서로를 바라보는 시각은 무엇이고 과연 조화로운 공존이나 상생이 가능할까? 각 방면에서의 서로를 바라보는 시각을 간단히 살펴보자.

공교육이 사교육을 바라보는 시각

1. 사교육은 전인교육을 도외시하고 주입식 단순 암기위주의 교육을 한다.
2. 사교육은 학교교육의 정상적 운영을 방해한다.
3. 사교육은 교육을 돈벌이 수단으로 이용하는 상업적 도구이다.
4. 사교육은 학생들의 자주적 학습능력을 저하시킨다.
5. 사교육은 학생들의 가정경제를 황폐화 시키는 주범이다.
6. 사교육은 교육의 불평등 구조를 심화 시켜서 사회계층 이동을 막는다.
7. 사교육은 계층 간의 위화감을 조성한다.

사교육이 공교육을 바라보는 시각

1. 학교는 전인교육은 물론 지식전달 업무도 게을리 하고 있다.
2. 학교는 가르치는 대신 평가만 하려고 하고, 가르치지 않는 내용을 시험에 내기도 한다.
3. 학교 교사들은 철밥통 속에 안주한 채 스스로가 교육전문가이기를 포기하고 있다.
4. 학교는 영재들을 위한 심화교육과 학습부진아들을 위한 보충교육을 제공하지 못한다.
5. 학교가 제 역할을 다하지 못해서 사교육이 존재한다.
6. 학교에만 의존하면 계층이동은 더욱 불가능하다.
7. 학교는 교육소비자인 학생이나 학부모를 위한 곳 이라기보다는 교육 제공자인 선생님들을 위한 기관이다.

필자가 위의 각 주장에 대한 반론이나 옹호의 글을 자세히 덧붙이지는 않겠다. 다만 다음에 기회가 주어지면 각 주장에 대한 충분한 논쟁을 마다하지 않겠다. 우리가 위의 양 쪽이 바라보는 상반된 시각을 100% 다 공감하지는 못한다 하더라도 각각의 주장이 나름의 이유와 근거가 있어 보인다. 극단적인 경우지만 미국은 공교육에 대한 불신이 너무도 커져서 학교를 거부하고 집에서 애들을 가르치는 홈스쿨링의 인구가 2011년 현재 약 204만 명, 전체 학생의 3.8%에 달한다. 홈스쿨링을 학력으로 인정하고 있는 미국과는 달리 홈스쿨링을 학력으로 인정하고 있지 않는 우리나라에서는 거의 일어날 수 없는 일이긴 하지만 현재의 공교육에 대한 불신이 더 커지면 미국의 경우처럼 되지 않을거란 보장도 없다.

그렇다면 애들을 기르는 학부모의 입장에서 우리는 어떤 시각으로 공교육과 사교육을 수용하고 조화 시켜야 할까? 다음 내용을 숙고하고 수용할 것이 있다면 수용해 볼 것을 독자여러분에게 권하고 싶다.

1. 공교육은 학생들이 좋든 싫든 받아들이고 적응해야할 삶의 과정이다. 학교를 긍정적으로 바라보고, 학교가 요구하는 과정을 성실히 따르는 것을 게을리 하면 안 된다.

2. 학교는 교육기관이자 평가기관이다. 학교가 가진 평가기관의 속성은 애들의 입시나 미래에 크게 영향을 미친다. 자녀들이 학교 평가에 잘 적응하도록 자녀들을 지도해야 한다.

3. 사교육은 학교교육에서 부족한 부분을 채울 수 있는 유용한 수단이다. 학생들이 먼저 학교 수업에 충실하도록 지도하는 것도 중요하고, 사교육의 효과가 미미하다는 언론의 보도를 100% 신뢰하지 않는 현실적 지혜도 필요하다. 실상을 알고 보면 사교육을 통해 공부를 잘하게 된 애들도 아주 많다. 사교육 선생들은 애들의 성적향상이 생계와 직결되는 문제이므로 어떻게 해서든지 공부에 도움을 주려고 할 것이다.

4. 사교육은 공교육보다 오랜 역사를 가진 유물이다. 사교육이 곧 없어질 거라고 판단하거나 기대하는 것은 무모해 보인다. 그 형태와 방식이 조금 달라질 뿐 사교육은 사라지지 않을 것이다.

5. 공교육과 사교육은 적대적 관계가 아니다. 현재의 사교육은 공교육의 보완재다. 사교육을 잘 활용하면 할수록 자녀들이 공교육에 잘 적응하고 두각을 나타낼 가능성이 크다.

6. 사교육은 공교육이 실현하지 못하는 실험적 과정이라 할 만한 것들을 실행하고 있다. 선행학습과 반복학습, 분반제도와 수준별 수업, 지속적인 평가와 Q&A, 경시 및 인증 대비반 등 학교단위에서 실행 불가능한 과정이나 내용을 학원에서는 쉽게 찾을 수 있다.

우리 자녀들이 별도의 경제적 부담이 없는 공교육 과정만을 통해서 원하는 학업목표나 입시결과를 얻을 수 있다면 정말 좋겠지만, 현실은 그렇지 못하다. 근본적으로 사교육은 우리 자식이 다른 자식보다 좀 더 잘되기를 바라는 부모들의 욕망, 또 나의 경쟁자보다 더 앞서고 싶은 개인의 욕망에서 시작된다. 그래서 가진 자들이 기꺼이 자신의 주머니를 털어 자기 자식들을 사교육에 참여시키는 것이다. 이 욕망은 결코 비난받거나, 무시될 필요가 없는 인간의 자연스러운 감정이다. 필자의 주장이 극단적인 주장처럼 들릴지 모르지만 진주교대 김영천 교수의 『공부 자신감을 키워주려면 차라리 학원에 보내라!』라는 책을 한번 읽어 볼 것을 권하고 싶다.

사교육을 한다고 해서 모두가 성적이 급격히 좋아지거나 자신의 꿈을 쉬 이루는 것은 아니다. 또 사교육의 혜택에서 소외된 가정의 자녀들에 대한 사회적 대안도 고민해볼 필요가 있다. 교육은 백년지대계百年之大計라는 말이 있듯이 모든 교육은 그 성과가 꽤 오랜 시간을 두고 나타난다. 우리가 집을 지을 때는 설계도 작성을 당연시 하지만, 애들을 교육시키는 과정에서 설계도 하나 없이 눈앞에 닥치는 대로 살게 하는 경우도 허다하다. 자녀 교육에 대한 부모의 체계적 설계도가 필요하다. 그 설계도는 애들이 스스로 그리기에는 너무 벅차다. 애들이 지나갈 과정을 먼저 거쳐 간 부모가 자녀와 함께 그려보는 것이 맞다.

그 설계도의 내용에 공교육만 집어넣는다면 이는 착각이다. 우리가 건축 설계도를 만들 때 능력범위 내에서 가장 합리적인 재료와 인부를 고용하듯이, 교육이라는 설계도도 가용한 범위내의 최고의 수단과 인력을 투입해야 한다. 자녀들의 능력과 목표 그리고 부모의 능력범위를 종합적으로 조망한 공교육과 사교육이 조화된 설계도가 필요하다. 그리고 그 설계도는 수시로 교정되고 수정되어도 좋은 것이다. 이 글을 읽는 독자들은 오늘 당장 그 설계도의 원안을 그려보도록 하자. 그 설계도가 체계적이고 구체적일 수록 자녀의 교육도 수월하고 더 큰 성과를 얻게 될 것이다.

학원은 이상한 서비스를 제공하는 곳

왜 중3 이상쯤 되는 학생들은 학원수업이나 과외를 잘 받으려 하지 않을까? 필자는 학생들을 학원에 보내는데 아주 애를 먹는 부모들의 고민을 자주 접한다. '애한테 공부를 시키고 싶은데, 애가 자꾸 혼자 해보겠답니다. 과연 괜찮을까요?' 사교육에 종사하는 사람의 입장에서 보면 이런 반응을 보이는 학생들이 성적이 향상되는 예를 거의 보지 못했다.

그렇다면 왜 중3 이상 쯤 되는 학생들은 사교육에 대한 거부반응을 가질까? 고3 수능이 끝나면 재수를 결심하고 자발적으로 공부를 1년 더 해보겠다는 학생의 경우는 추후에 논의 하도록 하자. 그 이유는 크게 두 가지인데 첫째는, 공부라는 것 자체에 대한 거부감이 있는 학생을 공부하는 곳까지 데려오는 능력을 부모가 상실한 것이고, 두 번째는, 사교육 자체의 불편하고 힘든 속성 때문이다. 이 장에서는 바로 이 두 번째 사교육의 불편한 속성을 좀 더 자세히 살펴보도록 하자.

인간은 경제적 동물이다. 우리는 재화goods와 용역service을 구매하기 위해 우리의 한정된 자원오늘날의 사회에서는 돈으로 표시되는을 소비한다. 아담스미스 이래로 발달된 전통경제학적 이론에 따르면, 우리가 재화나 용역을 구매하기 위해 소비되는 비용에 걸 맞는 효용utility을 해당 상품이 줄 거라는 확고한 믿음을 근거로 우리는 소비행위를 한다. 예를 들어, 우리가 중국집에 가서 짜장면을 먹을 때 우리는 그 짜장면의 품질과 그 식당이 제공하는 서비스가 우리가 지불하는 비용에 걸 맞는 만족감을 줄 것이라는 암묵적 믿음을 가지고 행동하는 것이다. 즉 우리가 행하는 구매행위의 대부분은 구매 순간 시점 직 후 곧 드러나는 효용성에 의해서 판단된다.

그렇다면 사교육이 이런 경제적 원칙에 얼마나 부합할까? 사교육의 효용성은 이를 구매하고 진행되는 동안에는 거의 보이지도 느껴지지도 않는, 전통경제학점 관점에서 보면 좀 특이한 상품이다. 전통경제에서 언급하는 재화나 용역을 우리가 '친절재'라 부르고, (사)교육이 주는 재화나 용역을 '불편재'라 불러보자. 이런 불편재를 찾아 볼 수 있는 곳은 아마 '해병대 캠프'나 '기아 체험캠프'에서나 발견될 수 있다.

사교육은 구매자에게 공교육보다 훨씬 더 큰 직접적인 불편함을 제공한다. 공교육은 일정한 시기를 잘 수료하면 사회에서 유용하게 쓰이는 학력인증(서)을 제공한다는 믿음을 준다. 반면에 사교육 기관은 이런 인증서를 발행할 권한도 없고, 또 발행하지도 않는다. 왜냐하면 사교육이 발행하는 인증서는 사회에서 별다른 의미가 없을 것이기 때문이다.

사교육의 대상자는 돈을 지불하는 대가로 당장의 만족이나 편안함을 얻는 대신 학업부담과 과제 그리고 심지어는 체벌을 기대해야한다. 추가로 학부모에게는 상당한 경제적 부담을 요구한다.

게다가 그 효과성적향상는 당장 거의 눈에 보이지도 않고 반드시 효과가 있을거란 보장도 없다. 사교육의 효용성이 드러나는 시간은 우리가 구매하는 재화나 용역 가운데 가장 느리게 나타난다고 보면 된다.

그럼에도 불구하고 우리 사회는 맹렬히 사교육을 구매하고 있다. 그 기저에는 어떤 심리적, 경험적 토대가 있을까? 그 기저 심리 중에서 가장 중심이 되는 것은 아마 한 세대 혹은 두 세대쯤이 지난 후에 선대부모들이 겪은 '교육의 효과에 대한 사회적 경험'에서 발원했을 것이다. 교육격차가 발생시킨 사회내의 경제적 사회적 격차를 체감해온 부모들은 이 '불편재'의 구매를 멈추지 않고 기회가 되는 대로 이의 구매를 더 왕성하게 원한다. 이렇게 고전경제학의 원칙을 벗어난 것처럼 보이는 구매 행위는 행동경제학行動經濟學, behavioral economics으로만 설명이 가능할 것 같다.

그러나, 만약 사교육을 구매하는 부모가 그 목표를 성적향상에만 둔다면 그 목표는 이뤄질 가능성이 매우 희박한 도박이 될 것 같다. 왜냐하면 한반 30명의 학생들이 모두 사교육을 받는다고 해서 모두가 반에서 1등을 할 수 는 없기 때문이고, 혹 우리애가 반에서 1등을 한다 해도 우리는 또 그 애를 전교 1등을 만들기 위해 노력할 것이기 때문이다. 즉 학생과 학부모의 성적 향상에 대한 욕망은 무한하지만 그 목표에 도달하는 사람은 궁극적으로는 몇 백분의 일 혹은 몇 만분의 일에 불과 할 것이기 때문이다.

따라서, 사교육을 구매할 때는 분명한 목표설정이 중요하며, '한계학습총량의 법칙', '한계학습 효용체감의 법칙' 등 좀 어려워 보이는 용어가 주는 개념에 대한 세심한 고민을 가지고 구매해야 하는 것이다. 왜냐하면 사교육은 당장은 학생과 학부모를 불편하고 힘들게 하는 불편재이며, 자녀의 미래를 위해 가입하는 장기 보험 상품과 같은 것이기 때문이다.

* **한계학습총량의 법칙:** 한계학습의 단위당 이득이 0이 되는 단계까지 투입해야 하는 학습의 총양

* **한계학습 효용체감의 법칙:** 학습양의 단위가 커지면서 학습으로부터 얻게 되는 이득이 점점 줄게 되는 법칙.

교육 불평등 & 분배의 불평등

2013년 10월 스웨덴의 한 백만장자이자 자선사업가인 앤더스 위클로프(67)가 핀란드 올랜드섬의 시속 50km 제한 도로에서 시속 77km로 달리다가 경찰에 딱지를 뗐다. 이 과속에 대한 벌금은 우리 돈으로 1억 3천600만원9만 5천유로에 달했다. 또 지난 2010년에는 스위스 법원이 페라리를 타고 시속 85마일로 달린 한 부유한 운전자에게 25만 4천 500유로약 3억644만원의 벌금을 부과한 적도 있다. 핀란드와 스위스 등의 국가들은 소득 수준에 따라 교통 범칙금을 부과하는 '차등 범칙금제'를 운영하고 있는 나라들이다. 핀란드는 시속 20Km를 초과하면 해당 운전자의 14일치 급여에 해당하는 벌금을 물린다.

우리나라의 경우 소득수준과 관계없이 과속 정도에 따라 4만원에서부터 12만원까지 범칙금이 차등 부과되고 있다. 삼성의 이재용 부회장이 과속을 하던, 용달차를 몰고 장사를 하는 최하층 서민이 과속을 하던 그 벌금의 액수는 똑같다. 생계용 용달차를 몰다 벌금을 내는 운전자에게 그 벌금은 엄청나게 큰 무게로 다가오는 돈이지만, 이재용 부회장에게 부과된 최대 12만원의 범칙금은 그 의미가 미미한 돈 일 것이다.

스위스는 2013년에 기업 내 최고연봉자의 임금을 기업 내 최저 임금자의 12배가 넘지 않도록 하는 'CEO최고경영자 연봉제한법'을 국민투표에 부쳤었다. 결과는 국민 65%의 반대로 부결되었다. 프랑스에서는 상속세가 최고 60%에 이르고, 소득세를 현재 50%에서 75%로 올리는 법안을 추진하자 '세금 망명'을 선택하는 '리치 노마드Rich Nomad'들이 줄을 잇기도 했다. 이처럼 서구 유럽 국가들은 사회적 부의 불평등을 개선하려는 노력을 여러 제도를 통해 꾸준히 시도하고 있다. 이러한 노력들은 소위 '노블레스 오블리주'〈프랑스어〉 Noblesse oblige: 귀족성은 의무를 갖는다라는 이름으로 사회적 기득권자들의 '양보'를 요구하고 있다.

21세기의 우리들은 15세기부터 18세기 까지 유럽의 국가들에 의해 채택된 중상주의적 경제체제에서 발전된 '자본주의capitalism'의 틀 속에 살고 있다. 하지만 초기의 산업자본주의가 금융자본주의로 진화발전 하면서, 그 제도의 결함과 문제를 수시로 노출하고 있다. 그 대표적인 예를 1929년 미국의 '대공황the Great Depression'과 2008년의 '서브프라임모기지사태Subprime Mortgage Crisis'의 발생에서 볼 수 있다. 이런 문제의 해결을 위해 서구선진국들은 '시장자본주의'에 사회주의적 요소를 가미한 '수정자본주의' 혹은 '수정, 혼합 자본주의'를 지향하고 있다.

유럽의 선진국들과는 달리 사회안전망social safety net이 미미한 우리사회에서는 통계에서 보이는 것보다 훨씬 더 크게 체감되는 빈부차가 발생하고 있다. 사회적 빈부차이는 대학진학률, 특히 명문대 진학률에 있어서 현격한 차이를 발생시키고 있다. 전북대 반상진 교수가 2013년 2월 한국교육고용패널 학술대회에서 발표한 '소득계층별 자녀의 대학진학 격차 분석' 이라는 논문을 보면 소득 최상위 월 소득 400만원 초과 집단 가정의 대학 진학률은 82.6%로 이며 소득 하위계층 100만원 이하 의 대학 진학률은 58.3%에 그쳤다. 명문대 진학률은 더 현격한 차이를 보이는데, 월 소득이 400만원을 초과하는 계층에서는 10개 유명 대학 진학률이 28.4%였으나 월 소득 100만원 이하 계층에서는 1.6%에 불과했다. 소득 최상위 집단의 자녀는 소득 하위 집단의 자녀보다 유명 대학 진학률이 17배 이상 높았다.

학력 간 빈부차이 또한 지속적으로 확대되고 있다. OECD가 발표한 '2012년 OECD 교육지표'에 따르면 25~64세 성인인구의 고등학교 졸업자 임금 100 을 기준으로 교육단계별 임금을 살펴보면, 대학교와 대학원 석 · 박사 졸업자들은 167로 OECD 평균 165 보다 높았지만 전문대학 115 졸업자들은 OECD 평균 124 보다 낮게 나타났다. OECD가 2007년에 조사한 대졸과 고졸의 임금 격차 현황도 마찬가지다. 한국의 경우 고졸 임금을 100으로 놨을 때 대졸 임금은 160으로 나타났다. 영국 157, 프랑스 150, 캐나다 142, 뉴질랜드 117등으로 선진국들은 한국보다 낮았다.

이런 임금의 격차와 학력에 의한 사회계층이 뚜렷이 구분되는 현실이 지속되는 상황 속에서, 사회분배구조의 개선 없이 입시경쟁만을 완화시키려는 노력은 공염불에 불과해 보인다. 공교육이 거의 붕괴된 상태에 이른 작금의 현실에서 부모의 방임과 사교육에서 소외된 계층에 속한 자녀들이 교육 불평등의 씁쓸한 현실을 벗어나는 것은 거의 불가능하다. 다양한 잠재능력을 계발 · 평가하자는 취지로 도입된 입학사정관제 등 각종 입시 전형은 오히려 저소득층 자녀들에게 명문대 진학의 기회를 더 어렵게 하고 있다. 소득불평등이 교육 불평등으로 이어지고, 교육 불평등이 다시 사회적 지위의 차이로 이어지는 악순환은 지속되고 있다. 지금 저소득층 자녀들은 상위권 대학 진학으로부터 점점 더 멀어지고 있다.

우리는 '개천에서 용 나는 시대는 지났다'는 말을 흔히 한다. 우리 사회에서 '용'은 주로 의사, 판/검사, 변호사, 약사, 교사(수) 등 '사' 돌림의 직업을 의미한다. 이런 사회적 소수자가 가질 수 있는 '사'자 돌림의 직업은 '대학진학'보다는 '명문대 진학'과 직결되어 있다. 그리고 명문대 진학의 디딤돌은 그 발판이 공교육이든 사교육이든 부모의 경제력에 좌우되는 것이 현실이다. 우리는 우리사회의 뜨거운 대학입시 경쟁에 대한 우려를 표할 때 마다, 유럽선진국의 평준화의 모델이 되는 독일과 프랑스, 핀란드 등이 그 대안으로 거론된다. 하지만, 교육평준화를 논할 때 그 사회의 분배의 평등성을 간과하는 경향이 크다.

독자들의 자녀가 공부에 대한 적성과 소질이 없다고 해서 과감하게 자녀들에게 대학진학을 포기하라고 권할 수 있겠는가? 만일 우리가 학력 간의 소득격차가 거의 없고 부의 분배가 우리보다 훨씬 공정한 서유럽국가에 살고 있다면 굳이 자녀를 명문대에 보내려는 노력을 기울이지 않아도 될 것이다. 대학을 졸업해서 월 600만원을 벌어서 세금내고 350만원을 가져가고, 고등학교를 졸업하면 월 400을 벌어서 세금을 내고나서 300만원을 가져갈 수 있고 또 노후에 기본적인 삶의 질을 국가가 보장한다면 굳이 우리의 학업에 재능이 없는 자녀들을 대학에 보내지 않아도 될 것이다.

하지만, '학력이 깡패'인 한국사회에 살고 있는 서민인 우리들이 자녀를 대학에 보내지 않는 선택을 하는 것은 우리 자녀들에게 '볏단을 들고 불길에 뛰어들라'고 등을 떠미는 격이다. 사회적 분배의 정의가 실현되지 않으면 절대 실현될 수가 없는 것이 입시경쟁문제다. 우리 사회의 분배구조가 하루아침에 혁명적으로 바뀌는 것을 기대하는 것은 거의 불가능해 보인다. 분배구조가 개선되면 교육 불평등 문제는 곧 해결될 문제다. 하지만 지금의 부의 불평등한 문제가 지속되면 지금의 교육문제는 결코 해결 될 리가 없다. 그래서 우리는 우리의 능력만큼 애들을 학교로 학원으로 과외로 몰고 다닐 수밖에 없는 것이다. 안타깝게도 이 거대한 문제에 대해 필자에게도 답이 없다.

아이들은 모두 이방인이다.

– 랄프 왈도 에머슨 –

Children are all foreigners.

– Ralph Waldo Emerson –

대학 반값 등록금 vs 고교 무상교육

2013년 12월 10일 독일의 니더작센주가 2014년부터 대학 등록금을 폐지하기로 결정함에 따라 독일은 대학무상교육이 다시 전면 실시되는 나라가 되었다. 2010년 기준으로 사립대 평균 등록금이 연간766만 6천원이고, 2008년 기준으로 국/공립대 연간 등록금이 417만원인 우리나라의 대학생들이나 학부모들의 입장에서 보자면 정말 부러운 일이 아닐 수 없다.

2011년 OECD 교육지표에 따르면 국가별 국공립대 대학등록금 순위에서 우리나라는 1위를 차지한 미국$6,312에 이어 연간 5,315달러로 2위를 차지했다. 3위 영국$4,840, 4위 일본$4,602, 5위 호주$4,140를 훌쩍 앞서는 순위다. 국공립대가 70%이상을 차지하고 있는 미국에 비해 우리나라의 국공립대의 비율이 18%에 불과한 점을 감안하고 1/2정도에 불과한 우리나라의 국민소득 수준을 고려한다면 우리나라의 대학 등록금 부담률은 과히 세계1위라 해도 과언이 아니다.

글에 더 들어가지 전에 필자는 대학등록금의 반값 실현 혹은 대학등록금의 전면 무상화에 근본적으로 찬성한다는 의견을 피력한다. 필자뿐만 아니라 일반적 여론 조사의 결과로 보면 국민의 90%

이상이 이에 찬성하는 것으로 나타나고 있다. 하지만 필자는 대학 반값등록금을 전면 실행하기 전에 고민해봐야 할 문제를 몇 가지 거론하고자 한다.

1. 대학반값등록금 보다는 고교무상교육을 먼저 실시하자.

현재 대학 등록금 총액은 연 15조원으로 추정된다. 여기에서 장학금 3조원을 빼면, 반값등록금을 구현하기 위해선 연 6조원의 재원이 필요하고, 소득에 따라 차등지원 한다고 하더라도 4조~5조원의 예산이 소요될 것으로 추정된다. 참고로 고교무상교육에 소요되는 비용 (입학금, 수업료, 학교운영지원비, 교과서 대금을 포함)은 연간 2조 3,000 억 원 가량이다.

그럼 왜 대학등록금 반값에 대한 주장은 뜨거운데 고교무상교육에 대한 주장은 그 목소리가 크지 않을까? 그건 바로 대학생들은 대다수가 투표권을 행사할 수 있는 유권자라는 사실이다. 유권자의 표를 의식하다 보니 당장 대학생들의 의견은 정치권의 귀에 들어가지만 고등학생들은 그들의 무상교육에 대한 주장을 할 여유도 또 들어줄 귀도 없는 것이다.

2013년을 기준으로 서울시내 고교생 학부모의 교육비 부담 액수는 공립의 경우 연 957,956원이고 사립의 경우 1,150,323원이다. 이 부담과 급식비에 대한 부담을 먼저 없애야 한다. 혹자는 1년에 100만 원쯤 내는 것이 무슨 문제냐고 말 할지모르지만, 이 비용에 급식비까지 포함 하면 결국은 1인당 월 20만 원 가량의 학자금이 소요된다. 가정형편이 불우하고 자녀가 2~3명인 가정의 경우 고등학생에 공교육에 대한 부담도 그리 만만한 게 아니다. 물론 대다수의 고교생 가정에서는 이런 비용을 충분히 지불할 여력이 있겠지만, 소외된 1~2%가 있다 하더라도 이들이 겪을 수모와 괴로움은 상상을 초월하는 것일 수도 있다.

대학생들이야 집안 형편이 어려우면 휴학을 하거나 군대에 입대해서 1~2년 등록금 부담을 피할 수도 있지만, 감수성이 예민한 고등학생들이 남들이 보기에 적은 돈 때문에 휴학을 하거나 학교를 그만둘 수 없는 것이 현실이다. 고교무상교육이 전면적으로 어려우면 상위 1/3을 제외한 가정부터라도 먼저 무상교육을 실시하는 것이 필요하다는 것이 필자의 주장이다.

2. 대학등록금의 실행 전에 대학에 대한 구조조정과 대학등록금의 독점 가격에 대한 규제가 필요하다.

전국의 200여개 4년제 대학들 중에 정원을 채우지 못한 학교가 무려 70여 곳이나 된다. 이런 부실대학들도 반값등록금정책의 혜택으로 학업에 별 의지가 없는 신입생을 모집하더라도 대학운영의 생명을 계속 지속해 나갈 수 있다. 2012년 기준으로 사립대의 적립금이 10조 3,000억을 넘어선 상황에서 적정 대학등록금에 대한 사회적 합의 없이 대학등록금 반값을 실현 한다면 명문 사립대학들은 등록금을 계속해서 올리게 될 것이다. 매년 물가 인상율을 훨씬 뛰어넘는 인상률을 보이고 있는 대학등록금에 대한 합리적 규제가 없다면 대학에 지원해야 하는 세금의 양은 점점 커지게 된다.

등록금이 비싸기로 유명한 의대에 진학해서 평생 안정적인 경제생활을 할 것이 유력한 의대생들도 반값등록금의 혜택을 보는 것을 막을 방법이 없다. 그들의 학비까지 우리 국민들이 세금을 통해 지원하게 된다. 또 대학 등록금에 대한 지원이 많아지면 많아질수록 현재 지방 국공립대의 인재들은 더 많이 서울의 명문 사립대로 몰릴 것이고 지방의 인재 유출 현상은 가속화 될 것이다.

3. 대학에 진학하지 않는 소외계층에 대한 지원이 필요하다.

대학 진학비율이 거의 80%에 육박하는 현실에서 현재 대학에 진학하지 않는 소수의 학생들은 정말 가난하거나 장애를 가진 학생 등 지극히 학업을 지속하기 어려운 환경에 처한 학생일 가능성이 크다. 이런 소외된 20%가량은 대학에 진학하지 않으므로 본인의 고등교육에 대한 지원은 받지 못한 채 남들이 받는 고등교육을 위한 납세의 부담만 지게 된다. 대학졸업장이 사회적 기득권을 획득하는 첫 단추임을 감안 한다면 이런 사회적 약자가 받는 불이익은 더욱 커지는 것이다. 대학등록금 반값정책 못지않게 이들에 대한 보상도 같이 고민해야 하지 않을까?!

4. 대학등록금 문제가 다른 사회복지 문제보다 앞서는가?

우리 주변에는 등록금 때문에 고민하는 대학생들도 있지만, 실직과 채무와 질병 등으로 고통 받는 소외된 사람들도 많다. 국가의 재정비용은 그 한계가 있다. 정책은 그 한정된 자원을 어떻게 사용할지에 대한 국민적 결정을 내리는 행위이다. 노인 복지, 장애인 복지, 생활보호 대상자에 대한 복지, 복무중인 장병들의 복지향상등 사회적으로 지출을 늘려야 할 부분이 지천에 널려있다. 이런 분야에 대한 비용과 대학등록금 반값 혹은 경감사이의 황금배분을 위한 합의와 지혜가 필요하다.

대학등록금 반값은 분명 좋은 제도이다. 또 당사자들인 대학생들과 학부모들의 절규 또한 처절하고 시급히 해결되어야 할 문제이다. 또 국민 대다수의 요구 또한 강하다. 하지만, 반값등록금이 실현되기 전에 먼저 해결할 문제가 필자처럼 생각이 깊지 않는 사람의 머리에도 가득하다. 반값등록금 문제를 함께 고민할 테이블은 선거 때만이 아니라 항상 열려있어야 한다. 그리고 그와 함께 다른 복지정책의 확대 또한 시급하다. 쓸데없이 4대강에 돈을 쳐바르거나, 한반도를 전쟁의 기운이 가득하게 만드는 무분별한 군

비증강의 비용을 최소화하고 그 비용이 대학등록금 반값 등을 비롯한 복지에 쓰여야 한다. 그리고 고등학교 무상교육은 최대한 조속히 전면적으로 실시되어야 한다.

참고로 계층별로 대학 학자금을 지원하는 영국의 사례에서 해법을 찾는 건 어떨까? 영국은 한국과 달리, 최저층 학생들을 적극 지원한다. 무료급식을 하는 최저 계층의 학생은 정부가 첫해 등록금을 전액 지원하고, Oxbridge옥스퍼드 대학과 케임브리지 대학을 줄여서 일컫는 말는 2년차까지 지원한다. 학자금 대출을 받은 학생은 졸업한 뒤 2만 1,000파운드약 3800만원 이상의 수입이 없으면 대출금을 갚지 않아도 된다. 그리고 졸업 후 25년이 지나면 등록금 상환 의무가 완전히 사라진다. 우리가 참고할 모델이 될 만하다.

학생이 되기를 멈춘 자는 한 번도 학생인
적이 없었던 자이다.

– 조르지오 일리스 –

Whoever ceases to be a student
has never been a student.

– George Iles –

공부,
어떻게 할 것인가?

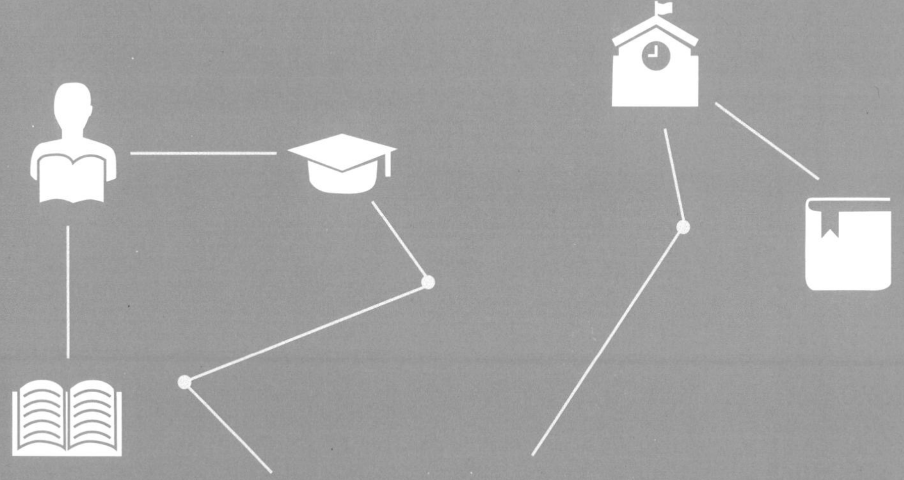

PART 3

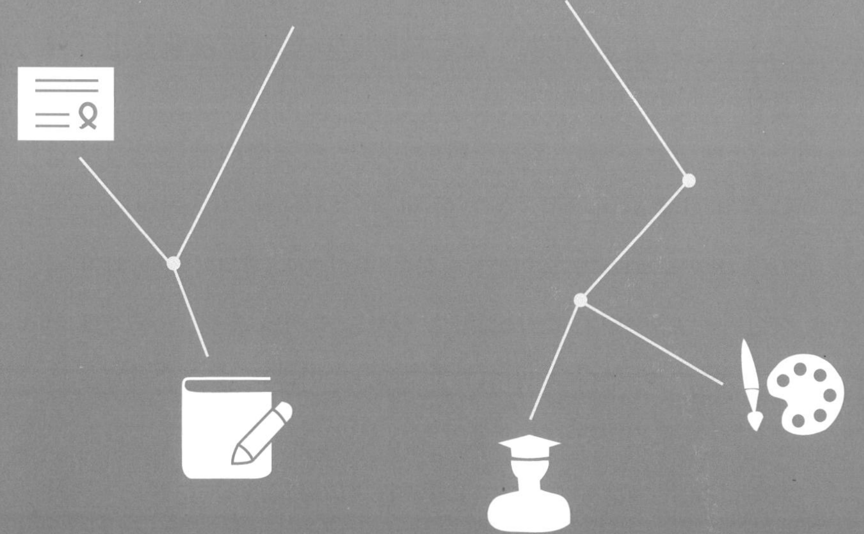

Part 3

공부의 비법

깨진 유리창 이론과 학업

'깨진 유리창 이론Broken Windows Theory'은 미국의 범죄학자인 제임스 윌슨James Q. Wilson과 조지 켈링George L. Kelling이 1982년 3월에 공동 발표한 "깨진 유리창"원제: Fixing Broken Windows: Restoring Order and Reducing Crime in Our Communities이라는 글에 처음으로 소개된 '사회 무질서'에 관한 이론이다.

이 이론의 내용은 우리가 만일 집이나 상점에서 깨진 유리창 하나를 방치해 두면, 그 유리창의 파괴는 점점 커지고 종국에는 그 건물 전체가 폐허가 되어 그 지점을 중심으로 범죄가 확산되기 시작한다는 이론이다. 즉 사소한 무질서를 방치하면 더 큰 문제로 이어질 가능성이 높다는 의미다. 반대로 이 이론은 깨진 유리창을 빠른 시기에 고친다면, 더 이상의 무질서와 범죄는 확산되지 않고 사회질서가 유지될 수 있다는 것을 의미하기도 한다.

본 필자가 교육문제에 이 깨진 유리창 이론을 소개하는 것은 교육에 있어서도 이 '깨진 유리창 이론'이 거의 유사하게 적용된다는 것이다.

여기 한 학생의 실례를 들도록 하자. 몇 년 전 장 진환가명이란 학생이 내게 찾아온 것은 이 학생이 중2 겨울방학 무렵이었다. 이 학생은 중학교 과정의 기초가 거의 없는 백지상태의 실력으로 필자에게 왔다. 필자가 운영하던 학원에서 국/영/수를 수강하게 된 이 학생의 목표는 일반 인문계 고등학교 진학이었다. 이 학생의 아버지는 본인의 친구의 친구였다. 사회 생활하다 보면 이런 관계가 좀 많지요? 어느 날 하루 술자리를 통해 말은 서로 놓고 지내지만, 늘 다소 어색한 관계의 그런 친구

이 학생을 가르치게 된 선생들영어를 가르치는 나를 포함하여은 진환이의 기초학력 부족에 혀를 내두르게 되었다. 중3이 되는 학생이 'boys'에 붙는 's'와 'She plays the piano.'에서 'plays'에 붙는 's'가 무슨 차이인지를 몰랐다. 더 심한 예를 들면 'spring'이 '봄'이고 'summer'가 '여름'인지를 잘 모르고 있었다. 그래서 필자는 특단의 조치를 내렸다.

'학년에 연연하지 말고 진환이에게 필요한 공부를 가르치자'. 그래서 필자는 진환이를 중1반에 배치하여 중1 국/영/수 과정부터 다시 학습하게 만들었다. 정말 흔치 않게 행해지는 이런 특단의 조치는 정말 모험이다. 연령과 학년을 중시하는 한국사회에서 중3학생이 중1학생들과 함께 수업한다는 것은 중3이 된 본인이나 중1이 되는 다른 학생들에게도 무척이나 부담이 되는 현실이 아

닐 수 없기 때문이다.

이 학생의 아버지는 내게 말했었다. '그간 정말 아이한테 좋은 아버지가 되고 싶었다'라고... 그런데 어느 날 진환이가 아빠한테 문득 말하더란다. '아빠, 나 공부해서 애들하고 같은 학교 가고 싶은데... 근데 같은 학교에 못갈 거 같아. 그리고 같은 학원에 다닐 수가 없어. 어떡해?' 이때부터 이 진환이 아빠는 본인이 아들을 대했던 과정을 되돌아 보게 되었단다. 진환이가 어릴 때 애랑 운동도 자주 같이 하고, 캠핑과 등산도 자주 다니는 등 정말 좋은 아빠로서 자부했었단다. 하지만 하나 밖에 없는 그 아들이 좋은 아버지를 가졌던 대신에, 별다른 특기가 없는 채 공부와 멀어져 있는 자식을 만든 아버지가 되어 있었던 것이다.

진환이가 초등학교에 입학했을 때는 또래 친구들과 학과 과목에서 별 차이가 없었을 것이다. 하지만 중3이 된 지금에 와서는 다른 학생들과의 학력격차가 너무도 커져서 도저히 같은 반에서 수업을 할 수 없는 지경에 이르렀다. 학원에서야 반을 바꿔서 진환이의 눈높이에 맞는 수업을 진행할 수 있지만, 그런 대처를 할 수 없는 학교에서의 진환이의 하루는 얼마나 힘들고 괴로웠을까?! 초기에 '진환이라는 유리창'이 조금 깨졌을 때 이에 대한 즉각적인 조치를 취했더라면 중3이 된 진환이가 공부를 결심했을 때 그렇게까지 힘들고 괴로워하지는 않았을 것이다.

그 후 진환이는 정말 열심히 공부했다. 동생들과 공부한다는 모욕적인 조치에도 불구하고 묵묵히 공부를 했다. 그 결과는? 안타깝게도 성공적이지 못했다. 하지만 진환이의 태도는 정말 좋은 쪽으로 많이 바뀌었다. 그리고 훨씬 진지해 졌다. 다만 나보다 진환이 그리고 진환이 아버지의 진한 아쉬움은 어찌 할 수가 없다. 진환이 아버지는 날 만나면 늘 얘기한다. '내가 진환이를 조금만 더 일찍 도와줬더라면...' 그러면 난 답한다. '......' 침묵으로...

엉뚱한 얘기를 하나 하자. 본 필자가 알고 있던 서울시내 과고에서 다년 간 재직했던 한 선생이 전했던 얘기다. 그 학교 학생들 상당수가 그들의 엄마 전화번호를 '미친년'으로 저장해 뒀다는 것이었다. 충격적이었다. 당시 그들 사이에 유행하는 풍조였을 것이다. 우리 사회의 엘리트로 성잘할 그들은 왜 그들의 엄마들을 '미친년'으로 호칭하고 있었을까?

아마 그들의 입장에서는 그들의 엄마들이 소위 '미친년'으로 보였을지도 모른다. 그들을 과고라는 초엘리트 고등학교에 보내기 위해서 그들 엄마들이 보여줬을 광폭한 치맛바람과 그에 시달렸던 그들의 입장에서 보자면 엄마들이 '미친년'처럼 느껴졌을 지도 모른다. 하지만, 그들이 대학에 진학하고 사회에 진출하고 난 후에도 엄마들을 계속해서 '미친년'이라고 부를까? 내 예상 답은 'No'이다.

깨진 유리창의 방치. 집에 있는 수많은 유리창 중에 깨진 채 방치되는 한 개의 유리창은 커다란 집 전체를 망가뜨릴 수 있다. 하지만 세련된 집주인은 그 깨진 창을 그리 늦지 않은 때에 고치고 수리하고 단장할 것이다. 학생들도 마찬가지다. 한번 방치된 학업은 자연 치유되지 않는다. 시간이 흐를수록 더 악화될 것이다. 그리고 시간이 흘러 더 악화되면 그 치유는 2배, 4배…10배로 힘들어 질 것이다. 부모만 힘든 게 아니라 우리의 소중한 자녀가 더 힘들게 될 것이다.

공부가 인생의 전부는 아니다. 하지만, 우리가 부모가 된 입장에서 냉정하게 생각해보자. 공부가 인생의 전부는 아니지만, 전부가 아니라 해서 무심히 방치해둘 별 볼일 없는 것인가? 우리가 학창시절로 다시 돌아간다면 제일 힘을 기울여 하고 싶은 게 무엇일까? 아마 그 대답 중 상당 부분이 '공부'로 수렴되지 않을까?! 부모로서 고민해볼 일이다.

자기 주도 학습은 무엇인가?

교육관련 용어 중에 '자기주도학습自己主導的學習), (Self-Directed Learning 이란 용어만큼 대중의 찬사를 받고, 정치인들과 언론이 칭송하며 학부모들이 학생들에게 권하고 싶은 개념은 드물 것이다. 그렇다면 '자기주도학습'이란 과연 무엇이고 우리의 자녀들의 학습에 적용하면 얼마나 큰 위력이나 효과를 발휘할까?

먼저 '자기주도학습'이 무엇인지부터 살펴보자. 서울대학교 교육연구소가 발행한 '하우동설1995.6.29'에서 소개한 '자기주도학습'의 정의에 의하면 '자기주도학습'이란 일반적으로 '학습자 스스로가 학습의 참여 여부와 목표를 설정하고 해당 교육 프로그램의 선정과 교육평가에 이르는 교육의 전 과정을 자발적 의사에 따라 선택하고 결정하여 행하게 되는 학습형태'를 의미한다.

상기 '하우동설'에 소개된 자기주도학습의 특징도 더불어 살펴보자.

자기주도학습은 특히 사회교육이나 성인학습의 특징적 방법으로 많이 활용된다. 그 이유는 학교교육의 경우는 통상적으로 정형적 교육(formal education)의 성격상 표준화된 교육과정에 의해, 교사의 주도하에, 타율적인 교육이 실시되나 이와 달리 사회교육에서는 상대적으로 학습자에 의한 자율적 교육의 선택 폭이 넓은 비정형적이고 자율적이며 이질적이고 다양한 교육이 이루어지기 때문이다. 또한 사회교육의 주 대상이 되는 성인학습자는 아동 및 청소년 학습자와는 달리 자아개념이 독립적이고 자율적으로 성숙하게 되므로 자기주도학습이 가능할 뿐 아니라 이러한 자율적 학습이 보다 효과적인 교육방식이 될 수 있기 때문이다. 따라서 자기주도학습에서 학습자는 단순히 수직적이고 위계적인 학습 풍토하에서 수동적으로 학습에 임하는 객체가 아니다.

학습자는 학습의 주체로서 학습활동의 전과정에 보다 적극적으로 그리고 자율적으로 참여하게 되며 교수자와 학습자는 상호 대등한 수평적 관계를 형성하게 된다. 이와같은 자기주도학습이 진정한 의미에서 효율적으로 이루어질 수 있기 위해서는 몇 가지 기본 전제 조건들이 충족되어야 한다.

즉 학습자가 자기주도학습을 하기 위해서는 다음과 같은 준비가 필요하다. 먼저 ① 자신의 학습필요와 욕구를 정확하게 파악하고 이를 심층적으로 진단하고 있어야 한다.

② 학습의 참여 여부와 참여 시기 등을 자율적으로 필요에 따라 적합하게 결정해야 한다.

③ 학습목표를 선정함에 있어 추상적이고 막연한 학습 목표의 설정이 아니라 자신의 학습 욕구와 필요에 따라 적정의 학습 목표를 명확하게 선정해야 한다.

④ 학습내용 및 방법의 선정에 있어 이러한 학습 욕구 및 학습 필요에 기초하여 어떠한 내용의 학습프로그램이 적합할 것이며 그 방법은 어떠해야 할 것인지를 자율적으로 선택해야 한다. 이때 혼자서 독립적인 학습을 통해 이러한 학습 목표를 달성할 것인지, 사회교육기관이나 시설, 학교, 특정의 학습집단에 참여함으로써 집단학습 형태를 통한 자기주도학습을 행할 것인지 또는 개별학습계획을 수립하여 자율적으로 독립적 학습에 의해 자기주도학습을 행할 것인지 등

을 결정해야 한다.

⑤ 교육성취 결과를 평가함에 있어서도 외부의 객관적 평가나 교사 및 전문가에 의한 평가에 앞서 학습자 스스로의 주관적인 평가가 먼저 이루어져야 하며 이러한 자율적 자기 판단과 자기 평가가 오히려 더 중시되어야 한다.

위의 내용을 정독했다면, 그 느낌이 어떠한가? 과연 우리 자녀들에게 권할 만한 학습방법이라고 생각하는가? 위에 주어진 5가지 조건을 충족시키는 학생이 우리 주변에 얼마나 존재할까?

본 필자가 보는 '자기주도학습'은 'EBS만 보고 열심히 공부하면 모두 좋은 대학에 갈 수 있다.'는 구호와 대동소이하다. EBS강의를 보는 학생들이 다 성적이 좋아져서 모두 수능 만점을 받는다고 가정해보자. 그렇다면 전국 60만 수험생을 다시 변별해야 하는 장치나 시험이 또 필요하지 않을까? 그리고 전국 꼴등하던 학생이 EBS를 1년 동안 열심히 공부한다고 해서 그 학생이 전국 1등과 같은 실력을 갖는 학생이 될까? 자기주도학습은 어찌 보면 기존의 학력격차와 구조를 공고화하기 위한 선전문구가 아닐까? 우리 자녀가 자기주도학습을 수행할 힘이 있는지 여부를 오늘부터 고민해 보기 바란다.

하늘 천 따지 검을 현 누를 황 – 소리 내 공부하라

학생들의 공부법은 아주 다양하다. 몇몇 학생들은 눈으로 만 공부를 하기도 하고, 어떤 학생들은 필기를 하면서 공부를 하고, 또 어떤 학생들은 소리를 내서 읽으면서 공부를 한다. 물론 과목의 차이가 있겠지만, 아마 부모들의 입장에서 보자면 일반적으로 노트에 필기하면서 공부하는 학생들을 가장 좋아할 것 같다.

수학과 과학과 같은 수식의 풀이가 필요한 과목 혹은 한자처럼 문자 자체를 암기해야 하는 과목의 경우에는 반드시 필기하면서 공부하는 것이 필요하다. 하지만, 대부분의 암기과목과 국어, 영어 심지어는 과학과목의 경우조차도 소리 내어 공부하는 법이 매우 유효하다.

먼저 영어의 예를 들자면, 단어를 암기할 때 알파벳을 완전히 숙지한 학생이라면 종이에 철자를 반복해서 쓰면서 암기하는 것은 몇 몇 단어, 즉 발음과 철자가 크게 일치하지 않는 단어의 경우를 제외하면 별 의미가 없다. 그럼 어떻게 공부해야 할까? 바로 발성을 하면서 공부하는 것이다. 종이에 필기하면서 공부하는 것은 눈과 뇌를 자극하는 학습방법이다. 하지만 크게 소리를 내서 공부하는 것은 눈과 입과 귀와 뇌를 동시에 자극하는 학습방법이다.

영어 listening을 잘하는 방법도 마찬가지다. 보통 학생들의 listening 방법은 영어를 듣고 주어진 문제를 푸는 것이고, 좀 더 성실한 학생은 빈칸을 채우면서 공부한다. 하지만 이런 방법으로 공부를 하는 것 보다는 의미단위 혹은 문장단위로 발성을 하면서 공부하는 것이 훨씬 효과적이다.

영문법의 용어의 경우도 소리 내서 공부할 필요가 있을까? 그렇다. 꼭 소리 내서 읽어 봐야 할 부분이다. 예를 들어 '의미상의 주어가 뭐니?' 하고 물어보면 학생들은 대답을 잘 못한다. 왜냐하면 머리에서 그 용어가 맴돌 뿐이고 입으로 그 용어나 그 용어가 갖고 있는 의미를 한 번도 뱉어내는 연습을 못해 봤기 때문이다. '의미상의 주어'란 용어도 알아야 하고, 그 답인 '준동사를 행하는 주체'라고 말하는 연습도 필요했던 것이다. 물론 그에 대한 적확한 예문을 하나 머리에 담고 있다면 더욱 좋은 일이겠지만...

김춘수님의 명시 '꽃'의 구절 중 '내가 너의 이름을 불러주었을 때, 너는 내게로 와 꽃이 되었다.'처럼 우리가 그 용어를 입 밖으로 언명할 때 그 용어가 갖는 의미의 울림이 우리의 뇌 속에서 살아나게 되는 것이다.

사회과목의 경우, 용어의 많은 부분이 한자로 구성되어 있다. 그 용어가 지닌 한자의 의미를 익히는 것이 물론 중요하다. 하지만 그 전단계로서 한자로 이뤄진 용어를 입으로 발음해 보는 것이 학습의 효과를 배가 시킬 수 있는 아주 좋은 방법이다.

필자는 수업 중에 새로운 단어가 나오거나 필요한 용어가 나오면 열 번 이상씩 소리 내어 반복해서 따라 읽게 만든다. 보는 시각에 따라 초등학교 교실처럼 유치해 보일지도 모른다. 하지만 우리가 사극을 볼 때 서당에서 공부하던 유생들이 큰 소리로 훈장님의 음독을 따라 발음했던 것을 되뇌어 본다면 거기에는 뭔가 이유가 있기 때문일 것이다. 자녀의 공부의 효율을 끌어 올리고 싶은 부모들은 자녀들에게 소리 내어 암기하고 이해하는 습관을 길러주기를 추천해 본다.

한자교육의 찬반논쟁

한자 1,000자만 공부하면 중학생의 국어/사회/과학 등급이 2등급은 뛰어오를 수 있다!

「궤변-괴변, 희한-희안, 훼손-회손, 부조금-부주금, 동고동락-동거동락, 문외한-무뇌한…」 앞에 언급된 예들은 2014년 11월 1일 SBS 뉴스에서 방송된 한자문맹에 관한 보도에서 사용된 예들이다. 이중 올바른 우리글은 무엇일까? 모두 앞에 위치한 표기가 맞는 표현들이다. 앞에 언급된 단어들의 한자표기를 여기에 병기하면 아래와 같다.

궤변詭辯, 희한稀罕, 훼손毁損, 부조금扶助金, 동고동락同苦同樂, 문외한門外漢.. 위에 언급한 보도내용은 우리사회에서 점점 확산되고 있는 한자문맹漢子文盲의 확산과 그에 따른 우리글의 파괴를 개탄하고 있다. 우리글 속에서 한자혹은 한문를 어떻게 바라봐야 할까? 이 장에서는 한자교육에 관한 찬반논쟁을 살펴보고 한자교육이 아이들의 학업에 미치는 영향에 관해 살펴보자.

우리말 가운데 한자로 이루어진 어휘의 숫자는 어느 정도일까? 한자혼용을 주장하는 사람들은 우리말 가운데 한자어로 된 낱말이 우리만 전체의 80% 이상이라고 주장하고, 한글 전용을 주장하는 사람들은 국립국어원이 펴낸 표준국어대사전을 기준으로 한자어가 차지하는 비율이 50% 가량이라고 주장한다. 우리가 둘의 주장을 보수적 입장에서 받아들인다 하더라도 우리말 가운데 최소 50% 이상은 한자어를 근간으로 만들어져 있다는 것을 알 수 있다. '한자혼용' 혹은 '한자교육강화'에 관한 사회적 논쟁은 교육문제를 넘어 보수와 진보의 이념 논쟁으로 확전되기도 한다.

우리 교육에서 한자교육의 역사는 어떠한지 먼저 살펴보도록 하자. 해방 후 이승만 시대에는 초등학교에서부터 한자 교육을 했지만, 박정희 시대인 1970년에 정부는 '한자 폐지 선언'을 발표하고 보통 교육에서 한자 교육을 전면 폐지했다. 그러나 언론계를 중심으로 이에 대한 반대가 강해서 1972년에 다시 '한자 폐지 선언'을 철회해 중학교와 고등학교의 한문 교육이 부활하였다.

그러나 그때부터 한자교육은 필수과목이 아닌 선택 과목이 됐으며 각종 입시에서도 거의 영향력을 발휘하지 못했다. 1980년대 후반부터, 신문 · 잡지도 점차 한자를 쓰지 않기 시작했고 한글 교육 세대가 많아지고 개인용 컴퓨터와 PC통신이 일반화 되면서 한자는 실생활에서 거의 쓰이지 않는 문자가 되어갔다. 하지만 한자교육의 부활을 주장하는 목소리가 1990년대 후반부터 재계와 학계일부에서 거세졌고, 1998년 김대중 당시 대통령이 공문서에 한자를 혼용하는 것에 대한 지시를 내렸다. 하지만 한자의무교육은 실현되지 않았고, 한자의 필요성을 느끼는 일부 국민들은 사교육으로 한자를 자녀들에게 교육시키고 있다.

한자교육에 대한 찬반논쟁은 아직도 팽팽한데, 먼저 한자교육에 찬성하는 사람들의 주장은 아래와 같다.

첫 번째, 한자교육은 우리말 의미의 명확한 전달에 도움이 된다: 우리말 가운데 많은 어휘가일상생활 용어는 50% 정도, 학술 용어는 거의 전부 즉 99% 한자어인데 한자를 모름으로 인해 우리는 우리말, 즉 국어의 뜻을 정확히 이해하는데 많은 어려움을 겪고 있다. 우리글에는 동음이의어同音異義語의 사용이 많아서 한글로만 우리글을 표기할 경우 명확한 의사전달이 어렵다. 예를 들자면 '삼성라이온즈 3연패'라는 글을 읽을 때, 우리는 삼성라이온즈가 3번 연속으로 경기에서 패했는지, 3번 연속으로 우승을 했는지를 구분하기 힘들다. 하지만 '3연패連敗'와 '3연패連霸'로 표기할 경우 전자는 3번 연속 경기에서 졌다는 뜻이고, 후자의 경우 3번 연속 우승을 했다는 의미를 쉽게 알 수 있다.

두 번째, 한자교육은 글로벌 시대에 필요한 교육이다: 아이들이 어릴 때부터 한자를 배우게 되면 나중에 일본어와 중국어를 배울 때, 도움이 된다. 또 우리가 한자를 모르면 조상들이 우리에게 물려준 과거 기록을 연구할 때 텍스트 자체에 대한 접근이 불가능하다. 유럽어의 근간이 라틴어이듯이, 한국, 중국, 일본 문자의 근간은 한자다. 우리가 중국어와 일본어를 전혀 학습하지 않아도 한자를 충분히 안다면 중국인, 일본인들과 간단한 필담은 물론이고 거리의 간판 등을 읽는 것도 크게 어렵지 않다.

세 번째, 한자교육은 뇌기능 향상에 도움이 된다: '가천대 의대 뇌과학 연구소장인 조장희 석좌교수'는 2013년에 우리가 한글을 읽을 때 보다 한자를 읽을 때 뇌기능이 더 활성화된다는 주장을 했다.·주제: 한자교육 효과의 뇌과학적 실증· 표의문자表意文字-뜻글자인 한자는 표음문자表音文字-소리글자인 한글과 달리 철자의 규칙성이 매우 불규칙하다. 그의 주장에 따르면, 이런 차이는 서로 다른 문자 체계를 읽고 의미를 처리하는 과정에서 서로 다른 부분의 뇌가 관여할 것이라는 가설에 대한 뇌과학적 증거를 뇌활성화 사진의 분석을 통해 밝혀냈다.

넷째, 한자는 조어력과 이해력의 장점을 가지고 있다: 소리글자가 아닌 뜻글자인 한자는 무한대의 조어력을 가지고 있다. 그리고 처음 접하는 단어라 할지라도 그 단어를 형성하고 있는 개별적인 문자의 뜻을 이해한다면 그 단어의 뜻을 쉽게 이해할 수 있다. 한자 1000자만 알아도 거기서 파생되는 수만 개의 어휘를 이해할 수 있는데, 한자 교육을 시키지 않으면 수만 개의 어휘를 무조건 외우라고 하는 것과 같은 어리석음이다. 한자교육은 처음에는 비능률적으로 보일지 모르지만, 장기적으로 본다면 훨씬 효과적이고 효율적인 교육법이다.

반면, 한글전용에 찬성하는 사람들의 주장은 다음과 같다.

첫째, 한자사용은 사대주의적 사고이다: 한글을 전용하지 않으면 우리국어가 망가지고 우리의 정신세계가 주체성을 잃게 된다. 읽고 쓰기 쉬운 한글로 인해 우리국민의 문맹률이 거의 0%에 가깝게 됐다. 한글 사용의 일반화가 국민의 지적 수준을 향상시킬 수 있었다. 한글의 효용성이 충분한데도 한자교육을 주장하는 것은 문자의 사대주의에 기반 하는 것이다.

둘째, 한자교육은 추가적인 사교육을 조장한다: 한자사용을 허용하고 학교에서 한자교육을 실시할 경우 기존의 사교육에 더하여 한자사교육까지 성행하게 될 것이다. 기존의 사교육에 찌들어 있는 아이들에게 한자사교육까지 추가시키는 것은 아이들의 신체적 · 정서적 성장을 저해하는 것이다.

셋째, 한글만으로도 정보 · 지식의 전달이 충분하다: 우리가 사용하는 언어 중에서 입말은 95%이고, 글말은 5%에 불과하다. 입말을 정확하게 표기할 수 있는 글자인 한글을 사용하면 일상의 의사소통에 전혀 문제가 없다. 컴퓨터와 인터넷을 비롯한 현대통신기기의 발전은 표의문자보다는 표음문자를 통한 의사전달의 효율성을 중시하게 되었다.

넷째, 한자는 배우기 어려운 문자이다: 소리글자인 한글과는 달리 한자는 글자 하나하나를 따로 익혀야 하는 뜻글자이다. 따라서 한글을 배우는데 비해 한자를 배우는 데는 훨씬 더 많은 시간과 노력이 필요하다. 한글을 배우기 위해 소요되는 시간, 고생은 아이들의 전반적인 학습의욕을 저하시킨다.

위에 거론된 한자사용에 관한 찬반이외에 더 많은 주장들이 있을 수 있지만, 그 이상의 주장은 이곳에서 생략하기로 하자. 다만 필자는 추가적으로 한자교육가 학생들의 학업에 미치는 영향에 관해 논하고자 한다.

아이들이 초등학교 5학년쯤이 되면 '국어/수학/과학/사회' 과목의 교과서에 등장하는 주요어휘들은 한자를 기반으로 하는 어휘들이다. 이런 추세는 중학교, 고등학교 과정으로 올라갈 수록 그 사용의 빈도가 높아지고, 그 의미의 깊이가 더해간다. 초등학교 고학년이 되면서 교과서의 내용을 잘 이해 못하고 교과목을 잘 따라가지 못하는 학생들의 특징은 한자어에 대한 기본적인 이해가 결여되어 있기 때문이다. 교과서에 등재된 단어에 대한 이해력부족은 저조한 학업성적으로 이어지고, 저조한 학업성적은 학습의욕의 저하를 초래하는 지름길이다.

영어를 가르치는 필자의 입장에서 보더라고, 한자교육 혹은 한자에 대한 이해는 영문법이나 영어지문의 내용을 이해하는데도 많은 도움이 된다. 예를 들어서, 흔히 사용되는 영문법 용어인 대명사代名詞라는 문법용어를 '대신할 대代'자가 아닌 '큰大'로 이해하고 있는 학생들이 의외로 많다. 한자 교육의 부재로 인해 많은 과목에서 해당 과목의 용어에 대한 몰이해와 무지가 발생하는 것이다. 그래서 필자는 개인적으로 학생들에게 간단한 수준이라도 한자 학습을 권장하는 입장이다.

현재 우리 국어사전에 쓰여 있는 10만개 이상의 국어어휘는 98%가 모두 2,000자 범위 내에 있는 한자에서 파생된 어휘들이다. 따라서 초등학교 과정에서 한자 1,800자만 익히면 중/고교과정은 물론이고 추후 대학에 진학한 후에 전공 관련 학술용어를 이해하는데도 많은 도움이 될 것이다. 현재 중국 본토에서도 그들이 사용하는 한자인 간체자簡體字도 2,200자 범위 내에서 쓰여 지고 있다. 중국 본토 사람들도 일반적으로는 한자 2,000자 정도만 알고 있다.

그렇다면 한자를 공부하고자 하는 학생들에게 우리는 어떻게 한자를 교육시켜야 할까? 한자학습의 단계를 간단히 소개하면 다음과 같다.

1단계: 개별한자를 공부한다. 이는 한자 하나하나의 의미와 글을 익히는 단계이다. 예를 들면, 하늘 天천, 땅 地지, 검을 玄현, 누를 黃황 … 이런 식으로 공부하는 것이다.

2단계: 개별 한자의 조합으로 이뤄진 단어를 읽고, 쓰고, 그 뜻을 이해하는 것이다. 예를 들면, 천지天地, 교육敎育, 가감승제加減乘除, 가속도加速度…등의 용어를 읽고, 쓰고, 그 뜻을 이해하는 것이다. 이것이 가장 기본적인 어휘학습이다.

3단계: 한문이 주가 되어 있는 국한문 혼용교재를 골라 글을 읽어 가면서 그 뜻을 이해한다. 예를 들면,

> 最高의 詩人으로 꼽히는 杜甫도 그 慘禍를 避하지 못했다. 戰亂이 벌어진 이듬해 家族을 安全한 곳에 머물게 한 뒤 그는 길을 떠난다. 唐 王室에 加擔해 叛亂軍에 對抗하기 爲해서다. 그러나 그는 곧 叛亂軍에 잡혀 죽을 고비를 넘긴다. 官運이 없었던지 唐 王室과 合流한 뒤에도 戰爭에 敗한 將帥를 辯護하다 皇帝의 노여움까지 산다.
>
> 최고의 시인으로 꼽히는 두보도 그 참화를 피하지 못했다. 전란이 벌어진 이듬해 가족을 안전한 곳에 머물게 한 뒤 그는 길을 떠난다. 당 왕실에 가담해 반란군에 대항하기 위해서다. 그러나 그는 곧 반란군에 잡혀 죽을 고비를 넘긴다. 관운이 없었던지 당 왕실과 합류한 뒤에도 전쟁에 패한 장수를 변호하다 황제의 노여움까지 산다.

위와 같은 과정을 거쳐 한자를 공부하는 학생은 한문사용 혹은 한문교육에 대한 논쟁의 결과와 관계없이 상대적으로 용이하게 상급학교의 학업을 진행하고 높은 학업성취를 이룰 수 있다는 것이 필자의 주장이자 경험이다.

참고로, 한문교육의 찬반의견에 관한 더 많은 정보를 원하는 독자는 '오지호'화백이 1971년에 쓴 '國語에 대한 重大한 오해'란 소책자의 일독을 권한다.

일본제 한자어(日本製漢字語)

[evolution] 天演(천연)–진화(進化), [struggle for existence] 物競(물경)–生存競爭(생존경쟁), [natural selection] 天擇(천택)–自然淘汰(자연도태)... 독자들은 앞에 짝지어진 한자 어휘들 가운데 어떤 어휘가 익숙하고 또 어느 것이 우리말 어휘라고 생각하는가? 아마 앞에 언급된 한자단어들 가운데 뒤에 있는 한자어들이 여러분에게 훨씬 익숙하고 우리 단어로 여겨질 것이다. 좀 더 자세히 설명하면 앞에 위치한 한자 단어들은 헉슬리(Thomas Henry Huxley, 1825~1895)의 『진화와 윤리』(Evolution and Ethics, 1893)를 『천연론』(天演論, 1898)으로 번역할 때 중국의 학자 엄복(嚴復, 1854~1921)이 사용한 단어이고, 뒤에 위치한 한자단어들은 동경대학 초대 총리 加藤弘之(1836~1916)가 1882년에 조어한 것으로 여겨진다. 그리고 이 일본식 조어가 문세영(文世榮)의 『조선어 사전』(朝鮮語辭典, 1938)에 실린 것으로 보아 일제 강점 하에 우리언어에 편입된 것으로 보인다.(국민대학교 국문과 송민교수의 주장)

우리는 일상 속에서 '자유自由, 반도체半導體, 자동차自動車, 숙제宿題, 방송放送, 사회社會, 산소酸素, 냉장고冷藏庫, 동명사動名詞...'와 같이 수없이 많은 한자어로 된 단어들을 접하며 살고 있다. 이러한 한자어의 대부분은 일본으로부터 전해져온 것들을 우리가 음차音借하여 사용하는 것들이다. 물론 자유自由와 같은 단어는 고전 중국어에서도 존재했던 단어지만, 서양의 liberty나 freedom의 의미로 쓰이게 된 것은 전적으로 일본제한자어 때문이다. 그렇다면 우리 삶에 깊이 뿌리내린 일본제 한자어日本製 漢字語 또는 일본식 한자어日本式 漢字語, 일제 한자어日製 漢字語는 무엇이고 어떤 발전과정을 거쳤는지를 잠깐 살펴보도록 하자.

일본제 한자어는 원한자의 음과 뜻을 이용하여 일본에서 독자적으로 만들어진 한자 어휘를 말한다. 특히 서양의 문물이나 사상을 일찍이 수용하는 과정에서 새로운 한자어로 번역하는 데에 먼저 성공함으로써 일본제 한자는 역으로 중국과 한국 그리고 베트남까지 역수출되기도 했다. 이런 일본제 한자의 조어법은 다양한데, 그 방법은 다음과 같다.

1) 번역차용

Airport→ 空港공항, Air를 空으로, port를 港으로 대응시켰다

Homework→ 宿題숙제, Home을 宿, work를 題에 대응시켰다

Cold war→ 冷戰냉전, Cold를 冷, war를 戰에 대응시켰다

2) 조어

Philosophy→ 希哲學희철학 → 哲學철학

Education→ 教育교육

3) 기존어휘의 의미변화

文化문화: 文治敎化문치교화의 준말로서 culture에 대응시켰다.

經濟경제: 經世濟民경세제민 또는 經國濟民경국제민의 준말로서 economy에 대응시켰다.

社會사회: 고대 중국어에서는 "종교 의례"에 가까운 뜻으로 드물게 쓰였으나, society의 대역어가 되었다.

한국, 일본, 중국에서 사용되는 한자는 동일한 경우도 있고 각기 다른 경우도 있는데, 그 예는 아래와 같다.

한국어	일본어	중국어
비행기(飛行機)	飛行機	飛機
기차(汽車)	汽車	火車
회사(會社)	會社	公司
공항(空港)	空港	機場
매상(賣上)	売り上げ	收购 [shōugòu]
백성(百姓)	民草	老百姓 [lǎobǎixìng]
행성(行星)	惑星	行星 [xíngxīng]
약방(藥房)	薬屋	藥鋪
편지(便紙)	手紙	信

또 중국어로 존재하는 어휘라 하더라도 각국에서 의미가 달라진 경우도 있다.

한국어	중국어 의미	일본어 의미
공부(工夫)	시간	궁리
방심(放心)	안심	정신나감
사탕(砂糖)	설탕	설탕
시비(是非)	시비	반드시

또 원래의 의미가 일본어의 영향 하에서 변경되어 우리말에서도 사용되는 경우가 많은데,

생산生産: 본래 '아이를 낳다.' 라는 뜻이었으나, '물건이나 제품을 만들어 내다.' 라는 의미로 바뀌었다.

방송放送: '죄인을 놓아주다.' 라는 뜻이었으나, 'broadcasting'의 의미로 쓰인다.

발명發明: '죄인이 스스로의 사정을 밝히다. 변명하다.' 라는 뜻이었으나, '없던 물건이나 아이디어를 내는 것'을 가리키는 말로 쓰이는 게 그 예이다.

하지만 우리어휘의 경우 일본제한자를 훈독하는 경우가 가장 일반적인데, 주로 서구 개념 등의 번역 어휘로서 추상적 개념을 문자로 표현할 수 있는 한자어의 특성 때문이기도 하다. 그 예를 우리는 주변에서 가장 흔하게 볼 수 있는 '개인個人, 영토領土, 의무義務, 연필鉛筆, 전화電話, 출장出張, 관계대명사關係代名詞, 접속사接續詞…' 등이다.

필자가 굳이 일본제 한자어日本製漢字語를 따로 설명하는 데는 이

유가 있다. 우리는 근대화과정에서 어쩔 수 없이 일본의 법률 · 사회 · 문화 · 교육 등 많은 면에서 영향을 받을 수밖에 없었다. 그리고 언어 또한 무수한 영향력 하에 놓이게 되었다. 언어의 주체성만을 따진다면 일본제한자어에 대한 거부감이 있는 것은 사실이지만, 달리 대안이 없다면 어쩔 수 없이 일본제한자어를 수용하고 사용할 수밖에 없는 것이 현실이다. 그리고 무수히 많은 한자식조어를 가진 어휘를 우리는 흔하게 접하고 있다.

필자가 한국, 중국, 일본 3국의 한자어를 구분하면서 설명한 이유는 아주 간단하다. 비록 한자문화권 안에 있는 3국에서 쓰이는 한자의 용례가 다소 차이는 있지만, 우리 그리고 우리의 자녀들이 한자 안에 담긴 의미를 이해할 수 있다면, 지금 당장 공부하는 내용뿐만 아니라 차후 한자로 표기된 언어(중국어, 일본어)를 공부할 때 반드시 도움이 될 것이라고 필자가 확신하기 때문이다. 영어를 가르치는 필자는 '자녀를 성장시키는 근본은 독서에 있다.' 라고 확신하는 사람 중 한명이다. 그 독서를 용이하게 하는 가장 좋은 도구는 어휘력이다. 우리가 사용하는 어휘의 근간에 한자가 있다.

TV와 컴퓨터 VS 학업

'미디어는 인간의 확장이다.' 이 말은 캐나다의 미디어이론가이자 문화비평가였던 마샬 맥루한[Herbert Marshall Mcluhan] 1911.7~1980.12.31이 정의한 TV를 중심으로 한 전자 미디어에 관한 멋진 말이다. 누군가 필자에게 20세기 최고의 발명품 두 개를 꼽으라 한다면 필주저없이 TV와 컴퓨터인터넷 기능을 포함라는 미디어 두개를 들겠다. 필자가 초등학교당시의 국민학교 입학 무렵 처음으로 흑백 TV가 집에 도착하던 날, 그 설레임과 신기로움은 실로 대단했었다. 맥루한의 말 그대로 '나라는 인간의 물리적 감각세계특히 눈, 귀를 넘어서는 확장된 감각'이 나에게 생겼던 것이다. TV는 그간 내가 보지 못했던 세계 이곳 저 곳을 볼 수 있게 했고, 전혀 듣지 못했던 종류의 소리도 들을 수 있게 해주었다.

좀 더 나이가 들어 '컴퓨터'라는 놈이 내게 선사한 그 경이로움 또한 절대 TV에 뒤지지 않는다. 처음엔 그저 워드프로세서정도의 역할에 지나지 않을 것처럼 보였던 이 컴퓨터란 2진법 언어밖에 구사 못하는 기계–구사하는 단어가 겨우 0과 1에 불과한–가 확장시킨 나의 세계는 가히 기존의 상상의 범위를 한참 뛰어 넘는다. 얼마나 이 신기 방통한 물건이 멋져보였으면 일찍이 '최영미'란 시인이 '퍼스날컴퓨터'란 자신의 시의 맨 마지막 줄에 '아아 컴_퓨_터와 씹할 수만 있다면!'이라고 적었을까?!

그럼 이 경이로운 두 가지 위대한 발명품이 학생들에게는 어떤 영향을 미칠까? 이 세상에 존재하는 모든 것들이 순전하게 장점 혹은 단점만을 가질 수는 없다. TV와 컴퓨터도 예외가 될 수는 없다. 하지만 '입시생'들에게 있어서 TV와 컴퓨터는 분명한 '독'이다. 필자는 입시에 방해가 되는 3대 요소를 이성교제, TV 그리고 컴퓨터로 꼽는다. 여기서는 TV와 컴퓨터가 학생들에게 미치는 해악의 측면을 좀 살펴보자.

먼저 TV의 해악성을 살펴보자. 첫째, TV는 학생들에게 '절대시간'을 빼앗는다. TV가 제공하는 프로그램 중에는 학생들이 보면 정말 도움이 될 만한 좋은 프로그램이 실제로 존재한다. 필자도 가끔씩 학생들에게 시청을 권장하는 프로그램이 있다. 하지만 TV 시청이 습관화 된 학생들에게는 TV가 제공하는 프로그램의 양질이 중요하지 않게 된다. 하루 두 시간 이상의 TV시청을 하는 학생이 낭비하는 시간을 당장 계산해 본다면 하루 24시간 중 잠자는 8시간을 제외하면 하루의 $\frac{1}{8}$ 이상을 TV앞에서 보내는 것이다. 그 시간이 독서나 운동, 취미활동 혹은 학습으로 전환된다면 그 효과는 실로 어마어마할 것이다.

둘째, TV는 창의성을 빼앗는다. 필자가 경험한 예를 하나 들도록 하자. 필자가 성인이 된 후에 가장 재미있게 읽은 소설을 꼽자면 단연코 '다빈치코드$_{\text{작가: 댄브라운}}$'이다. 필자는 다빈치코드를 3가지 유형으로 경험했다. 가장 먼저 우리말로 번역된 책, 그 다음으로 원서 'da Vinci Code', 그리고 마지막으로 톰행크스가 주연으로 나오는 영화화된 '다빈치코드'였다. 이 3가지 버전의 만족도를 개인적으로 정해보면 '원서 > 역서 > 영화'순이다. 영어를 가르치는 필자의 개인적 편향성 때문에 원서의 감동이 더 컸던 것은 차치하고, 왜 영화화된 '다빈치코드'가 글로 된 책보다 덜 감흥을 주었을까?

그것은 바로 영상화된 매체는 활자화된 매체에 비해 뇌를 더 활발히 자극하지 못하기 때문이다. 책은 느리게 뇌에 입력된다. 그리고 뇌는 그 입력된 정보의 퍼즐을 하나하나 조립하여 머릿속에서 자신만의 그림을 그리기 위한 연산을 시작한다. 예를 들어, 우리가 책을 읽을 때는 댄브라운이 묘사하는 루브르박물관의 구조를 머리가 하나하나의 조각을 토대로 그려내며 상상하지만, 영화 영상은 그냥 단번에 루브르박물관을 보여준다. 즉, 영상이 들어올 때 뇌는 입력만을 강요당할 뿐, 절대 상상의 여유를 허용 받지 못한다. 쉽게 말하면, 스포일러가 다 알려준 영화 '식스센스 six sense'를 보는 것과 같은 재미없는 일을 뇌는 매일 TV앞에서 강요당하는 것이다. 특히 여학생들이 TV드라마에 빠져 있는 경우가 많은데, 이를 극복하지 못하면 큰일 난다.

다음으로 컴퓨터의 해악성을 살펴보자. 단도직입적으로 말하면 오락에 빠지는 일이다. 특히 남학생들이 오락에 한번 빠져들면 헤어 나오지 못하게 된다. 컴퓨터 오락에 심하게 빠진 학생들은 컴퓨터 앞에서 거의 날밤을 샌다고 해도 과언이 아니다. 이 글을 읽는 독자들이 컴퓨터의 최고의 해악성하면 '야동야한동영상-포르노그래피'을 떠올리겠지만, 필자의 생각은 좀 다르다. 야동을 옹호하려는 것이 아니라, 차라리 야동이 낫다는 것이다. 필자를 포함한 우리들도 되돌아보면 왕성한 성적호기심으로 가득했던 청소년기를 기억할 수 있을 것이다. 물론 요즘의 야동이 왜곡된 성을 보여주는 것 등등의 여러 가지를 문제 삼자면 한도 끝도 없겠지만, 그래도 다 그 과정을 거쳐 지금의 위치에 와 있지 않은가?!

삼천포로 잠깐만 들어가보자. 필자가 20대에 일본의 동경에 2달 정도 거주했던 경험이 있다. 그때 필자는 숙소 앞에 있던 포르노 자판기를 보고 일종의 문화충격을 받았었다. 버젓한 주택가에 포르노 자판기라니.. 그래서 어느 날 알고 지내던 쯔꾸바공대 교수를 만나 그에 관한 질문을 했더니, 그의 대답은 내가 가졌던 상식을 뒤집어 주었다. 그의 대답은 '일본의 포르노산업가 좋은 것은 아니지만 그 덕분에 일본은 세계 최저의 성범죄 국가가 될 수도 있었다.'였다. 순기능의 역할을 높이 평가 할 수도 있다는 것이다.

동영상 강의의 일반화로 가정에서 컴퓨터를 없애는 것은 더더욱 불가능해 졌다. 하지만 학생들이 인터넷 강의를 시작하기 전에 행하는 인터넷 서핑, 혹은 인터넷강의 시청 도중에 오가는 쪽지나 채팅 등... 이런 요소들을 감안해 보자면 학생들에게 컴퓨터는 효용보다는 해악을 더 많이 제공하는 것이 현실이다.

그렇다면, 우리 주변에서 TV와 컴퓨터를 완전히 없앨 수 있을까? 이는 우리가 다시 화석연료의 문제가 많으니 자동차를 버리고 우마차의 시대로 돌아가자고 하는 것과 똑 같다. 우리가 작은 실천부터 해보자. 자녀들이 중고교시절만이라고 TV를 거실에서 없애자. 그리고 TV시청 대신에 단 10분이라도 부모가 신문이나 독서를 하자. 컴퓨터 사용에 관해서는 부모와 자녀간에 명확한 사용시간 약속을 정해보자. 그리고 자녀들이 컴퓨터로 인강(인터넷 동영상 강의의 약칭)을 수강할 때 혹은 그 후에 공부했던 진도나 내용을 자녀와 함께 살펴보자. 이 글을 읽는 독자들의 가정환경이나 여러 상황이 다 다르다는 것을 알지만, 아이들은 부모의 노력만큼 자라는 나무라는 생각으로 필자의 제안을 하나의 tip 삼아 현재 보다 더 좋은 방안들을 하나하나씩 실천해보자는 것이다.

서구식 육아의 핵심–절제와 책임

"귀여운 자녀는 여행을 보내라. 可愛らしいお子は旅行を送って"

2002년 필자의 외동딸이 태어났다. 태어날 당시 1.56kg의 조산아로 태어난 필자의 딸은 출생과 동시에 중환자실에서 사경을 헤매다가 약간의 호전과 함께 근 20일 후에 병원에서 퇴원했다. 그 당시에 담당 의사는 필자의 딸이 정신박약이나 심혈관계통의 영구적 장애가 있을 수 있다며 지속적인 병원검진과 집중적 관찰의 필요성에 대한 경고를 잊지 않았다. 이 아이는 그 후 별 탈 없이 건강하게 잘 자라서 또래들 보다 큰 키와 더 많은 몸무게를 자랑(?)한다.

당시 건강하지 못하게 태어난 이 아이의 건강을 챙기는 것이 가장 중요한 문제이긴 했지만, 그러면서도 한편으론 이 아이를 바르게 기르고 싶은 욕망이 내게 자연스럽게 생겨났었다. 그래서 필자는 당시 육아에 관한 여러 서적의 탐독과 지인들의 조언을 열심히 구했었다. 그 중 당시 미국에 거주하던 소아 정신과 의사 친구가 알려준 육아법이 아주 많은 도움이 되었었는데 그 중 몇 가지를 여기에 소개하고자 한다.

먼저, 이 글을 읽는 독자들이 다음 질문에 답해보기 바란다.

Q1 여러분이 소파에 누워서 쉬고 있는데, 30개월쯤 혹은 그 보다 어린 자녀가 책꽂이에서 책을 꺼내 와서 여러분에게 그 책을 읽어 달라고 한다면 여러분은 어떤 반응을 보일 것인가?

아마 이 글을 읽고 있는 독자의 절반 이상은 '아! 이렇게 어린 우리 아이가 책을 읽어 달라고 하다니!'라고 감탄하면서 기꺼이 하던 일을 다 멈추고 최우선적으로 책을 읽어 주려고 할 것이다. 하지만 본인이 받고 실천한 조언은 뜻밖에도 '읽어 주지 말라'는 것이다. 물론 아예 읽어 주지 말라는 것이 아니라, 모든 것을 다 제쳐 두고 당장 책을 읽어 주지는 말라는 것이다. 즉, 책을 읽어 주는 행위를 아이가 참을 수 있을 만큼의 시간동안 지체 시키라는 것이다. 예를 들면, '아! 그래.. 아빠가 책을 읽어 줄게. 하지만 아빠가 잠깐 깜빡하고 있었는데 급하게 할 일이 좀 있거든, 금방 그 일을 끝내고 와서 책을 읽어 줄 테니 넌 여기서 잠깐만 얌전하게 기다리고 있어.'라고 아이를 설득 하라는 것이다. 그리고 나서 어디 가서 시간을 보내든 5분~10분정도 시간을 보낸 후에 다시 돌아와서 아이에게 즐거운 책읽기를 해주라는 것이다.

그럼 왜 아이가 원하는 책읽기를 당장 행하지 않고 지체시켜야 하는가? 그 이유는 '아이의 욕망을 당장에 충족시켜 주는 우를 범하지 말라.'는 것이다. 당장 책을 읽어달라는 요구가 충족된 아이는 본인의 다른 모든 요구도 당장에 충족될 것이라는 기대를 가지며 살아가게 된다. 아이는 책읽기와 먹을 것 달래기, 갖고 싶은 장난감 갖기의 중요성과 가치에 대한 경계가 없는 상태다. 이 아이는 '왜 책을 읽어 달랠 때 와 장난감을 사달라고 할 때 부모의 반응이 다른지'에 대한 차이를 구별 할 수 없으므로 먹을 것 달라기, 장난감 사 달라기 등에 대한 변덕스런(?) 부모의 거절을 그저 본인에 대한 미움으로 인식할 수 있다. 또 즉석에서 모든 욕구가 충족되며 자라는 아이는, 나중에 본인의 욕구가 충족되지 않을 때는 심한 떼쓰기, 부당한 방법 혹은 강제적인 방법을 동원하여 자신의 욕구를 충족하려 할 것이다. 이런 아니는 결국 부모가 길러 낸 것이다.

참고로 아이와 대화 할 때는 유아어(그래떠요? 등)를 쓰지 말아야 한다. 유아어의 활용은 아이의 언어 발달에 전혀 도움이 되지 않는다. 아이들은 언어체계에 대한 이해와 조음구조가 미쳐 발달되지 않아서 유아어를 구사하지만 그렇다고 어른까지 유아어를 사용할 필요는 없다. 더딘 언어 발달은 사고체계의 지체를 만들고 이는 성장연령에 맞는 지적발전을 저해 할 수 있다. 그들에게 가급적이면 주술관계가 명확한 성인언어를 가지고 대화해야 한다. 속도와 사용하는 언어의 난이도는 조절할 필요가 있지만 성인언어의 활용이 훨씬 아이의 성장에 도움이 된다.

자녀가 아장아장 걷다가 혹은 달리다가 침대모서리나 책상에 부딪쳐서 울고 있다면 여러분은 어떤 반응을 보일 것인가?

요즘 맞벌이 부모의 자녀 양육의 몫을 조부모님들이 많이 떠안고 있다. 주어진 질문에 대한 전형적인 할머니들의 반응은 아마 '아이고! 이 나쁜 침대. 이 침대가 우리 이쁜 **를 아프게 했네. 아이고 이 나쁜 침대!' 와 같은 말과 함께 우는 애들을 달랠 것이다. 이런 반응에는 어떤 문제가 있을까? 이런 반응 속에서 길러진 아이는 추후 자신의 모든 불행과 고통에 대해 '남의 탓'을 하게 되는 습성을 가지며 자라게 된다. 본인의 잘 잘못과 관계없이, 이런 아이들은 모든 결과의 부정적 책임을 외부적 원인으로 돌리게 된다. 위와 같은 상황에 대한 적절한 반응은 '아이고 00야 아프지. 00가 우는 걸 보니 할머니도 마음이 아파. 하지만 여기 있는 물건은 우리가 편하게 살기 위해서 여기 꼭 있어야 하는 것들이야. 그러니 00가 다음부터 안 다치기 위해서는 이 부근에서는 조심해야 하는 거야. 안 그러면 또 아파서 울게 돼.'라고 말하는 것이다. 본인의 부주의로 인해 발생되는 피해는 결국 스스로 책임지며 살아야 한다는 것을 어릴 때부터 길러줘야 나중에 스스로의 행동에 책임지는 성인이 될 수 있다.

Q3 어린 자녀들과 식당에 식사를 하러 갔는데 여러분의 자녀가 식당 안에서 뛰고 떠든다면 여러분은 어떤 반응을 보일 것인가?

가끔 식당에 가면 고성을 지르며 중구난방으로 이리저리 뛰어 다니는 애들을 볼 수 있다. 이를 지켜보는 어른들은 눈살을 찌푸리면서도 남의 자식 문제라서 쉬 주의를 주거나 개입하지 못한 채 내버려 두는 게 현실이다. 이런 경우 필자는 습관적으로 그렇게 뛰어 노는 애들의 부모를 눈으로 찾아본다. 그러면 거기에는 거의 예외 없이 주변의 상황에 개의치 않은 채 아주 큰소리로 떠들어 대고 있는 보호자들을 발견 할 수 있다. 그런 보호자와 함께 식당에 온 애들은 '식당은 그냥 소리 지르며 뛰어 노는 곳.'이라는 인식을 가진 채 성장하게 되고 또 다시 그런 행동을 하는 어른으로 자라게 될 것이다. 식당에서는 우리의 대화가 옆자리의 사람들에게 들리지 않을 정도로 대화하는 것이 기본 예의다.

서양애들은 식당 혹은 공공장소의 예의를 어떻게 배우고 행동하고 있을까? 필자가 영국에 도착한 지 얼마 안됐을 때 버스나 지하철을 탄 아이들을 보고 좀 의아하게 생각했던 면이 있다. 버스나 지하철에 탔던 애들이 너무 다소곳하게, 심하게 말하면 거의 주눅이 든 표정으로 부모 옆에 앉아 있는 것이었다. 내가 그런 느낌을 영국 친구에게 얘기 했더니, 어릴 때부터 공공장소에서 절대 떠들지 않도록 교육받으며 자라서 그렇다는 것이다. 서양의 부모, 특히 엄마들은 애가 공공장소에서 떠들거나 말을 듣지 않으면 그 애를 화장실에 데리고 가서 '한번만 더 떠들면 넌 체벌을 받을 것이고 당분간 우리 가족은 즐거운 외식을 하지 않을 것'이라고 경고를 한다고 한다. 그런데 또 다시 애들이 말을 안 듣고 떠들면 그 애를 다시 화장실에 데리고 가서 엉덩이를 때린 후에 짐을 챙겨 그 식당을 나가 집으로 향해 간다는 것이다.

애들을 훈육할 때, 아주 조심할 것이 하나있다. 우리는 주위에서 가끔 화가 아주 많이 나서 남들이 보는 앞에서 큰 소리로 애들을 혼내거나 체벌하는 어른들을 볼 수 있다. 이런 무례한 체벌은 아이의 정신건강에 치명적이다. 공개적 망신을 당한 아이가 겪는 수모와 망신은 평생 동안 아이의 머릿속에서 지워지지 않는요즘 유행하는 trauma정신적 외상, 마음의 상처가 될 것이다. 정제되고 일관되면서도 절제된 부모의 훈육법이 아이의 장래 사회성을 형성시키게 될 것이다.

유아교육 전문가가 아닌 필자가 본인의 경험에 근거하여 몇 가지 육아의 tip을 제시했다. 독자들 가운데 필자의 의견이나 방식에 동의하는 사람도 있을 것이고, 전혀 동의하지 않는 사람들도 있을 것이다. 하지만 여기서 중요한 것은 자녀가 어린이건 청소년이건 간에 부모가 자녀 교육에 대한 기본적인 지식과 철학을 가져야 한다는 것이다. 교육은 그 효과가 아주 나중에 나타나지만, 세 살적 버릇을 바로잡지 않으면, 두고두고 고생거리를 만드는 일이 될 것이기 때문이다.

마시멜로 실험 이야기

독자여러분은 마시멜로marshmallow를 알고 있는가? 관목식물인 마시멜로에서 추출되는 이 물질은 원래 약용으로 사용되었던 것인데, 19세기 후반에 현재의 부드럽고 스펀지 같은 과자가 되었다. 미국 애들은 캠프파이어를 하면서 흔치 않게 이 마시멜로를 불에 구워먹는다. 우리에게 마시멜로가 쉬 떠오르는 건 초코파이 안에 들어있는 하얀 젤라틴 성분의 과자가 전부인데, 그 스펀지처럼 생긴 마시멜로는 미국 애들이 아주 좋아하는 간식 중 하나이다.

1960년대에 미국 스탠포드 대학의 심리학자 월터 미셸Wlater Mischel 팀에 의해 행해진 '마시멜로 실험'은 '만족의 지연delay of gratification'과 '성공의 상관관계'를 보여주는 획기적인 실험이었다. 이 실험 결과의 핵심은 눈앞의 만족을 포기한 자기절제가 한 개인의 성공과 깊은 연관이 있다는 것이다. 그 후 이 실험을 잇는 수많은 후속 실험이 행해졌다. 이 장에서는, '마시멜로 실험'의 대강을 살펴보고 우리가 이 실험을 어떻게 받아들일 수 있을지 함께 고민해 보도록 하자.

첫 번째 마시멜로 실험: 유치원 선생님이 4살 된 아이를 한 번에 한명씩 작은 책상 하나만 놓여 있는 방안에 초대하여, 그들에게 마시멜로 사탕이 한개 들어있는 접시와 두개 들어있는 접시를 보여주었다. 그 선생님은 밖으로 나가면서 "나중에 내가 돌아와서 마시멜로 두 개를 다 줄 테니 기다려. 혹시 그 전에 마시멜로가 먹고 싶으면 종을 울리고 하나만 먹으렴. 하지만 하나를 먹으면 그걸로 끝이야. 두 개를 다 먹으려면 내가 돌아올 때까지 기다려야 해." 라는 말을 남기고 방 밖으로 나갔다. 어떤 어린이들은 불과 1분 만에 종을 울리고 마시멜로 하나를 먹어치웠고, 어떤 어린이들은 유혹을 이겨내기 위해, 눈을 가리고 노래를 부르고 책상을 걷어차면서 딴청을 부렸다. 꾀가 많은 어린이는 어찌어찌 해서 낮잠을 잤다. 결국 $\frac{1}{3}$의 어린이들은 참지 못하고 마시멜로를 먹었고, 나머지 $\frac{2}{3}$는 끝까지 참았다. 이 실험을 진행했던 당시 스탠포드 대학의 심리학자 미셸W. Mischel 박사는 1966년에 마시멜로 실험에 참가했던 653명의 네 살배기 아이들 중 185명을 수소문하여 10년 후 다시 만났고, 1981년 그 유명한 마시멜로 연구 결과를 발표했다. 그의 연구결과에 따르면 마시멜로를 먹지 않고 오래 참은 아이들은 대학입학 시험SAT 뿐만 아니라 대부분의 삶의 영역에서 우수한 결과를 성취하고 있었다. 더 나아가 이후의 추적 연구는 절제력을 보이지 못한 꼬마들은 비만, 약물중독, 사회 부적응 등의 문제를 가진 성인의 삶을 보내고 있는데 반해, 인내력을 발휘한 꼬마들은 성공적인 중년의 삶을 살고 있음을 발표했다. 이후의 유사 연구들에 따르면 마시멜로 효과는 너무나 강력해서 지능지수보다도 더 예측력이 뛰어났고, 인종이나 민족에 따른 차이도 거의 없음을 보여주었다.

두 번째 마시멜로 실험: 1989년의 두 번째 실험은 1966년의 첫 번째 실험과 모든 것이 거의 동일하지만 몇 가지 차이를 두었다. 그 중 가장 두드러진 점은 아이들 앞에 놓여 진 마시멜로 접시에 뚜껑을 덮었다는 것이다. 그 결과 마시멜로를 직접 보지 않게 하는 것은 아이들이 기다리는 시간을 거의 두 배나 길게 했다. 뚜껑을 덮지 않았던 첫 실험에서는 아이들이 평균 6분 이하를 기다린 반면, 뚜껑을 덮자 아이들이 11분 이상을 기다렸다. 이 두 번째 실험이 보여주는 것은 '타고난 성향'과 '양육환경'중 어느 것이 아이들의 절제에 영향을 미치는 지이다. 이 두 번째 실험결과가 보여 주는 것은 아이들의 참을성에 영향을 미치는 것 중의 하나가 마시멜로 그릇에 뚜껑을 덮지 않은 어른들, 즉 외부 환경의 중요성에 있음을 보여주었다.

세 번째 마시멜로 실험: 로체스터대학의 인지과학자 키드Celests Kidd 연구팀은 세 살 내지 다섯 살 사이 아이들 스물여덟 명을 데리고 컵을 꾸미는 미술 활동을 할 것이라고 설명하고 크레파스가 놓인 책상에 모두 앉게 했다. 그리고는 조금만 기다리면 책상에 놓인 크레파스 외에 색종이와 찰흙을 줄 테니 기다리라고 했다. 몇 분 뒤 열네 명의 아이들에게는 색종이와 찰흙을 주었고, 나머지 열네 명의 아이들에게는 색종이와 찰흙이 없다며 제공하지 않았다. 크레파스 이외의 미술 재료를 받은 아이들에게는 '신뢰 환경'을 조성한 것이었고, 나머지 아이들에게는 '비신뢰 환경'을 조성한 것이었다.

이 두 그룹의 아이들에게 고전적인 마시멜로 실험을 실시했다. 그 결과, 신뢰 환경을 경험했던 아이들은 무려 평균 12분을 넘게 기다렸고, 열네 명의 아이들 중 아홉 명의 아이들이 다시 선생님이 올 때까지 마시멜로를 먹지 않는 모습을 보여 주었다. 반면에 비신뢰 환경을 경험한 아이들은 평균 3분을 기다렸고, 끝까지 기다리고 먹지 않은 아이는 단 한 명뿐이었다.

마시멜로를 앞에 놓고 절제력을 보인 4살 아이가 인생전반에서 성공한다는 것을 보여준 것이 첫 번째 스탠포드 마시멜로 실험이었다. 마시멜로 접시에 뚜껑을 덮는 환경을 조성한 것만으로도 절제력이 증가한다는 것을 알려준 것이 두 번째 스탠포드 마시멜로 실험이었다. 아이들에게 약속을 지키는 것이 절제력을 기르는데 얼마나 효과적인가를 알려준 것이 세 번째 마시멜로 실험의 결과였다.

첫 번째 마시멜로 실험은 아이들의 의지력과 통제력은 마시멜로로부터 벗어날 수 있는 눈을 가리거나, 머리를 팔에 대고 엎드리거나, 잠을 자는 등의 나름의 관심을 분산시킬 수 있는 요령이 순간의 유혹을 참을 수 있게 한다는 것을 보여준다. 우리가 자녀들에게 어떤 대안도 제시하지 않고, '휴대폰 그만 만져라', '컴퓨터 그만해라', 'TV 그만 봐라'라고 단순히 얘기만 하는 것은 절대 자녀들이 그들 눈앞에 있는 순간적인 유혹을 이겨내게 할 수 없다. '휴대폰 그만 만져라' 대신 '아빠랑 같이 운동 좀 할까?' 아니면 '아빠랑 같이 신문 좀 읽어볼까?'라고 하는 것이 그냥 애들에게 '하지 말라'고 말하는 것 보다 훨씬 큰 절제력을 심어준 다는 것을 보여준다.

두 번째 마시멜로 실험은 환경설정의 중요성을 얘기한다. 집에 가면 부모들은 버젓이 TV를 보고 있고, 틈틈이 음주가무를 즐기는 무분별한 모습을 보여주면서, 자녀들에게는 '넌 방에 들어가서 공부해!'라고 하는 것이 결코 애들을 공부에 집중하게 할 수 없다는 것을 보여준다.

세 번째 마시멜로 실험은 자녀가 속한 집단사이에서 신뢰의 중요성이 절제에 미치는 영향을 말해준다. 학생이 어릴수록 신상필벌을 엄하게 할 필요가 있다. 순종과 절제를 보인 자녀에게 칭찬이나 약속한 보상을 잊어버리는 것은 자녀들의 절제와 통제를 근본적으로 약화시킨다. 칭찬은 고래도 춤추게 한다. 그리고 그 칭찬은 반드시 구체적이어야 하고, 적절한 보상이 수반되는 것이어야 한다.

우리 어른들과 마찬가지로 우리의 자녀들의 환경도 우리가 해롭다고 여길만한 수많은 유혹당장 맛있는 하나의 마시멜로들로 가득 차 있다. 이 순간의 유혹을 참아내면 더 많은 보상이 온다는 것을 자녀들도 인지적으로는 알고 있다. 하지만 그 보상을 경험한 적이 없거나 그 보상에 대한 확신이 없을 때 자녀들은 순간의 즐거움과 유혹에 쉬 넘어가게 된다. 그 유혹을 이겨내고 자기절제를 행하는 자녀들은 적절한 칭찬과 보상을 통해 자기절제를 행하고 성장하는 법을 배우게 된다.

우리는 흔히 모든 종류의 경쟁 속에 놓여 있는 자녀들을 독려할 때, '너 자신과의 싸움'이 중요하다고 강조한다. 하지만, 눈앞에 놓인 마시멜로를 인내력 있게 참아내는 것은 아이들의 몫이라기보다는 그 방법을 가르치고 환경을 조성하는 어른들의 몫이다. 자녀들은 부모를 비추는 거울이다.

유대인식 교육법 – 탈무드식 교육법

유대인은 어떤 사람들인가? 세계인구의 0.2%에 불과하지만 노벨상 300명의 수상자 가운데 98명을 배출한 민족. 칼 막스, 시그몬드 프로이드, 알버트 아인슈타인, 촘스키 그리고 빌게이츠를 길러낸 민족. 미국 인구의 2%를 차지하지만 미국 전체 변호사 70만명 가운데 20%인 14만명 그리고 뉴욕 중고등학교 교사 중에 50%를 배출한 민족, 미국 아이비리그 학생의 25%, 세계 억만장자의 30%를 차지하는 민족–이들이 바로 유대인들이다.

유대인 교육의 근저에는 아브라함 이후 수천 년을 이어온 가정교육이 있고 이 가정교육은 '토라torah'라는 성경과 '탈무드talmud'라는 경전을 그 근간으로 한다. 특히 우리에게 널리 알려진 것은 탈무드교육법이다. 탈무드 교육의 가장 큰 특징은 문답식교육과 토론에 있다. 유대인교육의 일차 교사는 아버지이다. 유대인들은 '모를 때에 아버지에게 물어라. 아버지가 모르면 랍비에게 물어라'라고 말한다. 유대인 아버지에게는 가족의 생계를 책임지고 가족의 수호자 역할과 자녀를 교육하고 훈계하는 교사의 역할이 주어진다. 유대인 아버지는 아무리 피곤한 하루를 보냈더라도 짧은 시간이라도 자녀들에게 탈무드를 공부시키면서 직접 문답을 행한다.

미국에 있는 유대인들의 경우 시나고그유대인 예배당에 가서 토요일 저녁마다 탈무드교육을 한다. 그곳에는 랍비가 있지만, 아빠와 아들들이 함께 그곳에 가서 탈무드를 공부한다. 집에서 했던 탈무드 교육을 다른 분위기속에서 또 다른 방식으로 행하는 것이다. 탈무드의 내용은 수학, 과학, 논리 등 다양한 학문을 포괄하고 있다. 탈무드 학습을 통해 유대인 학생들이 얻는 것은 깊이 있는 사고, 설득력 있는 토론법 그리고 다면적 독해이다. 이 탈무드교육이 어떻게 행해지는지를 확인하고 싶다면 지금 유튜브에서 EBS가 2012년에 제작 방영한 '세계의 교육현장-미국의 유태인 교육' 동영상을 참고하기 바란다.

유대인 사회는 철저한 부계중심사회다. 아버지의 이름을 그대로 쓰고 예배의식에 여자는 참석하지도 못할 정도로 여성에 대한 차별이 심하며 히브리어도 남자와 여자가 쓰는 단어 자체가 다를 정도다. 하지만 유대인 교육의 핵심에는 아버지 못지않게 유대인 엄마가 중요한 자리를 차지한다. 유대인 부모 사이에서 태어난 아이는 자동적으로 유대인이 되지만 유대인 아빠와 유대인이 아닌 엄마에게서 태어 난 아이는 유대인이 되지 못한다. 반면 유대인 엄마와 유대인이 아닌 아빠에게서 태어 난 아이는 자동적으로 유대인이 된다. 이는 유대인 엄마에게서 가정교육을 받는 자녀만이 유대인의 전통을 이을 자질을 갖게 된다는 사회적 묵계의 표현이다.

유대인 엄마들은 유대인 자녀들의 최초의 교육자이다. 어린 시절부터 유대인들에게 기본적인 인격교육과 정서교육을 담당하는 사람도 유대인 엄마들이다. 유대인 엄마들은 자녀들을 남들과 똑같이 키우지 않고 각자의 장점을 찾아 개발해 주는 교육을 하는 것으로 유명하다. 어릴 때 성적표에 '이 학생은 지적 능력이 낮아 앞으로 어떤 공부를 해도 성공할 가능성이 없음'이란 평을 받았던 아인슈타인을 천재과학자로 만든 것도 이런 유대인 엄마의 힘이었다. 미국에 거주하는 유대인 엄마들의 교육열은 한국 엄마들의 교육열을 능가하여 Jewish Mom유대인 엄마이라는 용어를 만들어 내기도 했다. 유대인 자녀들이 미국명문대 진학자의 25%를 차지하는 이면에는 한국의 극성 학부모 못지않은 유대인 엄마들이 자리 잡고 있다.

유대인들이 사는 곳에는 어김없이 예시바Yeshivah라는 유대인들만의 도서관이 있다. 이 도서관에서는 좌석에 앉아 있는 사람들이 모두 목소리를 높이며 떠든다. 많은 사람들이 책상 위에 책을 쌓아두고 치열하게 토론을 벌인다. 토론과 논쟁을 중심에 둔 공부를 실천하는 유대인의 교육 문화를 전형적으로 보여주는 공간이다. 파트너를 바꿔가며 서로 모르는 사람들끼리도 치열하게 논쟁을 벌이는 유대인들은 다른 사람과의 토론과정 속에서 서로의 의견을 나누고, 설득하고, 경청하는 경험을 통해서 소통과 이해를 배우는 것이다. 책속의 내용을 일방적으로 받아들이는 것이 아니라 다른 주제 다른 시각 그리고 타인의 눈에 보이는 면까지 확인해보는 학습법을 여기서 실행하는 것이다.

탈무드에는 '누가 현자인가? 모든 사람들로부터 배우는 사람이 현자이다.'라는 격언이 있다. 배움의 시작은 내가 모르는 것이 있다는 것을 깨닫는 것이다. 내가 모르는 것을 토론과 문답을 통해 확인하고 부족한 부분을 채워나가려는 지적 호기심이 우리의 지식을 넓고 깊게 만들어 준다. 그 지식에 대한 필요와 용도를 잘 알고, 어떻게 그 지식을 얻는 것이 가장 좋은 방법인지를 제대로 알고 있는 이들이 바로 유대인들이다.

2000년 동안 나라 없이 세계 각지를 헤매다가 1948년에 이스라엘이라는 국가를 마침내 건국한 유대인들. 온갖 압박과 서러움 속에서도 세계의 재계, 정치계, 학계, 문화계 등을 지배하는 유대인들의 이면에는 훌륭한 부모와 유대인 고유의 탈무드식 교육법이 있다. 누군가 인구 1억 명 가량의 우리 한민족의 미래가 어디로 향해야 할지 길을 물을 때, 그 해답이 될 만한 롤모델은 유대인 교육법에 있다는 것이 필자의 주장이다. 가정교육과 토론식공부로 요약되는 유대인교육법을 우리식으로 어떻게 개선하고 발전시켜서 적용할 수 있을지에 대한 답을 함께 찾아보는 것이 빠르면 빠를수록 좋을 것 같다.

아래에 유대인 교육법 53가지 지혜를 첨부한다.

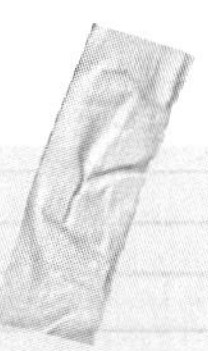

1. 남보다 뛰어나게가 아니라 남과 다르게.

2. 듣는 것보다 말하는 것이 더 중요하다.

3. 머리를 써서 일하라.

4. 지혜가 뒤지는 사람은 매사에 뒤진다.

5. 배움은 벌꿀처럼 달다.
6. 싫으면 그만두라 그러나, 하려면 최선을 다하라.
7. 아버지의 권위는 자녀들의 정신적 기둥.
8. 배운다는 것은 배우는 자세를 흉내 내는 것에서 시작된다.
9. 배움을 중지하면 20년 배운 것도 2년 내에 잊게 된다.
10. 상상력에도 한계는 있다.
11. 추상적 사고는 '신' 에 대해 생각하는 것으로부터 비롯된다.
12. 어머니의 과보호가 때로 아이의 독창적인 재능을 살릴 수도 있다.
13. 형제간의 두뇌 비교는 둘을 다 해치지만 개성의 비교는 둘을 살린다.
14. 외국어는 어릴 때부터 습관화 시킨다.
15. 이야기나 우화의 교훈은 어린이 자신이 생각토록 한다.
16. 어떤 장난감이라도 교육용 완구가 될 수 있다.
17. 잠들기 전에 책을 읽어주거나 얘기를 들려준다.
18. 오른손으로는 벌을 주고 왼손으로는 껴안아준다.
19. 심한 꾸지람을 했더라도 재울 때는 다정하게 대한다.
20. 어른들이 쓰는 물건과 장소에는 가까이 가지 못하게 한다.
21. 평생을 가르치려면 어릴 때 마음껏 놀게 하라.
22. 가정교육에서 좋지 못한 것은 서슴없이 거절한다.
23. 조상의 이름을 통해 가족의 맥을 일깨워 준다.
24. 아버지의 휴일은 자녀 교육에 꼭 필요하다.
25. 세대가 다른 여러 사람과 친밀하게 접촉하라.
26. 친구를 선택할 때는 한 계단 올라서라.
27. 아이들끼리 친구라고 해서 그 부모들까지 친구일 수는 없다.
28. 남의 집은 방문할 때는 젖먹이를 데리고 가지 않는다.
29. 친절을 통해 아이를 지혜로운 인간으로 키운다.
30. 자선행위를 통해 사회를 배운다.
31. 돈으로 선물을 대신하지 말라.

32. 음식에 대해 감사드리는 것은 곧 신에 대해 감사드리는 것과 마찬가지이다.
33. 성 문제는 사실만을 간결하게 가르친다.
34. 어릴 적부터 남녀의 성별을 자각시킨다.
35. 텔레비전의 폭력 장면은 보여주지 않지만, 다큐멘터리 전쟁영화는 꼭 보여 준다.
36. 자녀에게 거짓말을 하여 헛된 꿈을 갖게 하지 않는다.
37. 자녀를 꾸짖을 때는 기준이 분명해야 한다.
38. 최고의 벌은 침묵이다.
39. 협박은 금물이다. 벌을 주던 용서를 하든지 하라.
40. 자녀들의 잘못은 매로 다스린다.
41. 어떤 일이든 제한된 시간 내에 마치는 습관을 길러준다.
42. 가족 모두가 모이는 식사 시간을 활용한다.
43. 외식을 할 때는 어린 자녀를 데려가지 않는다.
44. 한 살이 될 때까지는 부모와 함께 식탁에 앉히지 않는다.
45. 편식 버릇을 방관하면 가족이란 일체감을 잃게 된다.
46. 몸을 깨끗이 하는 것은 위생상, 외견상 목적 이상의 중요한 의미가 있다.
47. 용돈을 줌으로써 저축하는 습관을 길들인다.
48. 은(銀)은 무거워야 한다. 다만, 무겁게 보여서는 안 된다.
49. 내 것, 네 것, 우리 것, 을 구별시킨다.
50. 노인을 위한 마음은 아이들의 문화적 유산이다.
51. 모에게 받은 만큼 자식들에게 베풀어라.
52. 한때 받은 피해는 잊지 말라, 그러나 용서하라.
53. 기회 있을 때마다 민족의 긍지를 심어준다.

조기유학 어학연수를 어떻게 할 것인가?

독자여러분은 '기러기아빠'란 용어를 들으면 어떤 생각이 떠오르는가? 아마 긍정적인 느낌보다는 부정적인 느낌을 주로 갖게 될 것이다. '기러기 아빠의 안타까운 죽음', '기러기 아빠 중 30%이상이 우울증 앓는다.', '기러기 엄마의 탈선'등 언론에 등장하는 기러기아빠에 관한 기사들은 긍정적인 내용보다는 부정적인 내용이 주를 이루고 있다. 이런 부정적인 인식에도 불구하고 왜 우리 주변의 엄마와 아빠들은 '기러기 엄마 아빠'가 되는 것을 선택할까?

미국 일간지 워싱턴 포스트는 2005년 1월 9일자에서 한국의 '기러기 아빠wild goose daddy'를 특집으로 다뤘다. 이 신문은 기러기 아빠란 말의 유래에 대해 '기러기는 먼 거리를 날아가 새끼의 먹이를 구해 오므로 자녀 교육을 위해 자신을 희생하는 아버지를 이 새에 비유하게 됐다'고 설명했다. 우리의 작금의 현실에서 보자면 '자녀를 아내와 함께 조기유학을 보내고 혼자 한국에 남아 돈을 벌어서 경제적 뒷바라지를 하는 아빠'를 기러기 아빠로 정의할 수 있을 것이다.

논의를 더 진전시키기 전에 '유학'의 정의를 먼저 살펴보자. 교육부 자료에 따르면 법적으로 '유학留學'이란 "외국의 교육기관 ·

연구기관 또는 연수기관에서 6개월 이상의 기간에 걸쳐 수학하거나 학문 · 기술을 연구 또는 연수하는 것" 『국외유학에 관한규정』 제2조 제1호으로 규정하고 있다. '조기유학'에 관한 법적 정의는 없으나, 일반적으로 조기유학이란 "초 · 중 · 고등학교 단계의 학생들이 국내 학교에 입학 혹은 재학하지 않고 외국으로 나가 현지 외국의 교육기관에서 6개월 이상의 기간에 걸쳐 수학하는 행위"를 의미한다.

이 글을 읽는 40대 중반 이상의 독자들은 아마 '유학'이라는 용어를 접하면, '대학을 졸업하거나 대학에 진학하려는 사람이 외국에 가서 공부하는 것'을 쉬 떠올릴 것이다. 그리고 '유학'이라는 것이 예전에는 아주 소수의 선택된 자들만의 전유물이었다는 기억을 되살릴 것이다. 하지만 이제는 우리가 자랄 때에 비해 '유학'이 훨씬 보편화 되어 어린 초중생들도 해외에 나가서 공부를 할 수 있는 상황이 되었다.

필자는 이 장에서 조기유학의 장단점 그리고 방학을 이용한 어학연수의 장단점과 고려사항을 논하고자 한다.

조기유학의 첫 번째 장점은 해당국가의 언어를 조기에 습득할 수 있다는 것이다. 필자의 교육 경험에 따르면 초등 고학년 혹은 중학교 1,2학년 무렵에 영미권 국가로 1년 이상의 조기유학 경험을 가진 학생들이 국내에 복귀하여 대입수능 등의 시험을 치르는 경우 영어 과목에서 거의 예외 없이 2등급 총 9등급-2등급이면 전체 수험생의 11% 이내 이상의 성적을 얻는 것을 아주 흔하게 목도했다. 특히 조기유학 경험자들은 '독해/듣기/어휘/문법'의 4가지 영역 중에서 문법을 제외한 거의 나머지 3개 분야에서 탁월한 장점을 갖게 되고, 더불어 국내에서 가장 교육하기 힘든 '말하기'와 '영작능력'에서 월등한 실력을 갖게 된다. 영어로 평생 고생하는 한국 부모들의 입장에서 보자면 영어로 수업하고 책을 읽고 글을 쓰는 애들이 얼마나 대견하고 자랑스럽게 보이겠는가?! 하지만 영어에 대한 상대적 장점이 커질수록 수학과 언어를 비롯한 타 과목이 소홀해 질 수밖에 없다. 따라서 조기유학의 기간이 길어지면 길어질수록 국내복귀 시 학생이 겪게 되는 국내학교 적응의 문제는 커지고, 이는 국내 명문대 진학의 기회가 줄어든다고 것을 의미한다.

조기유학의 두 번째 장점은 현지 고등교육기관에 쉽게 입학할 수 있다는 것이다. 국내 대학 입시의 현실에 비해 영미권 국가에서 고등학교를 졸업하면 현지 명문대 진학이 훨씬 유리한 것이 사실이다. 굳이 명문대 진학이 아니라도 중하위권 대학이나 전문대학에 진학한 후 편입을 통해 명문대로 전학하는 것도 우리나라에 비해 훨씬 일반적이다. 그리고 영미권 국가에서 중고과정을 거친 학생들은 현지 대학 진학 후에도 현지대학에서 수업을 따라가는 것 또한 국내에서 고등학교를 졸업하고 현지대학에 진학한 학생들에 비해 훨씬 용이하다. 하지만, 미국의 경우 고교 졸업 자체가 그리 쉽지 않다. 미국 캘리포니아주의 경우 고교 졸업생 비율이 총 정원의 50%이하인 학교가 허다하다. 미국고교에서도 영어, 수학, 역사 과목에서 D학점 이상을 받지 못하면 졸업을 할 수 없다.

그리고 대학에 입학한다 해도 그 대학을 졸업하는 것이 우리 생각처럼 그렇게 쉬운 게 아니다. 2013년 현재, 보스톤 근교 브룩라인 공립학교에서 근 20년째 교사로 재직중인 '공정원' 선생님에 따르면 '아이비리그와 명문대에 입학한 한인 학생들 가운데 44%가 중퇴했다'고 한다. 여기서 주의할 것은 '한인'학생들, 즉 교포들이 대다수인 경우도 이렇게 높은 중퇴율을 가지고 있다는 점이다. 이런 까닭에 필자는 가끔 우리 신문에 실리는 'OO 고교 졸업생 미국 명문대입학'이라는 기사를 별로 신뢰하지 않고 절반의 진실만으로 치부한다. 책임 있는 언론이라면 미국 명문대 '입학'에 중점을 둘 것이 아니라, 미국 명문대를 '졸업' 하기 위해 그 학생이 기울이는 노력에 중점을 두는 것이 더 맞다고 생각하기 때문이다.

조기유학의 세 번째 장점은 어릴 때부터 넓은 식견과 타문화에 대한 이해를 가질 수 있다는 것이다. 책이나 TV를 통해서 세계를 보는 사람과 직접 몸으로 세계 이곳저곳을 보고 접할 기회를 갖는 학생이 갖는 식견의 차이는 크게 벌어질 수밖에 없다. 그리고 현지 사람들과의 생활을 통해서 몸으로 습득하는 타 문화에 대한 이해와 학습은 21세기가 요구하는 국제화된 매너를 가진 인간을 만드는데 분명한 도움이 될 것이다. 하지만, 독자들의 자녀가 대학 졸업 후 한국에 돌아와 사회생활을 할 것이라면, 몸에 배인 서구적 매너가 장점이자 단점이 될 수도 있다. 그리고 한국적 현실에 대한 부적응을 염려하지 않을 수 없다. 조기유학 초기에 귀국했던 학생들이 가졌던 문화지체cultural lag 현상을 반면교사로 삼아야 한다.

너무도 당연한 얘기지만, 조기유학은 막대한 경제적 비용지출과 가족 간의 관계 단절을 감수해야 한다. 우리 주변에서 조기유학을 보낸 부모들의 경제력을 보면 아직도 보통수준의 소득을 가진 사람들이 쉬 결정할 수 있는 정도는 절대 아니다. 미국이나 캐나다에 자녀를 보낸다면, 1년에 최소한 5천 만 원 이상의 비용이 들 텐데, 만약 자녀가 2명이라면 1년에 1억 정도의 비용을 지출해야 한다. 그리고 어린 자녀를 보내는 경우 발생하는 '기러기 엄마 아빠'의 문제는 많은 자녀들이 이해 못하는 사회적 문제와 실질적인 가정해체를 야기 시킨다.

현재 교육당국은 몇 년 전부터는 해외에서 1~2년 조기유학을 다녀온 학생에 대해 합당한 이유와 근거가 없는 경우 국내에서 학력을 인정해 주지 않고 있다. 즉, 1년 조기유학을 다녀올 경우 국내 학교에서 1년 유급을 각오해야 한다. 그래서 발 빠르고 교육에 대한 관심이 지대한 강남의 부모들이 자녀들의 조기유학 대열에서 발을 빼고 다른 대안을 찾고 있는 데는 다 이유가 있는 것이다. 그리고 영어를 잘하거나 외국대학을 나온 것이 취업이나 사회경력 등에서 반드시 이점으로 작용하는 시대는 지나갔다. 국내 기업 등이 외국어 우수자를 채용하는 데는 그 수적 한계가 있으며, 굳이 외국어 우수자를 원한다면 유학생대신 현지에서 자란 교포나 원어민을 고용하고 있는 추세가 늘고 있기 때문이다.

통계를 보더라도 2000년 조기 유학이 허용될 무렵부터 한동안 조기 유학생의 숫자는 상승곡선을 그렸었다. 2000년 4,397명을 시작으로 2001년 7,944명, 2002년 1만 132명, 2003년 1만 498

명, 2004년 1만 6,446명, 2005년 2만 400명 등이었다. 하지만 2006년 2만 9,511명을 정점으로 그 숫자가 계속 줄어들어 2012년에는 1만 430명으로 6년 만에 절반 이상 줄었다.

그렇다면 조기유학의 부분적 대안 혹은 집중적 영어교육을 위해 보내는 방학 중 어학연수는 어떤 장단점을 가지고 있을까?

초중생들을 위한 방학 중 영어 어학연수는 보통 여름방학 중에는 3~6주, 겨울방학 중에는 4~10주까지 진행된다. 가장 보편적인 지역은 미국, 캐나다, 영국, 호주, 뉴질랜드 그리고 필리핀을 들 수 있다. 비용은 일반적으로 비행기 요금과 용돈을 제외하면 4주를 기준으로 400~600만원, 8주를 기준으로 하면 800~1,000만 원 정도 소요된다.

어학캠프의 방식은 크게 두 가지인데, 하나는 기숙형 캠프이고 다른 하나는 현지인의 가정에 홈스테이를 시키며 인근 학교 등에서 영어교육을 시키는 방식이다. 필자의 경우 여자아이인 자녀를 4학년 여름방학과 겨울방학엔 필리핀 캠프에 그리고 5학년 여름방학과 겨울방학엔 미국 북서부의 스포캔이란 도시에 홈스테이 방식으로 보낸 경험이 있다. 두 가지 방식의 장점과 단점은 개인적 선호도에 따라 다르겠지만, 가장 큰 장점만을 들자면, 캠프식의 경우 단체 속에서 공동 생활을 하면서 어학능력과 함께 타인과의 조화로운 관계와 질서의식을 배우는 것이고, 홈스케이방식은 현지인과 동일한 환경에서 생활하면서 현지의 문화를 있는 그대로 체험하고 실생활 속에서 사용되는 언어를 조금 더 용이하게 익힐 수 있다는 것이다.

방학 중 보내는 어학연수의 장점을 간단히 정리하면 아래와 같다. 단, 가장 큰 부담이 되는 비용에 대한 고려는 무시하는 것을 양해해 달라.

첫째, 어학에 집중된 시간을 보낼 수 있다. 교실에서만 배우던 영어와는 달리, 현지에서 원어민 강사와 하루 종일 공부하고 원어민과의 빈번한 접촉 속에서 영어를 실제로 활용할 충분한 기회를 가질 수 있다. 4주 남짓의 시간 만에 영어실력이 눈에 띌 만큼 상승하는 것은 아니지만, 어학연수를 다녀온 후에 갖게 되는 영어에 대한 자신감은 추후에 영어공부를 열심히 할 수 있게 도와주는 좋은 자극제가 될 수 있다. 또 해당 기간 동안 게을리 하기 쉬운 수학학습을 캠프에 따라서는 현지에서 따로 보충수업을 해주는 경우도 있다.

둘째, 현지의 문화와 환경을 체험하는 다양한 프로그램으로 알찬 시간을 보낼 수 있다. 자녀들이 방학이 되었다 해서, 부모들이 자녀들에게 매일 새로운 체험과 여행을 보낼 수 있는 것은 아니다. 하지만 방학 중 해외 어학연수를 보내면 혼자 여행을 보내는 것에 비하면 상대적으로 안전하고 알차게 정해진 기간 동안 여행과 현지명소 체험 등을 할 수 있다. 부모의 도움 없이 애들이 좋은 체험을 한다는 것은 분명 큰 장점이다.

셋째, 집을 떠나 독립적인 개체로 일정기간을 살아 볼 수 있다는 것이다. 대부분의 여행이 그러하듯이, 일정기간 동안 집을 떠나 살아간다는 것이 쉬운 일이 아니다. 하지만 우리가 자녀를 집에서만 끼고 산다면 자녀들은 독립적으로 생존하는 것을 연습할 기회를 잃게 된다. 또 부모와 함께 하는 여행에만 익숙해져 있다면, 아무리 여행을 많이 다녀도 자녀의 의존적 태도가 개선될 기회가 그리 많지 않다. 어학연수에서 애들이 부모의 품을 떠나 스스로 행위의 주체가 되어 살아보는 것은 그 어떤 공부를 시키는 것보다도 더 의미심장한 일일 것이다.

필자의 소결론

자녀들을 미국이나 중국 등 외국에서 취업시키고 영주시킬 것이라면 중학교와 고등학교를 외국에서 교육시킨 후 외국 대학에 진학시키는 조기유학을 선택하는 것이 괜찮을 수도 있다. 하지만 장래 취업이나 거주지의 토대를 한국에 둘 것이라면 자녀의 조기유학은 중2 이전, 1년 미만으로 정하는 것이 절대 유리하다. 방학 중 어학연수는 중1 이전에 보내는 것이 타 과목의 학습을 고려할 때 유리하며, 경제적 여건만 된다면 한번 보다는 두 번 이상, 그리고 한 장소보다는 2곳 이상의 장소로 보내는 것이 좋다.

조기유학이나 어학연수를 보낼지 말지는 전적으로 부모의 의지와 경제적 상황 등을 충분히 고려하여 신중히 선택해야할 문제다. 부모가 자녀를 외국에 보내는 것을 고려 할 때, 유학원이나 어학원의 광고내용만을 믿지 말고 이미 유사한 경험을 가지고 있는 주변사람들의 의견을 경청해 보는 것 매우 중요하다. 백문이 불여일견이기 때문에 경험자처럼 좋은 얘기를 해줄 수 있는 사람은 없기 때문이다. 그리고 더욱더 중요한 것은 대상이 되는 학생이 얼마나 열의와 의지를 가지고 부모의 선택을 따르려 하는지와 자녀의 건강상태를 잘 살피는 것이다. 아무리 부모가 좋은 것을 먹이려 해도, 자녀가 이를 삼키지 못하거나 소화시키지 못한다면 오히려 역효과만이 극대화 될 것이다.

창의성– 거인의 어깨위에 선 사람들

스티브 잡스, 피카소, 에디슨, 찰스 다윈, 아이작 뉴턴... 이 사람들의 공통점을 여러분들은 쉬 짐작할 수 있을 것이다. '창의성' 이 한 단어가 이 위인들을 한 곳에 묶어 준다. 그렇다면 '창의성' 은 어디에서 나오는 것인가? 제레드 다이아몬드Jared Diamond의 '총균쇠Guns, Germs and Steel'에 실린 과학발전의 한 예를 잠깐 살펴보자.

제임스와트가 1769년에 증기기관을 발명한 것은 그보다 57년 전에 증기기관을 발명한 토마스 뉴커먼의 증기기관을 고치던 중이었다. 또 뉴커먼의 증기기관도 토머스 세이베리가 1698년에 증기기관에 관한 특허를 받은 뒤였었고, 그것 역시 프랑스인 파뱅이 1680년 경에 설계한 증기기관을 제작한 것이었다. 에디슨이 1879년에 발명한 백열전구도 그 전에 다른 발명가들이 특허를 얻은 수많은 백열전구를 개량한 것이었다.

또 다윈이 그의 저서 '종의기원(1859)'에서 진화론을 주장하기 전에 라마르크는 1802년에 '용불용설(用不用說)'을 발표하면서 진화론의 토대를 마련했었다. 이 처럼 우리가 역사의 신기원을 이룩했다고 믿고 있는 창의적인 것들이 결국은 기존의 연구결과나 성과의 토대위에 개량 발전된 것들임을 쉽게 알 수 있다.

2007년 애플의 아이폰의 출현은 기존 핸드폰을 뛰어넘는 새로운 스마트폰의 시대를 창조했다. 하지만 애플의 아이폰이 '무에서 창조된 유'가 아니라 1973년 '모토로라' 사에 의해 탄생한 스마트폰을 그 원형으로 삼고 있다. 그리고 아이폰의 탄생의 과정이 그리 순탄했던 것만은 아니었다. 스티브 잡스는 아이폰 개발을 위해 버라이존을 비롯한 다른 이동통신사와도 접촉했었지만, 싱귤러를 제외한 다른 모든 통신사들이 아이폰을 기존 휴대폰 단말기와 같이 취급하는 오류를 범했었다.

스티브 잡스는 아이폰을 단순히 음성통화만을 위한 휴대폰 단말기로서가 아니라 인간의 오감과 인지력을 확대시키는 혁명적 멀티미디어 도구로 인지했지만, 그 기술은 독창적이거나 새로운 것이 아니라 기존의 기술을 열린 태도로 융합시키는 것이었다. 그간 스티브잡스가 세상에 발표한 맥킨토시, 아이맥, 아이팟, 아이폰, 아이패드등은 기술과 디자인과 인문학의 결합의 산물이다. 즉, 스

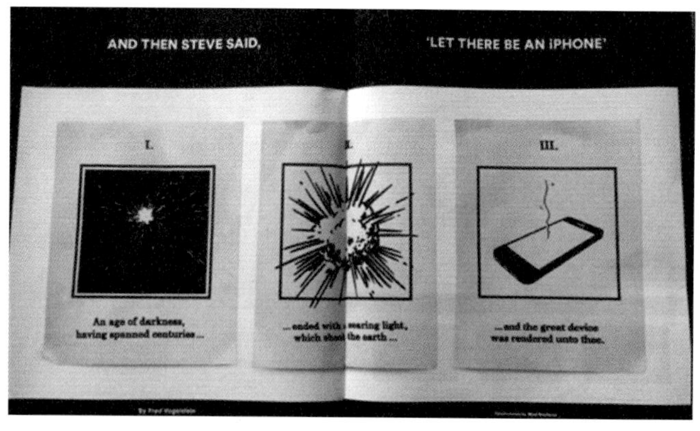

천지창조에 빗대 아이폰의 탄생

티브잡스가 보여준 혁명적 창조성은 어떻게 창조성이 형성되는 지를 보여 주는 아주 좋은 예이다.

이경화한국교원대학교 교수는 '창의성 교육의 이해와 방향'이란 글에서

> 창의성은 '無에서 有'를 만들어내는 것이 아니라 '有에서 有'를 만들어내는 것이기 때문에 어떤 영역에서든지 괄목할만한 창의적 작품을 만들어내는 사람들은 그 영역에 대한 풍부한 지식과 높은 기능을 갖고 있는 것으로 나타나고 있다. 즉 영역 특수적 내용 지식과 기능은 창의적 산물을 생산하는 데 필수조건이 된다.

라고 말하고 있다. 즉, 창의성은 기존의 거인들이 애써 만든 학문적 성과의 어깨위에서 현재의 문제에 대한 답을 찾고 미래를 향한 길을 열어가는 것이다.

스티브 잡스 스스로가 '혁신과 창의성의 비밀은 연결'에 있다고 말했듯이, 창의적 인재양성을 위해서는 해당분야에 대한 철저한 지식습득이 필요하다. 하지만 우리사회에서 지식교육이라는 말은 다소 부정적으로 받아들여지고 있으며, 또 '지식교육 = 주입식교육'이라는 식으로 받아들여지고 있다. 과연 모든 지식교육이 주입식 교육이고 또 과연 주입식교육은 아이들의 창의성을 저해하는 요소일까? 반드시 그렇지 않다는 것이 필자의 주장이다.

이글을 읽는 독자 여러분은 어렸을 때 외웠던 구구단의 효용성을 잘 알고 있을 것이다. 필자 역시 수에 대한 별다른 이해 없이 초등학교 당시 국민 학교-일제의'황국신민'의 뜻을 내포하고 있어서 이 용어가 이젠 용도페기 되었다. 1학년쯤에 암기했던 구구단을 아주 유용하게 평생 동안 써먹고 있

다. 주입식교육의 전형적 예라 할 수 있는 구구단을 일단 암기했더니, 나중에 구구단의 원리도 역으로 이해 할 수도 있는 것이다. 요즘 각광받는 인도의 베다수학을 공부하는 학생들은 보통 19단까지 암기하고 있고, 인도 엘리트들의 수학실력은 미국의 유수대학입학을 아주 쉽게 하며, IT분야에서 세계 최고인재로 인정받는 원동력이 되고 있다.

우리나라 교육에서 1994년을 기준으로 입시제도에 큰 변화가 있었다. 1982년부터 시작된 학력고사대학입학학력고사의 시대가 끝나고 1994년부터 수능수학능력시험의 시대가 시작되었다. 학력고사는 주입식 단순암기식 공부를 요구하고 수능시험은 사고력을 요구한다라고 흔히 말해진다. 하지만 시간이 지날수록 수능세대가 학력고사세대보다 창의적이고 학력수준이 높다는 증거는 그 어디에도 나타나지 않고 있다. 또 입시에 대한 부담이 줄어들었다는 얘기 또한 들리지 않는다.

필자는 주저 없이 지식교육 혹은 암기 교육의 필요성이 절대 간과되지 말아야 한다고 주장한다. 지식교육이 결여된 창의성 교육은 뿌리 없는 나무와 같다. 우리가 토론을 하건, 독서를 하건, 보고서를 쓰던지 간에 우리 머릿속에 이미 들어있는 지식의 토대가 우리의 사고 내용과 사고체계를 합리적이고 설득력 있게 만들어준다. 특정지식이 머리에 잘 정돈되어 있을 때 스티브잡스가 발휘한 것과 같은 지식의 융합을 통한 창의성이 발현 될 수 있다. 지식교육, 더 나아가 암기식 교육은 기피할 것이 아니라 창의적 교육과 조화를 이루며 증진시켜야 할 부분이다. 이 글을 읽는 독자들부터라도, 아이들의 암기력 향상을 위한 노력은 기회가 되면 놓치지 말고 장려하길 바란다.

사족을 달자면, 필자를 포함한 상당수의 사람들이 1982년부터 1993년까지 실시된 학력고사 시험을 비교적 공정한 게임룰로 여기는 추세다. 그 당시에는 계층이동의 첫 사다리인 명문대 진학의 기회가 주로 개인의 노력 여하에 있었다고 믿고, 그 실례를 경험한 세대가 지금의 40~50대들이다. 대학입학이 한 개인의 삶의 지위와 질을 규정하는 한국적 현실에서, 개인의 노력보다는 부모의 입시 정보력이 막대한 영향력을 발휘하는 현재의 수능 및 입학사정관제를 위시한 입시제도가 과연 최상의 제도인지, 아니면 단순했지만 지극히 공정했었다고 여겨졌던 학력고사로 돌아가자는 주장이 정말 시대착오적인 주장에 불과한 것인지에 대해서도 충분한 사회적 고민과 지혜가 요구되는 시점이다.

인생 성공의 열쇠- 독서

오스트리아와 영국에서 활동한 철학자이자, 논리학, 수학 철학, 심리 철학, 언어 철학 분야에서 위대한 업적을 남긴 '요제프 요한 비트겐슈타인' Ludwig Josef Johann Wittgenstein, 1889년 4월 26일~1951년 4월 29일 은 '나의 언어의 한계는 나의 세계의 한계를 의미한다.'라는 멋진 말을 남겼다. 그의 이론에 따르면 '한 인간의 언어능력은 한 인간의 인식세계의 범위'이다. 즉, 내가 언어로 인지, 표현할 수 없는 세계는 내 사고 범위 밖에 있는 나의 세계가 아니다.

그렇다면, 우리는 어떻게 우리의 세상을 넓혀주는 언어의 한계를 확대, 증진 시킬 수 있을까? 가장 쉬운 방법은 바로 독서다. 영어를 주로 가르치며, 필요에 따라 논술과 면접을 가르치는 필자는 기회가 되는대로 학생들이나 학부모들에게 '명문대에 가고 싶으면 수학을 잘해야 하고, 사회에서 성공하고 싶으면 영어를 잘해야하고, 인생에서 성공하고 싶으면 독서를 해야 한다.'라고 조언하곤 한다. 너무도 당연한 얘기지만 그래도 반복해서 말한다. 필자가 여기서 독서의 중요성을 강조하는 것 또한 너무도 당연한 얘기를 중언, 부언하는 것처럼 보이지만 그래도 자녀교육에 지대한 관심을 가진 독자들을 위해 여기서 다시 한 번 언급하는 것을 넓은 아량으로 받아들여주기 바란다.

필자는 여기서 '독서와 학업'에 관한 관점에 논의를 집중하고자 하며, 필자가 말하는 독서라 함은 신문, 소설 등을 포함한 모든 글 읽기 행위를 포함하는 것이다.

그럼, 독서가 학업에 미치는 긍정적 영향을 살펴보도록 하자.

독서는 어휘력을 높인다.

아이들의 학년이 올라감에 따라 거의 모든 과목의 학업성적은 어휘력과 직결되어 있다. 특히 그 효과는 고등학교 진학 후에 두드러진다. 언어나 영어 과목은 물론이고 수학, 사회, 과학 등 거의 모든 학습관련 과목들은 어휘력의 차이에 따라 성적의 변화가 나타난다고 봐도 무리가 아니다.

독서는 배경지식을 심화시킨다.

교과서에 나온 내용은 단편적 지식의 나열에 불과한 경우가 많다. 하지만 독서가 제공하는 복합적 배경지식은 해당 교과내용의 이해와 암기를 훨씬 용이하게 한다. 즉, 독서는 교과서의 심화교육을 위한 든든한 토대다.

사고의 연결성을 키워준다.

책이란 거의 예외 없이 치밀한 논리구조를 가지고 있다. 책에서 기술된 논리적 귀결은 학업에서 정답을 추론하는 연습을 심화

발전 시킨다. 독서는 사고의 논리적 추론능력을 개발시키는 가장 좋은 방법이다. 정답을 잘 찾는 학생들의 특징은 정확한 추론 능력을 가지고 있다는 것이다. 이는 주로 독서를 통해서 개발된다. 수능영어시험에서도 학생들이 가장 어려워하고 성적차이를 두드러지게 하는 문항이 바로 '추론inference'문제들 이다.

 독서는 다양한 시각을 갖게 한다.

독서는 나의 생각보다는 타인의 생각과 경험을 받아들이는 공감력을 향상시킨다. 공감력이 결여된 사람은 고립된 사고를 할 가능성이 크고, 객관적 사고보다는 주관적 사고의 틀에 얽매이게 된다. 학교시험의 많은 부분은 객관적 사고력을 측정하는 문제들이다. 그리고 주어진 주장에 대한 다양한 시각은 사고의 다면성을 키워준다.

 독서는 독립심을 키운다.

유아기와 아동기를 제외하면 독서는 주로 혼자서 행하는 지적 놀이이다. 독서는 스스로 의미를 판단하고 책 속의 내용들을 비판적으로 판단, 수용하는 과정을 거친다. 독서라는 과정을 통해 아이들이 지적으로 성장하고 것은 물론이고 독립적 사고의 틀을 갖는 개체로서 성장하게 된다.

 미지의 세계에 대한 상상력을 키운다.

독서는 물리적으로 존재하는 가시적 사물뿐만 아니라 비가시적 사물을 인지하고 상상하게 하는 힘을 길러준다. 꽃과 나무는 우리 눈에 보이지만 원자와 전자 등은 우리가 볼 수 없는 것이다. 또 추상적인 개념들예를 들면, 정의, 평화, 행복... 이나 우리의 생활권 범위 밖에 있는 것들도 주로 책을 통해 학습되고 인지된다. 책을 통해 길러진 미지의 것들에 대한 인지는 아이들의 상상력의 범위를 넓혀준다. 창의성은 주로 독서를 통해 길러진다.

 독서는 작문능력과 발표능력을 향상시키다.

독서는 올바른 지식과 바른 어휘선택 그리고 논리적 말과 글의 전개에 도움을 준다. 대학입시에서 점점 중시되어 가고 있는 논술, 면접 등에서 독서가 발휘하는 중추적 기능은 명백하다. 독서가 입시에 미치는 절대적 영향력은 저학년 때 보다는 고학년이 될수록 두드러지게 된다.

 독서는 내용이해를 증진시킨다.

독서는 독자들의 이해력을 향상시킨다. 독서 행위는 단어, 문장, 단락 등 모든 단위에서의 이해를 요구한다. 독서를 통해 형성된 이해력은 학업과정에서 내용의 이해를 촉진시킨다. 공부를 할 때, 어떤 것은 한번 읽어 보는 것만으로도 충분한 경우가 있고, 이해를 필요로 하는 경우도 있고, 암기를 필요로 하는 경우도 있다.

독서는 이런 과정의 자발적 훈련을 가능케 한다. 내용의 중요성을 파악하지 못하는 아이들은 학습량이 증가 해도 학습능력이 제고될 수 없다.

독서는 뇌의 활성화를 이끈다.

2008년 일본의 가와시마 후토시 교수(뇌과학 전공)는 "독서가 두뇌를 활성화시켜 결과적으로 두뇌 능력을 향상시킨다."라는 연구 결과를 발표했다. 가와시마 교수는 "책을 읽으면 주의력, 창조성, 사람다운 감정, 의사소통(커뮤니케이션) 등과 깊은 관련이 있는 뇌 부위인 전두전야(前頭前野)가 활성화 된다."고 밝혔다.

한편 일본의 모리 아키오 교수팀은 지난 2002년 장시간 게임에 몰두하는 행동의 위험성을 알리는 연구 결과를 내놓았다. 이 결과에 따르면 매일 2~7시간동안 게임을 하는 아이의 경우, 뇌 활동 상태를 나타내는 뇌파가 전두전야에서 거의 감지되지 않았다고 한다. 게임을 할 때 활용되는 이 '게임 뇌'는 감정을 통제하는 기능을 현저히 떨어뜨리고, 이성을 잃게 하며 집중력을 저하시킨다는 것이 이 실험의 결과였다. 실제로 일본의 6~29세 사이 남, 녀 240명을 대상으로 조사한 결과 10% 정도가 게임 뇌의 특징을 보였고, 이들은 집중력이 현저하게 떨어지고 신경질을 자주 부리거나 친구와 사귀기도 힘들어 하는 등 자각 증상을 호소했다고 한다.

전문가들의 의견에 따르면, 독서 습관을 형성하기 위한 결정적 시기는 만 3세부터 초등학교 저학년까지이다. 이후 고학년인 초등

6학년 정도에는 독서습관이 고착되어 이 시기의 습관이 평생 동안 독서활동에 영향을 주게 된다. 아이들이 책을 읽는 습관을 형성하도록 돕기 위해서는 아이들을 위한 독서분위기를 형성하는 것도 중요하고, 부모가 아이들에게 모범을 보이는 것이 무엇보다 중요하다. 부모의 독서습관은 자연스럽게 독서하는 어린이를 만들 수 있고, 자녀들과의 자연스러운 독서 후 토론을 가능케 해준다.

1. 어떤 책을 읽을까?

자녀에게 어떤 책을 읽게 할지는 자녀의 연령과 학령에 따라 달라질 수 있다. 하지만 여기서 가장 일반적인 책 선택의 방법을 소개하면 아래와 같다.

1) 자녀가 읽고 싶어 하는 책을 가장 먼저 선택하라. 아무리 좋은 책이라도 자녀가 흥미를 느끼지 못하는 책은 좋은 책이 아니다.

2) 베스트셀러보다는 스테디셀러를 선택하게 하라. 당장 인기 있는 책과는 달리 좋은 책은 오랫동안 읽혀지고 있다. 고전의 가치는 시대와 장소를 초월하여 의미를 갖는 인류의 보고이다.

3) 부모가 감동받았던 책을 권하라. 부모와 자녀는 하늘이 맺어준 인연으로 살아가는 소중한 존재들이다. 함께 살아가는 존재가 소중한 책을 공유한다는 것은 유전인자의 공유를 넘어 사고와

가치관을 공유하는 것이다.

4) 다양한 장르의 책을 권하도록 하라. 육체적 건강을 위해서 영양을 골고루 섭취해야 하는 것처럼, 올바른 정신적 성장을 위해서도 다양한 장르의 책을 접할 필요가 있다. 자녀들이 소설, 전기, 과학, 인문, 역사, 사회, 시, 수필 등 다양한 종류의 책을 접하도록 부모가 노력할 필요가 있다. 필자는 개인적으로 자녀와 제자들에게 전기와 역사서의 꾸준한 독서를 강조하는 편이고, 처세술에 관한 책은 전혀 권장하지 않는 편이다.

5) 도서목록을 작성하고 좋은 책은 두 번 읽어 보는 것도 좋은 것이다. 또 가능하면, 원서와 우리말 번역본을 함께 읽어 보는 것도 독서의 새로운 즐거움을 줄 수 있다.

6) 유명 저자의 작품의 경우 저자의 약력과 시대배경을 이해하기 위한 노력을 기울여 보라. 작가의 삶을 알고 나면 그 책에 대한 호감의 정도가 깊어진다.

7) 아이들이 야한 책을 선택하는 경우라 할지라도 그리 걱정하지 말라. 어차피 애들은 그런 과정을 거쳐서 성장하게 되어 있고, 또 야한 책이라도 읽는 것이 아예 책을 읽지 않는 것 보다 더 바람직스럽다. 독자 여러분도 그런 과정을 거쳐 지금의 모습으로 성장

한 것이 아닌가?! 책은 그 내용이 무엇이든지 간에 좋다는 필자의 주장의 근간에는 책은 일반적으로 좋은 내용을 담고 있고, 나름의 잘 짜여 진 논리구조를 가지고 있다는 믿음에서이다.

2. 영어 원서읽기의 즐거움

주업이 영어강사인 필자가 영어원서 읽기의 즐거움과 필요성을 간과하기는 쉽지 않다. 그래서 여기에 영어 원서읽기에 관한 간단한 팁을 적어본다.

언어학자인 스티븐 크라센Dr. Stephen Krashen은 그의 저서 '읽기혁명'에서 '읽기는 훌륭한 문장력, 풍부한 어휘력, 고급 문법 능력, 철자를 정확하게 쓰는 능력을 갖게 하는 유일한 방법이다.'라고 말하면서 '다독은 언어를 익히는 가장 좋은 방법이 아니다. 그것은 유일한 방법이다.'라고 덧붙였다.

우리는 영어라는 짐에 짓눌려 살고 있다. 특히 작금의 한국적 현실에서 사회적 지위가 높고 학식이 높은 사람일수록 영어의 장벽을 실감하고 또 역설적이게도 영어의 득을 많이 보고 있다. 필자는 영어공부를 열심히 하고 더 심화하고 싶은 학생들이나 지인들에게 영어원서 읽기를 권한다. 영어원서 읽기의 장점은 아주 다양하지만 그 중 몇 가지를 소개하면 아래와 같다.

1. 풍부한 영어 어휘력을 쌓을 수 있다.
2. 독해력과 문법실력을 향상시킬 수 있다.
3. 영어식 표현과 논리적 글쓰기 법을 익힐 수 있다.
4. 영어 presentation을 위한 기초소양을 쌓을 수 있다.
5. 수능은 물론, TOEFL, TEPS, TOEIC등 각종 영어시험을 잘 대비할 수 있다.

원서읽기 요령은 아래와 같다.

1. 자신의 수준에 맞거나 혹은 다소 쉽다고 느껴지는 책을 골라라.
2. 책을 읽을 때, 소리를 내서 읽고 좋은 문장은 옮겨 적어 보아라. 특히 초보단계에서는 원어민이 읽어주는 오디오파일을 잘 듣고 난 후 따라서 읽어보아라.
3. 간단한 감상평을 영어로 적어 보아라. 한 줄의 감상평도 영작은 그 의미가 크다.
4. 모르는 단어가 나오면 형광펜으로 표시하고 나중에 반드시 그 뜻을 찾아보도록 하라. 문맥상 추론하라는 얘기를 필자는 별로 좋아 하지 않는다.

'오늘의 나를 있게 한 것은 우리 마을의 도서관이었다. 하버드 졸업장보다 소중한 것이 독서 습관이다.'라고 빌 게이츠가 밝혔듯이 독서는 한 인간에게 다른 시대와 다른 삶을 만나게 해준다. 자녀에게 최고의 선물은 독서습관이다. 자녀의 독서습관은 부모의 독서습관의 환경적 유전이다.

스펙은 무엇인가?

이 글을 읽는 독자들의 나이가 40대 이상 이라면 '스펙spec'이란 용어가 상당히 생소할 것이고, 혹 30대 중반 이전이라면 상대적으로 '스펙'이란 용어가 익숙할 것이다. 원래 구직자들이 이력서의 경력사항에 자신의 능력을 드러내기 위해 사용하던 이 '스펙'이란 용어가 지금은 취업에서 뿐만 아니라 대입제도에서도 중요하게 활용되고 있다.

스펙은 원래 '제품 설명서'라는 뜻을 지닌 영어 단어 'Specification'의 준말이다. 스펙이란 용어는 2004년에 '국립국어원'에 신조어로 등록되었다. 구직자들은 자신의 능력을 드러내기 위한 객관적 근거자료를 제시하기 위해 학력과 학점은 물론, 토익 점수, 그 외 관련 자격증 등의 경력사항들을 취업지원서에 기록한다. 기업들은 지원자들의 스펙사항을 들여 다 봄으로써 원하는 인재를 쉽게 고를 수 있다.

대입 제도에서도 수능성적과 교과 성적 이외의 요소가 대입의 당락을 좌우하는 제도가 도입됨에 따라, 대입을 위한 스펙의 중요성도 증가하고 있다. 현행 입시제도에서 수험생들은 '수능+내신+논술+면접+자기소개서' 등을 준비해야 하는 부담을 안고 있는

데, 특히 입학사정관제의 도입은 대학입시를 위해서 수험생들이 스펙을 준비해야 하는 부담을 가중시켰다.

입학사정관제도의 핵심은 내신 성적과 수능점수만으로는 평가할 수 없었던 학생의 잠재능력과 소질, 가능성 등을 다각적으로 평가하고 판단하여 해당 대학의 인재상이나 모집단위 특성에 맞는 신입생을 선발할 수 있도록 하겠다는 것인데 각 대학마다 상이한 평가기준을 가지고 있어서 차후에 어떤 평가요소로 본인이 지원하는 대학에 진학할지가 분명치 않은 학생들은 저인망식 다각화된 활동을 통해 스펙을 확보해 나가야 하는 게 현실이다.

입학사정관제의 다섯 가지 평가요소는 '학업능력', '전공적합성', '자기주도성과 리더십', '공동체 의식', '문화적 경험의 다양성' 이다. 이중 '학업능력'은 주로 학교의 내신 성적으로 판단이 가능하지만 나머지 요소는 주로 주관적 판단에 근거할 수밖에 없다. 이런 이유 때문에 전공적합성에 관련된 항목은 인증 성적으로, 기타 나머지 항목은 주로 관련 경시대회나 캠프 참여 여부 등을 통해 학생을 선발하는 것이 나름 객관적인 방식이 된 것이다. 이때 부각되는 것이 스펙이다.

학생들의 스펙에서 가장 쉽게 언급되는 것은 영어 인증시험과 각 과목 관련 경시대회 성적이다. 또 '교내외 수상실적'과 '봉사활동'도 중요한 요소이다. 특히 교내외 경시대회 수상실적이 매우 중시되기 때문에 일선 학교에서는 학생들을 위해 온갖 종류의 대회를 일부러 만들어주기도 한다. 인문계열의 학생들에게는 주로 영어경시대회, 논술대회, 토론대회, 백일장 대회가 대표적이며, 자연계열 학생에게는 수학과 과학경시대회, 실험대회 등이 대표적인 것이다. 대학의 입장에서는 수상실적이 많은 학생이 우수한 학생이라는 인식을 가지고 있기 때문에, 해당 대학을 목표로 하는 학생들은 교내외를 막론하고 많은 경시대회에 참가하여 최대한 수상실적을 쌓는 것이 유리하다.

동아리활동 내역과 학내 임원으로 활동했는지 여부도 대입당락에 영향을 미치는 중요 요소가 될 수 있다. 동아리 활동은 자신의 진로와 관련된 열정을 보여줄 수 있는 수단이 될 수 있으며 학교임원으로 활동한 경력은 리더쉽의 실증적 예를 보여줄 수 있는 중요한 스펙의 하나로 여겨진다.

교육부와 대교협은 2014년 3월에 2015년 입시에서는 입학사정관 전형에서도 공인어학성적 등 외부수상 실적은 제출하지 못하도록 정했으며, 그간 자소서와 교사추천서에 외부 스펙을 일부 작성하는 사례가 있었다는 점을 반영해 향후 외부스펙을 작성할 경우 점수를 0점 처리할 것이라고 발표했다. 또 학교장의 참가허락을 받은 대회라 하더라도 경시대회 결과를 기록한 스펙은 0점 처리되며 어학연수 등 공인어학 성적이나 교외 수상실적은 0점 처리를 하지는 않지만 해당 내용을 평가에 반영하지 않는다고 발표했다. 이런 발표가 얼마나 학생들의 스펙열풍을 잠재울 수 있을지는 미지수다. 그리고 필자의 자녀가 대입을 준비하는 입장이라면 당연히 여러 가지 스펙을 최대한 챙기게 할 것 같다.

이 글을 마무리하기에 앞서, 입학사정관제도가 본격 도입되기 이전인 2000년대 초반에 '스펙'을 통해 명문대에 입학한 필자가 알고 있는 재미있지만 조금 씁쓸한 에피소드를 소개한다.

2000년대 초반 서울의 다수 유명 외고에서는 여름/겨울방학을 이용해 10명 내외의 부모들주로 엄마들이 애들을 데리고 미국에 갔다. 미국의 특정 주예를 들어 미국 동부의 매사추세츠 주에 가게 된 그 부모들은 학생들에게 명문 대학 등을 탐방하게 하고, 그곳에서 스스로든 혹은 연결되는 지인들의 도움을 통해서든 기존단체혹은 유령단체를 만들어들에 로비를 하거나 주문을 해서 각종 경시대회를 개최하는 것처럼 꾸며 여러 가지 수상실적을 챙겨왔었다. 예를 들어, '매사추세츠 문인협회 개최 영어 에세이 대회 대상', '매사추세츠주 영어토론회 대상', '보스톤 과학협회 주관 경시대회 금상' 등 이런 식이다.

대학입시에 제출된 이런 대회 입상실적을 당시 국내 대학들은 검증할 능력도 의지도 없었다. 또 국내 대학들의 입장에서 보자면 이런 사회적으로 유력한 집안의 자녀들을 신입생으로 선발하는 것이 장래 해당대학에 끼치게 될 이익 측면에서 전혀 불리할 게 없었다. 이런 편법을 통해 부유하고 영향력 있는 사회유력자들의 자녀들은 남들보다 훨씬 용이하게 명문대에 진학할 수 있었고, 이는 다시 사회의 한정된 노른자위 지위를 더 용이하게 얻게 되는 순환구조를 가능케 했다.

시대가 조금 변한 지금은 이런 극단적인 예는 거의 없다고 보는 것이 합리적이겠지만, 사회가 인식하는 대학의 서열이 명백하고 개인의 학력이 향후 사회적 지위에 지대한 영향을 미치는 우리의 현실에서, 객관적 평가보다 주관적 판단의 가능성을 널리 열어 놓는 대입제도의 확대가 과연 사회적으로 적절한 것인지 재고해 봐야한다. 물론 필자는 명백히 반대하는 입장이다.

대학생과 일반인을 위한 올바른 어학연수법

"어학연수 경험이 있습니까?" 대졸 취업 면접장에서 자주 오가는 질문중 하나다. 1970~1980년대에 대학을 다녔던 사람들과는 달리 1990년대 이후의 대학생들에게 6개월~1년정도의 영어연수 과정은 일종의 의무사항처럼 받아들여지고 있다. 영어라는 과목이 사회진출을 꾀하는 젊은이들에게 얼마나 많은 영향을 미치고 있는지는 본인이 여기서 재론하지 않더라고 우리 사회구성원 대부분이 너무도 잘 알고 있다. 그렇다면, 어차피 보낼 영어연수라면 어떤 어학연수 과정을 선택하는 것이 좋은지를 살펴보자. 여기서 영어권 국가들(미국, 캐나다, 호주, 뉴질랜드, 영국)로 6개월~1년 가량 어학연수를 가는 것을 전제로 하여 몇 가지 조언을 하도록 하자.

첫째, 어학연수를 실행하기 전에 영문법을 일정수준 이상으로 공부하고 정리하도록 하자. 영문법의 체계가 없으면 현지에서 의사소통(쓰기, 듣기, 말하기)의 한계를 절감하게 된다. 물론 높은 수준의 어휘력을 보유하고 있는 경우라면 좋겠지만, 어휘 학습의 범위는 너무 광범위해서 단기간에 해결하기 어렵다. 같은 시간을 투자한다면 영문법을 먼저 정리하고 어느 정도의 자신감을 가지고 가는 것이 좋다.

둘째, 현지의 대학이나 어학원에 등록은 하되, 거주하는 기간 내내 그곳에만 의존 하지는 말라. 현지에서 학원중심으로 공부할 작정이라면 우리나라에서 영어 학원에 다니는 것과 별반 차이가 없을 것이다. 그러니 주말, 혹은 한두 달 정도의 시간을 할애해서 꾸준히 거주지 주변지역을 여행하는 것이 훨씬 더 좋은 어학연수 결과를 얻게 될 것이다. 언어를 배우는 것은 결국은 그들의 문화습관의 일부를 배우는 것이기 때문이다.

셋째, 반드시 현지인의 가정에서 홈스테이를 해보아라. 이 조언은 필자가 제일 강조하고픈 내용이다. 현지의 대학이나 학원이 지정하는 기숙사에 머무는 것이 나쁜 방법은 아니지만 현지에서 홈스테이 가정에서 살아보는 것의 효과는 기대이상으로 크다. 특히 홈스테이 가정을 고르는 방법 중 가장 좋은 것은, 은퇴한 노인 가정을 찾아보는 것이다.

은퇴자 가정을 찾는 것은 예상을 뛰어넘는 많은 이득 준다. 일단 노인들의 집에 머물면 영미권 국가의 삶의 전반적인 모습을 볼 기회가 많아진다. 직장에서 시간을 뺏길 필요가 없는 은퇴자들은 홈스테이 학생과 하루 종일 시간을 보낼 여유가 있어서 어학적이든 문화적이든 훨씬 더 많은 것을 가르쳐 준다. 요리를 함께 하건, 쇼핑을 함께하건 그들은 살아있는 영어를 가장 가까이에서 생생하게 보여주고 자세히 설명해 줄 수 있다. 그들은 우리나라 노인들과는 달리 고등교육자들이 많다. 따라서 그들의 가정에서 홈스테이를 하는 것은 따로 돈을 들이지 않고 가장 편한 개인교사를 고용한 것과 같은 효과를 낼 수 있다. 영미권의 노인들은 주로 연금을 기반으로 생활하기 때문에 우리보다 상대적으로 여유로운 삶을 살고 있다. 그들은 사람과 대화하고픈 욕구가 가득 차 있어서 연수자가 잘만 적응한다면 제2의 가족을 만들 수 있는 좋은 계기가 된다. 여러분의 자녀가 어학연수를 간다고 하면 힘을 합쳐, 그 곳에 거주하는 꽤 괜찮은 노인들을 찾아보아라.

교육의 위대한 목표는 앎이
아니라 행동이다.

– 허버트 스펜서 –

The great aim of education is not
knowledge but action.

– Herbert Spencer –

교육과 입시의 모든 것

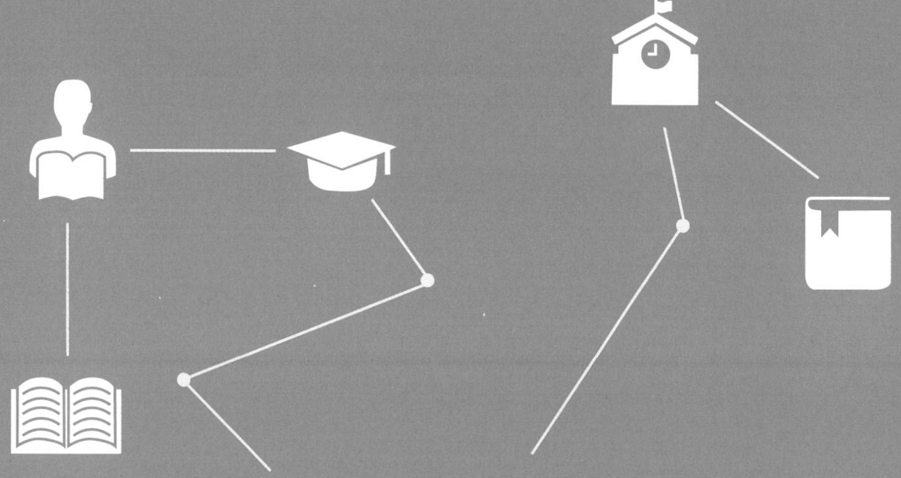

PART 4

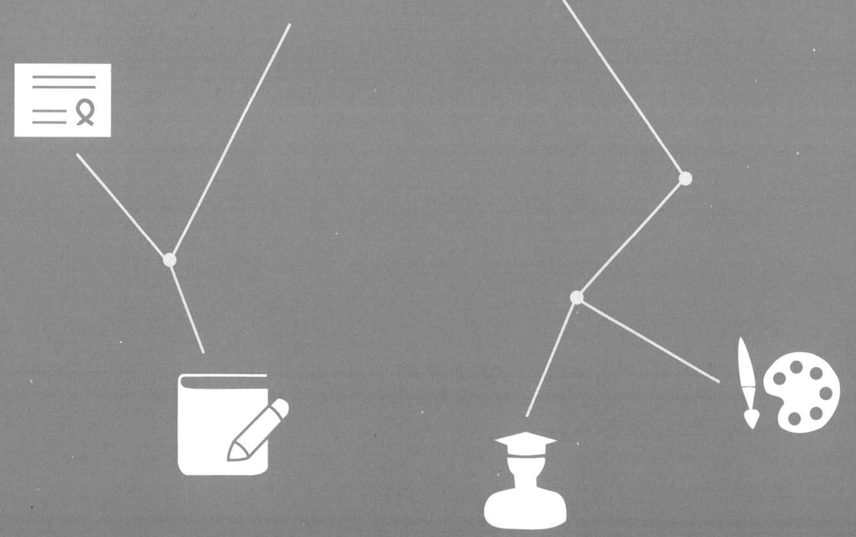

Part 4

수능의 비법

수능의 구성

'대학수학능력시험'(大學修學能力試驗, CSAT, College Scholastic Ability Test)은 1994학년도부터 기존의 대입학력고사를 대체하여 대학입시에 도입된 제도이다. 대학수학능력시험이라는 용어는 '대학에서 수학할 수 있는 능력을 평가하는 시험'을 의미한다. 이를 줄여서 일반적으로 '수능'이라고 불린다. 수능 시험은 그간 주로 매년 11월 셋째 주 목요일에 시행되어왔다.

수능시험 과목은 국어, 영어, 수학, 사회탐구, 과학탐구, 제2외국어(직업탐구), 한국사로 구성되어 있다. 이중 대입에 관건이 되는 시험과목은 국어, 영어, 수학 그리고 계열별 탐구영역이다.(문과는 사회탐구, 이과는 과학탐구) 이중 최상위권 학생들은 소위 [3+1](국/수/영+탐구)을 공부하고 중위권 학생들은 [2+1](문과, 예체능: 국어+영어+사탐/이과: 수학+영어+과탐)을 선택해서 공부하는 것이 일반적이다.

수능 과목별 세부사항

교시	영 역	문항 수	시험시간(분)	배점(점)	비 고	
1	국어 (A/B형)	45	80	100	A형	화법과 작문I, 독서와 문법I, 문학I
					B형	화법과 작문II, 독서와 문법II, 문학II
2	수학	30	100	100	A형 (문과)	수학I, 미적분과 통계 기본
					B형 (이과)	수학I, 수학II, 적분과 통계, 기하와 벡터
3	영어	45	70	100	듣기, 17문항 + 읽기 28문항	
4	사회탐구 (10과목 중 최대 택 2)	과목당 20	과목당 30 (최대 60분)	과목당 20	생활과 윤리, 윤리와 사상, 한국사, 한국지리, 세계지리, 동아시아사, 세계사, 법과 정치, 경제, 사회-문화 (10과목 중 최대 택2)	
	과학탐구 (8과목 중 최대 택 2)	과목당 20	과목당 30 (최대 60분)	과목당 20	물리I, 화학I, 생명과학I, 지구과학I, 물리II, 화학II, 생명과학II, 지구과학II (8과목 중 최대 2택)	
	직업탐구 (5과목 중 택 1)	과목당 40	과목당 60	과목당 40	농생명 산업, 공업, 상법정보, 수산-해운, 가사-실업 (5과목 중 택1)	
5	제2외국어/한문 (제2외국어 8과목 및 한문 I 중 택 1)	과목당 30	과목당 40	과목당 30	독일어I, 프랑스어I, 스페인어I, 중국어I, 일본어I, 러시아어I, 아랍어I, 기초 베트남어, 한문I (9과목 중 택1)	

2014년도 대학수학능력시험 성적통지표(예시)

수험번호	성 명		주민등록번호	출신고교 (반 또는 졸업연도)		
12345678	홍 길 동		950905-1234567	한국고 (0009)		
구 분	국어	수학	영어	과학탐구		제2외국어/한문
	A형	B형	B형	물리 I	화학 I	일본어 I
표준점수	131	137	141	53	64	69
백분위	93	95	97	75	93	95
등 급	2	2	1	4	2	2

2013. 11. 27.

한 국 교 육 과 정 평 가 원 장

등급제도

2002학년도 대학수학능력시험부터 성적표에 그동안 표기했던 총점 대신 새로 등급을 표기하였다. 다음의 비율을 표준으로 하여 9등급을 산출한다.

등급	1	2	3	4	5	6	7	8	9
비율	4%	7%	12%	17%	20%	17%	12%	7%	4%
누적 비율	4%	11%	23%	40%	60%	77%	89%	96%	100%

수능 9등급제를 교육학적인 용어로 '스태나인stanine 방식'이라고 부른다. 스태나인은 stand와 nine의 합성어로서 '9개의 유사한 집단이 있다'는 뜻이다. 제2차 세계 대전 중, 사병들의 임무 부여를 위해, 미 공군에서 최초로 개발한 평가 · 분류 방식이다. 수능 9등급제의 근간인, 스태나인 방식은 기본적으로 정규분포 형태로, 수험생을 분류하고 배점하는 구조다.

2005~2007학년도 대학수학능력시험에서는 그동안 공개해왔던 원점수를 공개하지 않는 대신, 등급 경계 표준점수와 백분위가 공개되었다. 2008학년도 대학수학능력시험에서는 잠시나마 표준점수와 백분위 표기가 사라지고, 등급만 단독으로 표기되었다. 등급제 수능 만점자 또는 동점자가 많은 과목에서 상위 11% 수험생까지 모두 1등급을 받고, 2등급을 받는 수험생이 사라지는 '등급 블랭크'현상이 논란이 되기도 하였다. ※등급 경계선에 놓인 점수는 상위 등급을 부여하는 것이 원칙이다. 2009학년도 대학수학능력시험부터는 2005~2007학년도처럼 다시 표준점수, 백분위가 다시 기재되었다.

표준점수

원점수가 평균으로부터 얼마나 떨어져 있는가를 기준으로 조정한 점수이다. 표준점수는 주로 상위권 대학의 국영수 과목 전형에 사용된다. 표준점수제는 1999학년도 탐구영역 선택과목과 동시에 도입되었으며, 2005~2007학년도에 원점수를 없애고 표준점수, 백분위, 등급만 기재했으며, 표준점수와 백분위는 2008학년도에 잠시 사라졌다가 2009학년도부터 다시 수능시험 성적표에 표기할 때 수능등급 외에 표준점수와 백분위가 같이 나온다.

매 시험마다 시험의 난이도는 달라지기 마련인데, 원 점수만 사용하게 되면 같은 원점수임에도 불구하고 불이익을 받는 수험생이 생긴다. 따라서 이러한 불이익을 방지하기 위해 매 시험의 난이도를 반영하여 계산한 점수인 표준점수를 사용하게 된다.

이러한 편차치 z 점수인 표준점수는 모든 응시자가 모두 채점된 후 각 개인 응시자가 전체 순위 중 어디쯤에 위치하는지를 알려줄 수 있는 상대평가점수이며 수능시험을 주관하는 한국교육과정평가원에서 백분위 점수, 9등급 점수와 함께 성적표에 공개하게 된다. 이것은 일본에서 쓰이고 있는 편차치 t 점수와 유사한 것이다.

표준점수 환산방식

① 국영수 표준점수 환산 공식: $\frac{(X-m)\times 20}{\sigma}+100$ - 최고점은_점

② 탐구과목 표준점수 환산공식: $\frac{(X-m)\times 10}{\sigma}+50$ - 최고점은_점

백분위

백분위는 응시학생 전체에서 자신보다 낮은 점수를 받은 학생 집단의 비율을 수치로 나타낸 것이다. 백분위는 주로 탐구과목 전형에 사용되며, 백분위를 높이려면 응시생이 많은 대중적 과목을 선택한 것이 유리하다.

백분위 환산 공식

$$\frac{(\text{수험생의 표준점수보다 표준점수가 낮은 수험생의 수})+(\text{동점자수})\div 2}{\text{해당영역(과목)의 수험생 수}} \times 100$$

참고로 2013년 수능에서 수능 만점자는 6명이었고, 2014학년도 수능의 경우 수능 만점자가 33명이 배출되었다. 이중 인문계 학생이 32명이고 자연계 학생은 1명이었다.

수능 영어점수의 비밀

수능이 실시된 이래로 영어 과목은 그 이름영어와 외국어은 물론 문항과 배점까지 꽤 많은 변화를 겪어왔다. 수능영어의 역사를 간략히 소개한다.

등급	94~96 수능	97~00수능	01~04수능	05~13수능	2014수능~
문항수	55	55	50	50	45
시험시간(분)	70	80	70	70	70
배점	40	80	80	100	100

입시제도가 학력고사에서 수능으로 바뀌면서 가장 난이도가 폭락한 과목이 영어외국어영역였다. 수능도입과 함께 영어영역이 갑자기 쉬워졌던 이유는 수능도입 첫해에 영어시험의 출제 범위가 고1 영어수준까지였고, 고2~3 과정에 대한 시험은 대학별 고사본고사에서 실시하려는 의도 때문이었다. 하지만 1995학년도 수능에서 한 차례 대학별 고사를 실시한 이후 당시 김영삼정부는 대학별 고사의 폐해를 우려해 대학별 고사를 폐지했다. 따라서 수능 영어 시험은 난이도를 보정하지 않은 채 고1 수준이 계속 유지됨에 따라 대입과목 중에서 수험생들이 가장 우습게 여기며 경시하는 과목이 되었었다.

특히 6차 교육과정1999학년도~2004학년도에서 영어의 난이도는 더욱 더 낮아졌다. 실제로 당시 영어 과목은 만점자나 1문제 틀린 학생을 양산하는 변별력이 전혀 없는 과목이었다. 특히 영문법 출제의 비중이 점점 낮아져서 영문법을 전혀 공부하기 않고 단어만 암기해서 영어시험을 치르는 풍조가 만연했던 시기였다. 그래서 당시 공부를 열심히 한 중1~2학생들이 수능문제를 풀어 봐도 상당히 높은 점수를 받을 수 있었고, 이에 고무된 부모들은 자녀들의 영어 실력을 크게 오판하던 시기였다.

그 후 '선택과 집중'을 모토로 하는 7차 교육과정2005학년도~2011학년도이 실행되면서부터 영어시험의 난이도는 점차 상승했다. 이는 초등학교 3학년 때부터 영어를 공부한 학생들이 수능을 치르게 되는 상황에서 영어 과목의 난이도가 그대로 유지될 수 없는 상황이 한 이유이기도 했다. 다른 과목들의 난이도 역시 6차 교육과정에 비해서는 대체로 올라간 편이었지만, 특히 영어과목은 7차 교육과정이 되면서 가장 어려워진 과목으로 꼽힌다.

특히 2009년도 수능부터 난이도가 급격히 상승했으며, 2010년과 2011년에 그 상승세는 이어졌다. 지문의 추상성 증가, 어휘 수준의 상승, 지문의 길이 증가 등 영어시험을 위한 모든 요소가 복합적으로 작용하여 2011년 수능 영어는 역대 수능시험가운데 가장 어려웠던 시험으로 여겨지고 있다. 당시 수험생들에게는 빈칸 추론문제당시 총 50문항 가운데 7문항가 특히 어려워서 2011년 수능 26번의 경우 그 문제의 정답률이 13%에 그치는 상황도 발생했었다.

시험의 난이도에 따라 A, B형으로 분리 실시된 2014학년도 수능에서는 1등급 컷이 B형은 93점, A형은 95점으로 나타났다. 2015학년도부터 수능은 다시 A, B형 분리제도가 사라지게 되어 다시 통합된 영어시험을 모든 수험생이 치르게 된다.

현장에서 영어를 가르치는 필자의 입장에서 보는 수능영어 과목의 특징 및 개선제안을 몇 가지 언급하고자 한다.

1. 수능 영어 1등급은 여타 과목의 1등급을 받는 학생과 다른 경우가 많다.

다른 과목들과는 달리 영어는 천재들의 과목이 아니다. 수학이나 과학 등의 과목은 천재적 재능을 가진 친구들이 유리하지만, 영어는 '경험치=실력'이 되는 과목이다. 특히 어릴 때 영어를 모국어 환경에서 접한 학생들이나 학부모가 어릴 때 영어에 투자를 많이 해온 학생들에게 절대 유리한 과목이다. 영어학습의 효과는 단기적으로 나타나지 않고 장기간의 투자 혹은 영미권에서 생활했던 경험의 결과가 두드러지는 과목이다.

전국의 수능 수험생을 65만 명으로 추산한다면, 수능영어 1등급에 속하는 4%의 학생들은 26,000명이다. 2011년 기준 전국 2,282개교를 기준으로 한다면 각 학교당 11.3명의 1등급 학생이 배출되어야 한다. 하지만 전국에는 2014년 현재 31개 외고가 있고 한 학년에 7,900명가량의 외고 재학생들이 있다. 한국교육개발원의 2008년 연구에 따르면 외고생들의 수능 영어과목 성적은 일반학교에 비해서 평균 2.5등급의 차이가 나게 우수한 것으로 나타났다. 즉 일반학교 학생들이 평균 4.5등급을 받을 때 외고생들은 2등급의 성적을 받는 다는 것이다. 이는 놀라운 차이다. 전국의

'외고생 + 과고생+비평준화 지역의 지방 명문고+강남일대의 명문고'들을 고려한다면 일반고 학생들이 수능영어 1등급에 진입하는 것이 말처럼 쉬운 것은 아니다.

교육과정평가원이 수능시험에서 영어 과목의 난이도를 높이면 영어가 너무 어렵다는 얘기가 나오고, 그 반대로 난이도를 낮추면 점수의 인플레이션이 심해서 변별력이 없어진다고 난리다. 실제로 교육당국은 매년 수능시험의 난이도 조절에 실패하고 있고, 영어 과목의 경우 어떤 난이도의 시험을 출제하더라도 교육당국의 기대(?)와는 달리 정답을 잘 찾아내는 원어민 수준의 학생들이 점점 늘어 가는 것이 그 한 이유인 것처럼 보인다. 수능영어 점수는 타 과목에 비해 부모의 부와 학력수준이 자녀의 성적에 영향을 크게 미치는 가장 대표적인 과목이라고 할 수 있다.

2. 수능시험에서 영어듣기의 확대를 반대한다.

현재 수능영어 과목은 듣기 17문제와 읽기 28문제로 구성되어 있다. 한때 정부는 수능과목에서 영어 듣기를 총 배점의 50%까지 올리겠다고 발표했었고, 또 수능을 NEAT National English Ability Test: 국가영어능력평가시험로 대체하겠다는 발표까지 했었지만, 현재는 앞의 발표들을 모두 백지화한 상태다. 교육당국의 대입정책의 발표가 너무 쉽게 나왔다가 백지화돼서 수험생이나 학부모들에게 혼란을 야기시키는 것도 문제지만, 국가 주관 영어 시험에 듣기 점수를 더 많이 배정하려는 움직임도 큰 문제라고 생각한다.

나름 유학경험이 있는 필자가 영어 학습에서 LC Listening Comprehension 공부의 중요성을 잘 알고 있지만, 국가시험에서 듣기배점을 자꾸 높이는 것은 시골보다는 도시학생, 도시학생 중에서도 서울의 강남권 학생들에게 지극히 유리한 제도가 될 가능성이 크기 때문이다. 듣기실력은 영어 과목의 평가요소 중에서 특히 실제 원어민과의 대화 경험이 많거나 고학력 부모가 어릴 때부터 자녀에게 영어듣기를 많이 시킨 학생들에게 절대 유리하게 작용한다.

비록 부모의 교육수준이나 경제적 지위가 낮더라도 학문에 재능을 가진 우수한 학생들이 듣기문제의 확대 때문에 겪게 될 불이익을 심화시킨다면 이는 교육적 연좌제에 다름없다. 또 대학들이 입학사정관제도라는 미명하에 알게 모르게 확인하고 있는 각종 영어 인증시험 TOEFL, TEPS, TOEIC 등의 대입 반영도 같은 이유로 필자는 반대한다.

어차피 사회에 진출하면 영어실력, 특히 영어를 말하고 듣는 능력의 차이 때문에 사회적 기회가 편향적으로 주어진다. 하지만, 그렇다 하더라도 대학입시를 준비하는 학생들이 부모의 능력에 따라 제도적으로 차별과 불이익을 받는 것을 국가제도가 조장하지는 말아야 한다는 것이 필자의 주장이다.

3. 수능영어 시험이 EBS교재와 연계되는 것에 반대한다.

교육과정평가원은 수능영어 시험 문제를 EBS가 출간하는 교재와 연계하여 출제하고 있다. 사교육의 폐해를 줄여보려는 교육당국의 고민의 일단을 필자도 이해하지만, 그렇다고 해서 수능문제의 지문을 EBS교재에서 발췌하거나 동아여 베껴서 출제하는 것은 지극히 비교육적이며 기대와 다른 역효과를 내고 있다. EBS 교재와 연관되어 출제되는 수능 영어시험의 문제점은 다음과 같다.

첫째, 수능시험에서 EBS 내용의 지문이 발췌 인용되다 보니 수능시험이 학생들의 진짜 영어 실력향상을 유도하거나 테스트하지 못하고 EBS 지문 내용을 얼마나 잘 암기했는지를 평가하는 시험으로 왜곡되고 있다. 실제로 많은 중하위권의 수험생들이 수준에 맞는 영어 교재를 골라 자기 수준에 맞는 효과적인 영어공부를 하는 것이 아니라 획일적 수준과 내용이 담긴 EBS교재에 실린 답지의 해석 지문을 암기하여 수능시험장에 가는 일이 허다하게 발생하고 있다.

둘째, EBS교재를 연계하여 수능영어시험을 출제하는 것은 교육의 다양성과 수험생의 선택권을 저해한다. 만일 EBS가 아닌 다른 출판사의 교재에 나온 지문과 같거나 유사한 지문이 수능지문으로 등장한다면 이는 큰 사회적 문제가 될 것이다. 하지만 EBS가 공영기관이라는 이유로 별다른 비판적 성찰 없이 이런 일이 방기된 채 진행되고 있다.

또 학생이나 선생에 따라 선호하는 공부방법과 교재가 다를 수 있는데, 수준과 취향 및 환경에 관계없이 수험생은 무조건 EBS가 정하는 기준을 따라야 한다는 것은 전체주의적 발상이다. 그리고 일선 교육현장에서 교과서는 무시되고 EBS교재가 교과서를 넘어

선 유일한 수험교재의 지위를 점하고 있는 것은 정말 우스운 일이 아닐 수 없다.

셋째, EBS교재 연계가 다른 출판사들의 좋은 교재와 문제를 개발하려는 의지를 꺾고 있다. 건강한 자본주의에서 자유로운 경쟁이 보장되지 않고 독점적 시장이 형성되면 이는 재앙에 가까운 결과를 야기 시킨다. 독과점은 필연적으로 제공하는 재화와 서비스의 질을 떨어뜨리기 마련이다. 경쟁자가 없는데, 그 누가 혁신을 추구하고 원가절감의 노력을 기울이겠는가? EBS 교재에서 드러난 오류는 매년 계속되고 있다. 필자는 EBS가 소외된 계층을 위한 사교육의 보완재로서 기능하는 것에 전혀 반대하지 않는다. 하지만 EBS이외의 어떤 교재나 강의도 시장에서 허용하지 않겠다는 태도는 교육독재나 마찬가지이다.

영어 조로현상

필자에게 고2이나 고3 자녀를 둔 부모들이 자주 상담을 하러 오곤 한다. 그 중 자주 반복되고 아주 주목할 만한 영어 상담의 내용을 하나 소개하도록 하자.

■ **상담사례**

학부모: 고2인 우리 애는 초등학교 5,6학년 무렵 미국에서 1,2년 정도 공부하고 돌아와서 지금까지 영어공부를 잘 했었는데, 요즘 갑자기 모의고사 영어 성적이 잘 나오지 않습니다. 고1 때는 모의고사에서 늘 100점을 받았는데, 요즘은 95점 이하로 떨어지고 있어요. 뭐가 문제인가요?

필자: 결론적으로 말하면 이런 학생들이 수능에서 만점을 받거나 1등급을 유지하는 경우는 극히 드물다. 이런 학생들의 특징은 영어를 감에 의존하려하고 문법공부를 등한시 하는 경향이 강하며, 어휘암기도 우리말로 정확히 암기하지 않고 대강의 뜻만을 이해하면서 공부하는 경우가 많다.

이런 학생들이 고1때나 고2초반의 영어 모의고사까지는 좋은 성적을 내는 것이 그리 어려운 일은 아니다. 왜냐면 이미 초6이나 중1무렵에 고1,2 수준의 영어실력에 도달해 있었기 때문이다. 하지만 이런 학생들은 〈표1〉에서 보듯이 그 수준이 별다른 발전없이 고3이 된다. 이런 학생들이 전반적으로 영어공부를 안 하는 것은 아니다. 다만 영어 공부를 자신의 방식대로 하고 사교육을 받고 있다 할지라도 그 수업에 잘 집중하지 않고 또 영어보다는 다른 과목에 더 많은 시간과 에너지를 집중하는 경향이 크다. 좀 더 쉽게 말하면 영어 선생님들의 설명이나 주변 학생들을 좀 우습게 여기면서 자기 혼자만의 방식으로 영어공부를 해나가는 성향이 강하다.

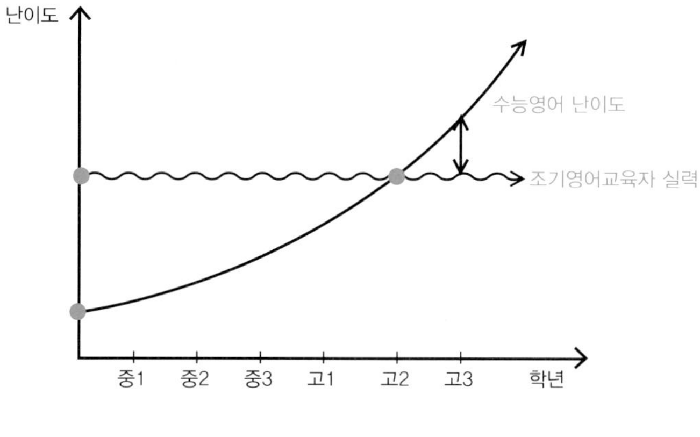

〈표 1〉 조기영어 교육의 함정 1

이런 학생들은 고3 이 되기 훨씬 전에 TEPS나 TOEFL 등의 문제를 접했을 가능성이 크기 때문에, 심정적으로 고3 영어모의고사 자체를 그리 대단하게 여기지 않는다. 하지만 이런 태도는 대단한 착각이다. 2011년 이후 고3 영어모의고사의 지문은 TEPS나

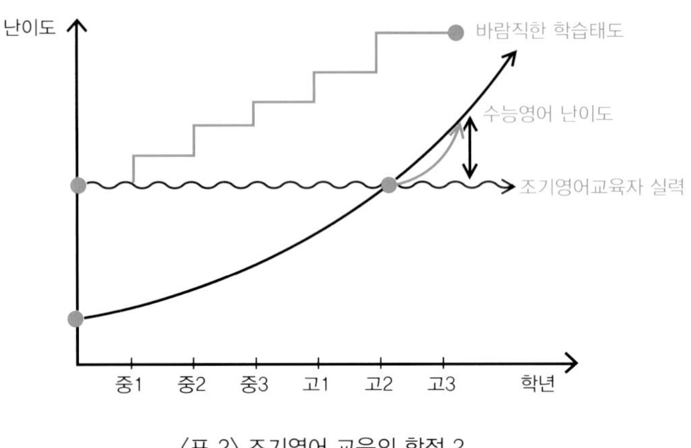

〈표 2〉 조기영어 교육의 함정 2

TOEFL 등의 독해 난이도를 넘어서는 경우가 허다하기 때문이다.

이런 학생들 중 다수는 문법을 체계적으로 배운 적이 없다. 그래서 문법문제도 감으로 해결하려고 하고 좀 더 깊이 있는 문제나 함정을 파 놓은 문제는 쉽게 놓치게 된다. 이런 친구들이 문법문제의 정답을 찾는 경우에도, '왜 그게 정답이니?'라고 물으면 '그냥 그게 이상 한데요!'라고 말하는 경우가 흔하다. 부모들의 입장에서 보자면 그게 진정한 영어실력이라 생각할지 모르지만, 실제로 학식이 높은 원어민들의 경우 왜 그 문법이 틀렸는지를 명확하게 설명할 줄 안다.

더 큰 문제는 이런 학생들의 어휘력에 있다. 이런 학생들이 어린 시절에 현지에서 접한 어휘는 추상적 관념어 보다는 실생활에 쓰이는 구체적인 단어였을 가능성이 크다. 하지만 수능문제가 어려워지면서 점점 추상적 관념어의 등장이 빈번해 지고 있다. 이런 학생들은 이런 추상적 관념을 다루는 단어들을 잘 모르는 경우가 많다. 또 한 단어에 대한 다양한 쓰임을 모르는 경우도 많다.

예를 들어, 'contract'라는 단어가 지문에 등장했다 하자. 이런 학생들은 거의 대부분 어릴 때 배웠던 '계약서하다'의 의미만 알고 있는 경우가 많다. 하지만 이 단어는 '수축시키다'혹은 '질병에 걸리다'의 뜻으로 쓰이는 예가 많다. 하지만 어릴 때 영어공부를 좀 한 학생들은 지문을 쭉 읽어 가면서 이 단어가 '질병에 걸리다'의 뜻으로 쓰였음에도 자신이 알고 있는 '계약서'에 관한 뜻으로 이해를 하고 나중에 그 문제를 틀린 것을 확인 한 후에도 그 틀린 부분을 찾아서 교정하고 새로 추가된 뜻을 학습하기 보다는 본인이 그냥 실수했다고 여기고 지나치는 경우가 많다.

위에 있는 〈표2〉에서 보듯이 이런 학생들이 다시 성적향상의 선에 합류하는 것은 지극히 드물고 힘들다. 아니 거의 불가능에 가깝다. 이런 학생들은 그간 굳어진 화석화된 공부의 습習대로 가는 관성의 영향 하에 있다. 이들이 굳게 믿고 있던 영어 과목의 배신은 이들에게 깊은 좌절을 느끼게 하고 다른 과목공부에 까지 악영향을 미치는 경우가 많다.

이런 학생들일수록 중2~3무렵에 문법과 어휘를 체계적으로 점검해야 한다. 이런 학생들이 그간의 노력과 투자에 비례하는 만족스러운 수능점수를 받기 위해서는 수능문제집을 잘 풀어본 후에 틀린 문제나 이해 안 되는 부분에 대한 정밀한 review를 하는 습관을 들이는 게 꼭 필요하다. 고2때부터 한 두 문제씩 틀려나가기 시작하는 영어시험은 가장 자신있는 과목에서 역으로 가장 공포스러운 과목으로 급변한다. 그리고 그 영향은 다른 과목에 까지 악영향을 미치게 된다. 어릴 때 영어 좀 했다고 깝치다 큰코다친다.

수능/내신– 고교 등급제는 소고기 등급제가 아니다

'그래?! 수능 1등급이 그렇게 어려운거야?' 이 대답은 본인이 이 글을 쓰기 얼마 전에 기회가 되어 고교동기들을 모아놓고 입시에 관한 기본적인 설명회를 하면서 들었던, 아주 일반적인 반응이다. 이 글을 읽고 있는 독자들이 아마 자녀 교육에 대한 관심이 일반적인 학부모에 비해 더 높다고 가정하더라도, 정확한 등급제의 기준을 아는 사람은 그리 많지 않을 것이다.

수능/내신 등급제

입시에서 활용되는 등급제는 우리가 고깃집에서 접하는 소고기 등급제와는 완전히 다른 것이다. 현재 유통되는 소고기는 1^{++}, 1^{+}, 1, 2, 3등급으로 분류된다. 이중 1등급 이상의 소고기는 그 비율이 80%이상이다. 그럼 우리 학생들에게 수능내신 1등급의 의미는 어떠할까? 앞 장 '수능의 구성'에서 설명했듯이 수능과 내신 등급은 '스태나인'stanine 방식을 적용하고 있다. 아래의 표를 보자.

등급	1	2	3	4	5	6	7	8	9	응시생
비율	4%	7%	12%	17%	20%	17%	12%	7%	4%	
누적 비율	4%	11%	23%	40%	60%	77%	89%	96%	100%	
학생수	26,030	45,556	78,090	110,628	130,150	110,628	78,090	45,556	26,030	650, 752
누적	26,030	71,586	149,676	260,304	390,454	501,082	579,172	624,728	650,758	

* 2014년 수능 총 인원수 650,752

재학생 509,085(78.20%) 재수생 127,635(19.60%) 검정고시 등 14,032(2,20%)

남 342,779(52.70%) 문과/예체능 약 60%

여 307, 973(47.30%) 이과 약 40%(추정)

이제 산술적 계산을 몇 가지 해보자. 예를 들어 수능 영어 과목에서 1등급을 받으려면 반에서 몇 등, 그리고 전교에서 몇 등 안에 들어야할까? 한반의 인원이 30명이고 10개 반으로 구성된 학교라 가정할 때 1등급을 받기 위해서는 반에서 1.2등 학교에서 12등 안에 들어야 한다. 전국 65만 명 가운데 2만 6천등 안에 드는 것은 얼핏 쉬워 보이지만, 반에서 1.2등하는 것이 그리 쉽지 않은 것은 이 글을 읽는 독자들이 학창시절에 반에서 5등정도 안에 들었던 학생들의 성적이나 그들의 학습태도가 얼마나 성실 했었는지를 기억해 본다면 반에서 1,2등을 하는 것이 얼마나 어려운 일인지를 짐작해 볼 수 있을 것이다.

대입 수능 등급제

노무현 정권시절이었던 2008학년도 대학입시에서는 수능등급제가 실시됐다. 수능등급제의 시행 취지는 학생들의 수능부담을 완화시켜주겠다는 숭고한 것이었다. 그렇다면 그 결과는 어떠했을까? 거의 완전한 실패였다. 자, 단순 가정을 해보자. 수능등급제를 시행하는 해에, 여러분의 자녀가 영어 과목에서 100점 만점 가운데 94점을 받아 단 1점 차이로 2등급을 받아서 상위 4%당시 1등급가 아닌 상위5%의 범위에 해당하는 점수를 받았다면, 여러분의 자녀는 5%~11%의 중간에 해당하는 8%의 성적을 인정받는다. 이 학생은 단 1점 차이로 상위 4%에 속했던 학생이 받는 상위 2%와 엄청난 차별을 받게 됐던 것이다.

만일 이런 일이 국영수 세과목 모두에서 발생했다면, 이 학생이 받는 불이익의 총합이 얼마나 컸겠는가! 또 대학들은 94점 받은 학생과 85점 받은 학생을 동일 시 해야 한다면, 다른 평가의 잣대를 가지고 그 학생을 또다시 판단하려 하지 않을까? 그리고 그 판별의 잣대가 학력이 아닌, 부모의 사회적 지위나, 부 혹은 학생의 외모 등 학력 이외의 요소에 의해 좌우된다면 단순 점수로 학생의 능력을 판별하는 것보다 공정하다고 과연 말할 수 있을까?

고교등급제

고교등급제는 대학당국이 고교 간에 존재하는 학력 격차를 인정하고, 과거 졸업생의 성적을 토대로 전국의 고등학교 서열을 공식적으로 인정하자는 것이다. 이에 대한 사회적 시각은 크게 '기능론적 시각'일부 상위권 대학과 보수 쪽 시각과 '갈등론적 시각'중하위권 대학과 진보 쪽 시각으로 나뉜다.

기능론적 시각에 따르면, 우리나라 고교간에 엄연히 존재하는 학력격차를 인정하고 이를 대학 입시에 반영하자는 주장이다. 우리가 일반적으로 학력차를 인정하는 특목고가 아니더라도 일반 고등학교 사이에서도 수준차이가 있는 게 사실이다. 특히 지방에는 아직까지도 비평준화 지역이 있어서 소위 비평준화지역의 명문고라는 것도 있다. 전국의 천재들이 모였다는 과고에서 반에서 10등하는 학생과 전국에서 가장 학력이 떨어지는 학교의 반 10등 학생이 동일한 잣대로 평가를 받는 다는 것은 불합리하다는 것이 이들의 시각이다.

반면 갈등론적 입자에서 보자면, 고교등급제는 학교가 사회의 기존질서를 공고히 하고 이를 재생산함으로써, 지배계급의 이익에 종사하고 이를 영속화 시킨다는 주장이다. 좀 더 쉽게 말하면, 사회적 부의 불평등에 의해 야기된 지역, 학교간의 학력차를 인정하고 이를 대학입시에 반영한다면 개천에서 용이 나는 일은 더욱 어려워질 것이라는 시각이다. 과고에서 반에서 10등하는 학생과 학력이 떨어지는 학교의 반에서 10등하는 학생이 동일한 취급을 받는 것이 열악한 환경 속에서 공부하는 학생들에 대한 사회적 배려하는 관점이다.

문제는 이 고교등급제를 일부 대학들이 암암리에 활용하고 있다는 것이다. 사회적 공론의 장에 나오지 못한 채 암시장에서 물건이 거래되는 것처럼 적용되고 있는 고교등급제문제. 이 문제에 대한 찬반을 본 필자는 주장하지 않겠다. 하지만, 이 문제를 어떻게 봐야 할지 이 글을 읽는 독자스스로 고민해 보고 판단해 보도록 양측의 주장을 실었다는 점을 밝혀둔다.

쉬운 수능은 누구에게 유리한가?

대입수능문제를 출제하고 관리하는 한국교육과정평가원이 매년 3월경이 되면 발표하는 내용 중의 하나가 '쉬운 수능 출제 방침'이다. 교육과정평가원이나 정부당국의 의도는 이런 쉬운 수능출제를 통해 수험생들의 과도한 학습 부담과 사교육비 부담을 덜 수 있을 것이란 인식을 학부모들이나 수험생들에게 심어주고자 하는 것이다.

필자의 기억으로는 교육과정평가원이 수능을 출제한 이래로 지금까지 단 한 번도 수능을 어렵게 출제하겠다는 방침을 밝힌 적이 없다. 교육과정평가원이나 교육당국의 수능에 대한 방침은 늘 '쉬운 수능'출제다. 그렇다면 수능은 실제로 쉽게 출제되고 있고, 설령 수능이 쉽게 출제 된다하더라도 그 이득이 오롯이 수험생들에게 돌아가고 있는가?

수능 난이도는 매년 논란이 반복되는 문제로, 수능이 쉬우면 변별력 부재에 대한 논란이, 수능이 어려우면 어려운대로 수험생의 과도한 학습 부담과 사교육 유발 등에 대한 논란으로 이어져왔다. 필자의 기억으로는 수능이 쉬워지는 해(소위 물수능이라 불리는 해)에는 오히려 재수생 숫자가 대폭 증가하는 현상이 나타났었다. 그 반대로 수능이 어렵게 출제된 해에는 수험생들이 재수를 기피하고 수능 성적에 맞춰 대학에 진학하는 현상이 일반적으로 나타났었다. 수능이 쉬워지면 수험생들은 '아! 조금만 더 공부하면 훨씬 더 좋은 성적을 받을 수 있어!' 라는 막연한 환상을 심어주는 시험이 되었다.

우리의 수능시험은 기본적으로 대학입시를 위한 제로섬게임 Zero-sum Game:(게임의 이론 등에서 한 쪽의 득점[이익]이 다른 쪽에 실점[손실]이 되어 플러스 마이너스 제로가 되는 을 위한 시험이다. 유럽 평준화된 대입제도에서는 대입시험에 절대평가가 도입될 수도 있지만, 사회적 상황이 다른 우리의 대입시험은 불가피하게 상대평가가 될 수 밖 에 없다.

만일 수능시험의 영어 과목에서 시험내용이 너무 쉬워서 한반 30명의 학생 중에서 10명 정도의 학생들이 수능만점을 받는다면 그 시험은 시험의 역할을 할 수 있을까? 너무 과장하지 말라고? 실제로 지난 2005 수능 때 윤리, 한국지리, 생물I 과목, 2006 수능 물리I에서 각각 등급 블랭크 현상 9개 등급 중 나오지 않는 등급이 있는 것 이 나타났었다. 이런 등급블랭크 현상이 과해지면 수능시험은 결국 변별력을 크게 상실하게 된다.

수능의 변별력이 없어지면 대학의 선택이 무엇일지는 명약관화하다. 전국의 거의 모든 대학들은 그 전해보다 더 우수한 학생을 선발하기 위한 묘안을 만들어 낼 것이고 이는 또 다른 입시부담으로 이어진다. 실제로 수능의 변별력을 문제 삼아서 소위 명문대들은 대학본고사의 도입을 강하게 주장해 왔고, 교육당국과 여론에 밀린 대학들은 논술, 구술, 적성 검사 등의 이름으로 유사 본고사를 실시하고 있는 것이 현실이다.

수능시험이 쉽게 출제되면 나타나는 또 하나의 부작용은 내신의 비중이 원래 의도보다 훨씬 더 커진다는 것이다. 내신의 비중이 적정선에서 유지되는 것은 교육적으로 바람직한 효과를 거둘 수 있다. 왜냐하면 학생들이 학교수업에 좀 더 집중하고 학교생활을 좀더 모범적으로 할 수 있도록 이끄는 유도장치가 된다. 하지만, 작금의 사교육의 비중을 가장 많이 차지하는 항목이 바로 내신대비 수업이다. 내신 성적은 학교 VS 학생-학원선생 연합팀의 게임이 된지 오래다.

또 내신 성적의 비중이 적정선 이상으로 커지면 과고와 외고 등 소위 우수한 학생들이 다니는 학교의 학생들의 불이익이 커진다. 과고나 외고에 진학하여 수월성교육을 받으면 내신의 불리정도는 감수해야 한다는 주장이 일을 수 있지만, 이런 이유 때문에 대학들은 고교등급제 등을 실시하고 나와 별 관계가 없는 선배들의 실력이 나의 입시결과에 영향을 미치는 악순환의 고리가 형성된다.

여기서 필자가 쉬운 수능에 대한 비판의 강도를 제아무리 높인다 해도 쉬운 수능을 출제하겠다는 교육당국의 발표는 매년 계속될 것이다. 그리고 EBS는 계속해서 EBS만 열심히 보면 모든 수험생이 수능을 잘 볼 수 있다고 주장할 것이다. 필자가 이글을 읽는 독자들에게 하고 싶은 얘기는 그런 정부의 발표에 쉬 넘어가지 말라는 것이다. 아무리 수능 시험이 쉽게 나온다 하더라도 결국 그 시험에서 누군가는 1등을 하게 되어 있고, 누군가는 꼴등을 할 수 밖에 없다. 쉬운 수능을 내세워 수험생들의 부담을 줄여주는 것처럼 정부가 선전하는 것은 대중을 속이는 기만행위다. 어차피 대한민국 입시의 본질은 고득점자를 골라내는 것이다.

입시의 비밀

우리 아이는 어느 대학에 갈 수 있을까?

"야! 고1인 우리애가 반에서 5등쯤 하는데, 어느 대학쯤 갈 수 있는 거야?" 라고 묻는 한 친구의 질문에 필자는 "글쎄.... 좀 살펴봐야겠는 걸..."이라고 대답한다. 명쾌한 답을 얻지 못한 이 친구의 표정이 좋을 리가 없다.

그럼 왜 필자는 분명하고 시원한 대답을 못하고 이렇게 머뭇거리는 걸까? 그 이유는 한편으로는 필자의 친구가 제시한 정보가 그리 충분히 않아서이기도 하고, 또 한편으로는 지금의 입시전형이 너무도 복잡한 연산을 필요로 하기 때문이기도 하다. 그 친구의 애가 어느 학교에 다니는지, 학교시험에서 5등을 했는지, 모의고사에서 5등을 했는지, 그리고 문과인지 이과인지 등 필자가 기본적으로 파악해야할 정보가 훨씬 더 많기 때문이다.

이런 필자의 변명에도 불구하고, 이 글을 읽는 독자들은 그래도 뭔가 좀 더 명확한 정보를 바탕으로 자녀의 진학지도를 하고 싶고, 자녀의 미래가 어떻게 될지에 대한 궁금증이 식지 않을 것이다. 그래서 필자는 전국의 모든 고등학교의 성적이 동일하다는 전제하에, 계량적 접근을 통해서 입학가능 대학에 대한 일반적인 정보를 제공하고자 한다.

현재 전국대학의 입시전형을 모두 합치면 3,000여개가 넘는다고 한다. 이렇게 많은 전형방법 중에서 우리 자녀가 지망하는 대학과 학과에 필요한 전형을 찾아보는 것 차제가 큰 고역이고 부담이 된다. 졸업에 필요한 학과목 수업을 11학년까지 다 끝내고 12학년 거의 대부분을 대입전형을 준비하면서 시간을 보낼 수 있는 미국이나, 대학 진학 준비를 위해서 제도적으로 고등학교에서 1년 동안 더 대입을 준비하는 영국과 비교하면, 우리의 제도가 참 조야하고 세련되지 못한 느낌이 드는 건 사실이다.

우리입시 현실에서는 학과수업을 다 끝내고 1년 내내 입시를 준비하는 재수생에 비해, 고3 학생들은 학업과 입시준비를 동시에 해야 하는 이중 부담을 안고 있다. 매년 입시에서 재수생 강세 현상이 나타나는 이유가 여러 가지가 있겠지만 요즘에 입시제도가 극도로 복잡하다는 사실도 그 원인 중 한 가지일 것이다. 실제로 명문대의 경우 재수생 독식현상이 심각한데, 실례로 필자가 운영했던 대치동 학원 근처에 위치했던 '휘문고'의 경우 매년 150명 정도의 학생들이 '서울대/연대/고대'에 진학하는데 이중 재수이상의 N수생 비율이 거의 $\frac{2}{3}$이상이었다.

자 그럼 전국의 수능 지원자를 65만 명이라 가정하고 학생들의 선호도가 높은 상위권 대학의 정원과 누적분포를 살펴보도록 하자.

〈전국 주요대학 입학정원〉 (2013년 기준)

본교/지방캠퍼스 포함 전체정원

대학명	입학정원
서울대	3,187
연세대	3438/4966
고려대	3793/5288
포항공대	320
카이스트	970
서강대	1641
성균관대	4110
한양대	2917
경희대	4860
이화여대	3109
시립대	1768
한국외대	1676
중앙대	2886/4618
숙명여대	2278
경찰대	120
육군사관학교	270
해군사관학교	160
공군사관학교	170
국군간호사관학교	85
서울교대	355
경인교대	598
공주교대	354
광주교대	326
대구교대	383
부산교대	356

전주교대	285
진주교대	319
청주교대	286
춘천교대	321

〈석차별 대학입학 예상표〉

	전국 총 수험생수 (66만명) 중	비율	고교별 석차 (전국고교 2121개)	반별석차 (30명 기준)
서울대 정원	3,187	0.48%	1.50등	0.14등
의예, 치의예, 한의예	2,801	0.42% (이과생 – 0.9%)	1.32등 (이과)	0.12등
서울대/연대/고대 (지방캠퍼스제외)	10,418	1.57%	4.9등	0.47명
서/연/고/서/성/한	19.086	2.9%	9등	1.87명
의예, 치의예, 한의예, 서울, 카이스트, 포스텍, 연세, 고려 ⇒ (의치한+5개) (연고대 지방캠퍼스제외)	14,509	2.2%	6.8등	0.65명
의치한, 서/연/고/포스텍/카이스트/ 서강/성균관/한양/경희/이화/중앙 (연고대 지방캠퍼스제외)	31.146	4.7%	14.7등	1.4명
의예, 치의예, 한의예 서울, 카이스트, 포스텍, 연세, 고려, 서강, 성균관, 한양, 경희, 중앙, 이화, 외대, 시립, 숙명 ⇒ (의치한+13개) (연고대 지방캠퍼스제외)	37.986	5.75%	17.9등	1.7명
의치한+인서울 36개 대학	82,267	12.5%	38.8등	3.74명
전국 4년제 대학 (대교협 자료 기준 총 200개)	382,597	57.9%	180등	17.35명

위 표에 의하면 한 반의 학생 30명 가운데 5등 쯤 하는 학생은 대략 상위 15%정도에 속하므로 인서울 대학에 겨우 진학할 수 있지만, 서울의 중위권 대학에 진학하기 위해서는 반에서 2~3등 정도는 해야 한다.

전국 주요대학에 진학하기 위해서는 수능등급으로는 어느 정도의 성적을 받아야 할까? 그 대강의 표는 아래와 같다.

언수외사/과 평균 1등급	서울대
언수외사/과 1.1등급	연세대, 고려대
언수외사/과 1.2~1.3등급	서강대, 성균관대, 한양대
언수외사/과 1.5등급	경희대, 중앙대, 이화여대, 시립대, 한국외대,
언수외사/과 1.7~1.8등급	부산대, 경북대, 건국대, 동국대, 홍익대, 숙명여대
언수외사/과 2.0등급	인하대, 아주대, 숭실대, 국민대
언수외사/과 2.3등급	단국대, 세종대, 광운대, 전남대, 경원대
언수외사/과 2.5등급	카톨릭대, 명지대, 성신여대, 인천대, 상명대
언수외사/과 2.7등급	경기대, 한성대, 서경대, 덕성여대, 동덕여대

수시모집

수시 모집은 본고사가 폐지된 1997학년도부터 실시되었으며, 크게 1차와 2차로 나뉘어져 있으며, 1차는 대학수학능력시험 이전에, 2차는 대학수학능력시험 이후에 실시한다. 필요에 따라서는 3차 모집을 실시하기도 한다. 수시 모집에서는 대학수학능력시험의 반영 비율을 낮추고, 대학별 고사나 학교생활기록부의 내용을 학생 선발에 더 많이 반영한다.

제도도입 초기에는 1학기와 2학기에 나누어 모집했으며, 수시 1학기 모집은 2009학년도까지 실시되었고 2010학년도부터는 2학기 모집만 실시한다. 수시모집전형은 대학수학능력시험 일자보다 앞서 실시하기 때문에 대학수학능력시험의 점수가 반영되지 않는 것처럼 보이지만, 사실상 대부분의 대학교에서 대학수학능력시험의 등급 성적을 이용해 '최소등급제'를 시행하기 때문에 사실상 대학수학능력시험이 반영된다고 볼 수 있다.

원래는 지원 횟수 제한이 없었으나, 원서 비용 등 여러 문제점이 제기되자 2013학년도부터는 최대 6회까지 지원이 가능하며, 대학교 별로 지원 자격이 제한될 수 있다. 또한 본래는 미등록 충원이 없었으나, 2012학년도부터 정시 이월 인원수를 최소화하기 위해, 수시 모집에도 미등록 충원을 도입하였다. 주의할 점은 수시 모집과 수시 미등록 충원에 합격한 사람은 정시 모집에 지원할 수 없다는 점이다.

정시모집

정시 모집은 대학수학능력시험 성적이 발표된 이후 시행한다. 정시 모집에서는 모집 군별(가군, 나군, 다군)로 각 1개씩 총 세 번 입시에 응할 수 있다. 각 대학은 대학수학능력시험의 성적에 학교생활기록부 및 대학별 고사의 결과를 종합하여 학생을 선발한다. 대학별로 모든 단과대학이 같은 군에서 학생을 모집하는 경우도 있으나, 여러 군에서 학생을 선발하는 학교도 있다. 정시모집에는 주로 대학수학능력시험의 표준점수와 백분위를 활용하고, 경우에 따라서는 등급을 활용하기도 한다.

수시vs정시 모집 비율

2015학년도 정시모집 인원은 전년 대비 7,480명$_{2\%}$ 증가한 135,774$_{35.8\%}$명을 선발한다. 정시모집인원 증가비율은 주요대에서 더 크게 나타난다. 하지만 경희대, 연세대$_{서울}$, 한국항공대의 경우 전 년해에 비해 감소했다. 수시에서 이월되는 인원까지 염두에 둔다면 올해 정시의 실질 선발인원은 37% 이상이 될 것으로 예상된다. 앞의 내용을 역으로 보면 65%에 가까운 숫자를 수시에서 선발한다는 것이다. 특히 2015학년도에는 서울대가 나군에서 가군으로 이동함에 따라 고려대, 서강대, 연세대, 성균관대, 한양대 등 많은 대학에서 모집군에 변동이 있다. 하지만 이화여대 등 기존 모집군을 유지하였다.

주요대 중 지난해와 달리 2015학년도에 교차지원을 허용하는 모집단위가 있다. 인문계열에서 고려대, 성균관대가 교차지원을 허용한다. 서울대와 연세대는 지난해에 이어 2015학년도에도 인문계열에서 교차지원을 허용한다. 한편 이화여대 의예과의 경우에도 교차지원을 허용하는데 계열에 따라 수능 영역별 반영비율이 달리 적용됨에 유의해야 한다.

*교차지원이란 문·이과 수험생이 동일계열이 아닌 타 계열로 지원하는 것을 말한다. 예를 들면, 문과 수험생이 이과계열에 그리고 이과 수험생이 문과계열에 지원하는 경우이다.

– 상위권 대학 모집에서 정시 수능 반영비율 증가

전국 대학을 기준으로 수능을 100% 반영하는 대학은 89개이고, 수능을 80% 이상 반영하는 대학은 159개로서 지난해 123개보다 36개 증가하였다. 주요대학별 현황을 살펴보면 경희대, 동국대, 서강대, 서울대, 성균관대 등 수능 100%로 선발하는 대학이 늘어났다. 수능과 학생부를 모두 반영하는 대학의 경우에도 고려대, 서울시립대, 숭실대, 연세대, 이화여대 등 수능의 반영비율이 전년도보다 증가했음을 알 수 있다. 즉 정시에서는 수능의 영향력이 커진 것이다.

그러나 예년의 모집요강을 살펴보면 고려대, 연세대 등 상위권 대학의 경우 단지 3~4개의 교과에서 총 10개 내외의 과목만을 반영하며, 1등급과 3등급 간의 환산점수의 차이가 1,000점 만점 중 0~0.5점 정도로 2점짜리 수능 1문제의 영향력보다 적다. 즉 상위권 주요대의 경우에는 외형적으로는 눈에 띄게 수능 반영비율의 증가시켰지만 실제 당락에 미치는 영향력을 고려하면 큰 변동이라고 할 수 없다.

– 전국 교대 및 중하위권 대학에서의 정시 수능 반영비율 증가

동국대, 홍익대 등 수도권 일부 대학과 전국 교대 및 중하위권 대학의 경우에는 상대적으로 학생부 등급 간의 점수 차이가 크다. 2015학년도 차후 정시모집요강을 확인해봐야 할 것이나, 이들 대학 중 상당수의 학교에서 학생부의 반영비율이 줄어듦과 동시에

등급 간 점수 차이도 다소 줄어들 것으로 예상된다. 즉 이들 대학에서의 정시 수능반영비율 증가는 상위권 대학에서의 경우와 달리 당락에 영향을 미칠 만큼 큰 변동이라고 볼 수 있다.

1. 적성고사 전형

적성고사는 일반적으로 50~120문항을 60~80분 동안 풀이하는 방식으로 시행된다. 적성고사 전형에서는 한 문제당 배점이 학생부 급간 1등급을 뒤집을 수 있을 만큼 큰 경우가 많은데, 평이한 문제부터 변별을 갖는 고난이도 문제까지 그 차이가 커서, 대체로 평이한 문제는 다수의 학생이 맞고, 난이도가 높은 문제는 대부분 틀리는 경향이 있다. 또한 대학별로 출제되는 문제 유형들이 각기 다르고, 일부 대학에서는 영어 문제도 출제된다. 때문에 지원 대학을 결정하기 전에 대학별 기출문제를 통해 본인이 공부해 온 스타일에 더 잘 맞는 대학을 추려내는 것이 중요하고, 평이한 문제 뿐 아니라 난이도가 높은 어려운 문제를 풀기 위한 노력이 더욱 필요하다. 결국 어렵게 출제되는 한 두 문항에 의해 합격이 결정되기 때문이다.

최근에는 교과형 문제를 많이 출제하고 있는 상황이므로 새로운 개념을 공부 할 필요는 없고 내신/수능 공부와 병행한다는 생각으로 준비하면 된다. 단, 짧은 시간 안에 많은 문제를 풀어야 하므로 기출문제 유형을 확인한 후 빨리 정확하게 푸는 연습을 해두는 것이 좋다.

2. 학생부

대학이 학생부 성적을 평가할 때, 그 반영 방법이 대학별로 조금씩 다르다. 1학년부터 3학년까지 주요 교과의 성적을 동일하게 적용하는 대학도 있고, 2,3학년 때 성적을 높게 반영하는 대학도 있다. 교과별 반영에서는 주요 교과 이수 전 과목을 반영하는 대학이 대부분이지만 좋은 일부 과목만 반영하는 대학도 있으므로 확인이 필요하다.

왜 요즘은 인서울 대학을 서울대라 하는가?

교육에 관심이 많은 우리 독자들은 대입에서 사용하는 'SKY'라는 용어를 거의 다 들어봤을 것이다. 세칭 '서울대/고대/연대'를 두문자다. 하지만 '동건홍숙'이란 말을 들어 본 사람은 많지 않을 것이다. 이 말은 '동국대/건국대/홍익대/숙명여대'를 가리키는 말이다.

대한민국의 대학은 엄격히 서열화 되어 있다. 그 서열의 정점에는 늘 서울대가 존재해 왔고, 대입수험생의 성적 서열에 따라 단계적으로 대학에 진학하는 구조를 가지고 있다. 우리와 달리 영미의 대학들은 수평적 레벨의 대학들이 다수 존재한다. 예를 들면 'MIT에 가는 대신 브라운, 스탠포드, 컬럼비아' 등 전공과 본인의 거주지역등에 따라 선택할 수 있는 최상위 대학이 다수로 존재한다.

우리사회에서 70~80년대 까지는 소위 '서연고'만을 일류대학으로 간주했었다. 그 당시 80만 명 정도가 '학력고사'라는 시험을 치뤘고, 그중 약 30% 가량만이 대학에 진학했었다. 당시 서연고 정원을 12,000명으로 본다면 총 대학진학자 24만 명 가운데 약 5%가량이 일류대인 서연고 대학에 진학했다는 것이다.

하지만, 이제는 상황이 달라져서 수능시험을 치르는 총 70만

명의 학생 가운데 75~80% 가량이 대학에 진학한다. 현재 서연고의 정원을 10,000명으로 본다면, 대학진학자의 2%가량만이 초일류대인 서연고 대학에 진학하게 되는 것이다.

따라서 요즘은 전체 수험생의 5%정도 범위 안에 드는 대학들을 일류대로 취급하는 추세다.

서연고 (서울대/연대/고대)
서성한이 (서강대/성균관대/한양대/이대)
중경외시 (중앙대/경희대/외대/시립대)
동건홍숙 (동국대/건국대/홍익대/숙명여대)

입학정원 총 40,064명

위 총15개 대학이 총 수험생의 상위 6% 정도 능력의 학생들이 입학을 하고 소위 인 서울의 일류대로 간주된다. 물론 서울경계 밖의 의대/치대/한의대와 포항소재의 포스텍, 대전소재의 카이스트, 3군 사관학교, 부산대, 경북대, 전남대, 충남대등 지방의 명문대 등이 아직도 각 분야의 우수한 인재를 선발하고 육성하고 있다. 또 서울에는 서울교대라는 명문대가 존재한다. 하지만 위의 서울소재 대학으로의 인재 쏠림현상은 점점 심해지고 있다.

성적상위 수험생들이 서울소재 대학에 집중되는 현상의 원인은 여러 가지가 있다.

첫 번째, 대학 재학 중에 취업특히 공무원과 임용고시, 유학, 편입 등의 준비를 위해 필요한 사교육 기관들이 서울에 집중되어 있다. 요즘은 대학 졸업 자체가 대졸자 신분에 걸 맞는 직업을 보장해 주지 않는다. 따라서 대학생들이 대학 재학 중에 취업 등을 위한 각종 시험을 준비하는데 이런 교육기관들과 정보를 얻을 수 있는 시설들이 서울에 집중되어 있다.

두 번째, 서울에 문화, 경제적 기회가 집중되어 있다. 대학에 진학한 학생들을 위한 문화적 경험의 장이나, 대학 재학 중 인턴쉽이나 아르바이트 등을 얻을 기회가 서울에 집중되어 있다. 서울권역 안에 있는 대학에 진학하는 것이, 학생들이 향유하게 될 문화적, 경제적 활동의 폭을 넓혀준다. 이는 수도권 과밀화의 원인과 유사한 이유를 가지고 있다.

세 번째, 수도권 출신 학생들이 서울권역을 벗어나려 하지 않기 때문이다. 1980년대 중후반 이후 출생자 중 절반가량이 서울, 수도권 출생자이기 때문에 서울에서 생활하는 것이 훨씬 몸에 익숙하고 편리하다. 또 서울의 대중교통시설이 많이 개선되어 서울시내 어느 곳에 거주하던지 간에 대학에 통학하는 것이 한 시간 거리 안에 있다. 따라서 비슷한 실력이면 주거비, 교통비등을 감안하여 서울권역을 벗어나려 하지 않는다.

이와 같은 이유들로 서울에 소재하는 대학에 대한 경쟁과 인재 쏠림현상은 가속화 될 것이고, 지방소재 대학들이 갖는 ‘지잡대’지방에 있는 잡다한 대학들라는 오명은 쉬 사라지지 않을 전망이다.

명문대에서 일어난 10가지 변화

우리나라는 오랜 기간 서울대 일변도의 서열 구조를 유지해 왔다. 대단히 짧은 기간 동안 압축적으로 국가를 산업화하기 위해서 관 주도로 최고 엘리트를 선발하는 대학을 세우고, 그곳에서 사회 각 분야의 지도자를 대량생산해 내는 것이 가장 효율적이었던 우리 근대사의 사정도 반영되었을 것이며, 우리나라의 대학 체제가 동경대와 소수의 국립대를 중심으로 철저한 서열 구조가 이루어져 있는 일본의 대학 체제를 건국 초기부터 본따 만들어진 것도 중요한 이유 중 하나일 것이다.

1990년대까지는 문이과를 막론하고, 서울대는 마치 진공청소기처럼 전국의 최상위권 수험생들을 빨아들였다. 일단 전국 1등에서부터 시작해 서울대 정원을 모두 채우고, 연세대, 고려대나 다른 의과대학들의 정원을 채워 나가는 것이 자연스러웠다.

그러나 1997년 말 경제 위기는 서울대의 위상에도 큰 변화를 가져왔다. 건국 이래 처음으로 겪는 대량 실직 사태와 수많은 회사, 가계의 파산으로 인해, 일단 명문대학만 졸업하면 평생 안정적인 삶은 보장될 것이라는 믿음이 깨져버렸기 때문이다.

그런 이유로 경제 위기 전후로 명문대의 개념도 바뀌었다. 이전까지 명문대라 하면, 소위 서울대, 고려대, 연세대의 앞 글자를 따서 'SKY'만을 의미하였다. 여전히 인문계에서는 이러한 대학 위주의 구분이 유효하지만, 학과에 따른 수업 내용 구분이 뚜렷하고, 상대적으로 전공 학과와 향후 직업 간의 연계가 높은 자연계에서는 시류에 따라 수험생과 학부모들의 선호 학과가 변해왔고, 더 좋은 학교보다는 더 좋은 '학과'가 명문대를 좌우하는 지표로 변했다.

최근 10년 간 대학 입시계에 있었던 10가지 변화들을 정리해 보면 다음과 같다.

1. 주요 입시 정보가 비공개되면서 지원 전략을 짜기가 어려워졌다.

수능 시험 석차와 명문대의 입시 결과가 비공개되고, 수능 점수와 내신 점수 계산 방식이 예전에 비해 대단히 복잡해지면서 지원 전략을 구상하기가 어려워졌다.

학력고사나 수능 초기에는, 전국적인 시험이 치러진 후 채점 결과가 발표될 때, 1점 단위로 전국 석차가 언론을 통해 공개되어, 시험을 치고 나서 자신의 상대적인 위치가 어느 정도인지 알 수 있었다. 하지만 2002학년도 이후로, 수능 시험을 실시하는 한국교육과정평가원이 응시자의 총점 혹은 주요 영역별 점수 조합에 따른 석차 정보를 제공하지 않게 되면서, 입시는 큰 혼란 속으로 빠져들었다. 자신의 위치가 어느 정도 되는지를 거의 모르는 상태에서 장님 코끼리 만지듯 원서를 접수해야 하는 상황이 된 것이다.

게다가, 2001학년도까지는 오로지 수능 총점 한 줄로 줄을 세워 점수가 높은 순서대로 합격자들을 선발하였는데, 이제는 각 대학마다 수능 점수를 계산하는 방식이 모두 다르고, 심지어는 같은 대학에서도 학과마다 점수 계산 방식이 달라져서, 한 줄이 아니라 '여러 줄'로 줄을 서서 대학에 가게 되었다. 수능 석차가 비공개되고, 명문대들은 더 이상 전년도 입시 결과를 발표하지 않고, 대학마다 점수를 산정하는 방식은 모두 달라졌다. 원서 접수철의 눈치지원은, 인터넷 접수의 도입으로 오히려 예전에 비해서 더 극심해졌다.

2. 학력보다 입시 정보, 지원 전략이 입시에서 차지하는 비중이 늘었다.

오로지 공부만 열심히 해서, 자기 점수에 합당한 대학을 가는 것은 거의 불가능할 정도가 되었고, 입시 정보와 전략의 중요성이 크게 늘었다. 예전에는 그래도 시험에 의해 측정된 학력에 비례하여 학교 선생님의 지도에 따라 성적순으로 대학에 진학하였다면, 2002학년도 이후부터는 여기에 입시 정보와 원서 지원 전략 및 단순한 운도 제법 크게 작용하게 됨으로써, 예전에 비해 자신의 학력에 비해 훨씬 좋은 대학에 가는 일도 늘어났고, 그 반대로 억울하게 명문대에 진학하지 못하게 되는 사례도 늘었다. 심지어 수험생들은 자조적인 어조로 수능 5교시 제2외국어 영역 다음에는 6교시 '원서 영역'이 있다고 말할 정도다.

3. 소위 의치한이라고 불리우는 의대, 치대, 한의대들이 서울대 이과 학과들을 제치고 자연계 최상위권을 점령하였다.

IMF 체제 이전에는, 이과 수석은 서울대 물리학과나 전기공학부 등에 진학하는 것이 통례였고, 서울대 공대나 이과대의 인기 학과들은 서울대 의예과와 어깨를 나란히 하며, 타 대학 의대들에 비해 월등히 높은 커트라인을 자랑하였다. 하지만 IMF 직후인 1998학년도부터 의치한이 부상하기 시작하였고, 급기야 2002학년도부터는 '전국의 모든 의대 정원을 채우고 나서 서울대 정원이 차기 시작하는' 현상이 나타나기 시작하였다.

4. 의대가 의전(의학전문대학원) 체제로 전환하면서, 정원이 줄어들어 합격선이 더욱 높아졌다.

2003학년도부터 몇 년에 걸쳐 반 이상의 의대가 의예과를 폐지하고, 의학전문대학원체제로 전환하였다. 기존에는 공부 잘하는 고등학생을 의예과에서 선발하여 6년 동안 가르쳐 의사를 만들었는데, 이제 대학교를 졸업한 학생을 대상으로 대학원에서 의사 될 사람을 뽑아서 4년 간 더 교육 시켜 의사를 만들게 된 것이다. 결과적으로 고등학교를 졸업하면서 바로 의사가 될 수 있는 길인 의예과로의 경쟁이 대단히 치열해졌고, 예전 같으면 연세대 의대에 갈 학생들이 서울권 의대에 남지도 못하고 지방으로 쫓겨 나가는 신세가 되었다.

의전 제도는 2013학년도부터 점진적으로 폐지되어, 의전으로 갔던 정원이 의예과로 수 년 간 되돌아 올 예정이기 때문에, 향후 수년 내로 의대 입시는 현재에 비해 훨씬 수월해질 것으로 예상된다. 특히 2015, 2017학년도에 정원이 크게 늘어난다. 의대 정원이 늘어나면, 예전 같으면 의대에 합격하지 못해 서울대 자연계 학과들로 갔던 신입생들을 의대가 흡수하므로, 서울대 자연계의 커트라인이 낮아지게 되고, 연쇄적으로 연세대, 고려대 및 여러 명문대들의 커트라인도 낮아지게 된다. 결과적으로 상위권 자연계 수험생들이 대학에 진학하기가 지금에 비해서는 유리해지는 것이다.

5. 로스쿨 제도로 인해 법대가 폐지되면서 자유전공학부가 등장하고, 문과 최상위 학과의 지위를 경영대학이 차지하게 되었다.

2008학번을 마지막으로 법과대학들은 신입학생 모집을 중단하고, 로스쿨 체제로 전격적으로 전환하였다. 의과대학 쪽에서는 의학전문대학원 체제 전환 후에도 서울대, 연세대 등 상위권 명문대에 어느 정도 의예과 정원을 남겨두었지만, 법과대학 쪽에서는 서울대, 고려대, 연세대 등 모든 대학이 로스쿨로 전환하고 신입생을 전혀 뽑지 않았다. 이에 따라, 예전까지 법대 바로 밑의 커트라인을 기록하던 경영대가 문과 최상위 학과의 지위를 차지하게 되었다. 법과대학이 없는 지금은 서울대, 연세대, 고려대 모두 문과에서는 경영대학이 선호도가 가장 높다.

예전 법대 정원은 다른 과로 이월된 것이 아니라, '자유전공학부'라는 신설된 학과에 할당되었다. 스스로 커리큘럼과 전공을 설계하여, 다양한 학과의 수업을 듣고, 학과 및 학문 간의 발전적인 융합을 추구할 수 있게 한다는 목적으로 설립된 자유전공학부는 도입 첫 해인 2009학년도에는 학과의 개념이 제대로 이해되지 못하여, 입시 기관들도 지원 가능 점수를 제대로 산정하지 못하고, 수험생들도 원서 접수를 기피하여, '펑크'가 많이 났으나, 현재는 경영대나 사회과학대학 혹은 정경대학에 비해서는 점수대가 낮고, 인문대학에 비해서는 점수대가 높은 수준 정도로 위치를 잡았다. 자유전공학부를 선택한 학생들의 절반 이상은 학교를 막론하고 자유전공 학부의 본래 취지에 맞는 길을 걷기보다는, 인기 학과인 경영학과나 경제학부 전공을 택했다고 한다.

6. 여대의 합격선이 더 내려갔다.

최근에는 학생들은 물론 학부모도 여대 진학을 전 세대에 비해서는 훨씬 덜 선호하는 추세여서, 여대들의 점수대는 시간이 지날수록 계속 떨어지고 있다. 여대들의 점수대를 10년 단위로 끊어서 보면 대학 서열에서의 위상 차이가 두드러지게 느껴진다. 예를 들어 지금으로부터 90년대 말 이화여대의 위치는 연고대와 '서성한'서강대, 성균관대, 한양대 사이 정도였고, 그로부터 10년 전인 80년대 말 무렵만 해도 연고대와는 점수 차이가 거의 없었다. 한 세대 전인 60~70년대의 이화여대는 여학생들의 서울대였음은 감안한다면 나이든 학부모 세대에게 최근 여대들의 점수대가 낮은 점수가 매우 낯설게 느껴질 것이다.

7. 기업의 전폭적인 지원을 받는 대학들의 합격선이 올라갔다.

예를 들어, 삼성 그룹의 지원을 받는 성균관대나, 두산 그룹의 지원을 받는 중앙대의 합격선이 예전에 비해 상승하였다. 산학협력을 목적으로 신설된 자연계 학과들이나, 기업과 연계성이 높은 경영대학의 합격선이 많이 올랐다. 성균관대의 반도체시스템공학과, 글로벌경영학과가 대표적이다.

다만 기업과의 협력이나 지원을 통해 합격선이 부상한 대학이나 학과들은, 기업의 명운에 따라 부침을 겪을 가능성이 있음도 고려해야 한다. 예를 들어 90년대 말 대우 그룹의 전폭적인 지원을 받은 아주대 공대는 잠시 동안 고려대 공대를 넘어 연세대 공대와 맞먹는 수준의 점수대를 기록하였으나, 대우 그룹의 해체와 함께 합격선이 폭락하여 아직까지 회복되지 못하고 있다.

8. 약대, 수의대, 교대 등 전문직 학과들이 부상하였다가 사라졌다.

2000년대 초의 의치한 광풍에 힘입어, 약대와 수의대, 교대는 서울대 자연계 학과들의 커트라인에 준하는 수준으로 합격선이 급등하며 안정적인 직업을 원하는 수험생들과 학부모들의 인기를 끌었었다.

그러나 약대는 2009학년도부터 2+4년제 체제로 바뀌면서 더 이상 신입생을 뽑지 않고, 이공계 대학생들을 대상으로 신입생을 선발하게 됨으로써 수능 시험을 치른 고등학생들의 목표에서 사라지게 되었다.

수의대는 황우석 열풍에 힘입어 2003~2004학년도에 서울대에서 의대 다음으로 높은 커트라인을 기록하기도 하였으나, 황우석 교수의 논문 조작 사건이 밝혀진 2006학년도 이후로 급격히 커트라인이 내려와 예전 수준으로 돌아갔다.

교대도 더 이상 2000년대 초중반의 관심을 끌지 못하고 최상위권 수험생들의 선택에서 밀려나고 있다.

9. 한의대의 합격선이 빠른 속도로 낮아져 의–치–한 내에서의 순위가 뒤바뀌었다.

의치한 열풍이 극에 달했던 2004학년도에는, 전국의 11개 한의대 모두가 상위 1% 이내로 합격선이 들어올 정도였다. 같은 학교에 의대, 치대, 한의대가 모두 설치되어 있는 경우, 합격선 순서는 한의예과–치의예과–의예과 순이었다. 그래서 한의대에 합격할 수 있는 수능 점수를 받으면, 서울대에서는 의예과를 제외한 모든 학과에 여유 있게 합격할 수 있었다.

그러나 2006학년도부터 한의대 합격선은 하락일로를 걷기 시작해, 현재 중하위권 한의대의 합격선은 연고대 공대 이하로 내려

왔다. 한의대에서는 가장 인기가 높은 경희대 한의대 조차도 서울대 이과 하위권 학과 수준의 합격선을 유지하기에도 벅찬 수준이다. 치대도 절반 이상의 대학교가 치의학전문대학원 체제로 전환하면서 치의예과 정원이 크게 줄었으나, 예전에 비해서는 선호가 떨어지면서, 합격선은 오히려 다소 떨어진 수준을 유지하고 있다. 반면 의예과의 합격선은 2000년대 후반 잠시 주춤하였으나 여전히 이과 최상위 수준을 유지하고 있다.

10. 최근 2~3년 새 수학과의 인기가 크게 높아지고, 이공계 선호가 다시 증가하고 있다.

학부모 세대 때는 이과대학 소속 학부인 물리학과가 서울대를 중심으로 일부 명문대에서 인기를 끌었지만, 수학과가 인기학과 혹은 상위권 학과로 분류된 적은 없었다. 2002~2003학년도까지도 서울대에서 수학과가 설치되어 있던 자연과학대학은 지원 자격인 수능 총점 2등급상위 11% 안에만 들면 일단 1차 전형인 2배수에는 합격할 수 있을 정도로 합격선이 낮았다.

수학과는 본격적으로 2005학년도부터 합격선이 조금씩 올라오기 시작했고, 최근 몇 년 간은 서울대와 연세대에서 의대 다음으로 높은 합격선을 기록하고 있다. 이제 다른 이과대학 학과나 공대 소속 학과들과는 상당히 점수 차이가 날 정도로, 서울대 수리통계학부의 경우 웬만한 의과대학보다 합격선이 높다.

수학과의 인기가 급상승한 것을 설명하는 데에는 여러 가설이 동원된다. 은행이나 증권가에서 수학적, 통계학적 감각이 뛰어난 인재에 대한 수요가 증가하기 때문이라는 설명도 있고, 최근 들어 고등학교 이과 교육 과정 그리고 수능 시험에서 수학과 과학의 비중이 커지면서 수학을 즐기고 잘 하는 학생이 이과 최상위권을 장악하게 되었기 때문이라는 설명도 있다. 실상이 무엇이든 간에, 속세의 가치인 부와 권력과는 거리가 있어 보이는 순수학문에 수험생들이 열광하는 것은 흥미로운 일이며, 일견 바람직해 보이기도 한다.

앞서 언급한 수학과를 필두로, 이과대학 즉 자연과학대학의 학과들이나 공과대학에 설치된 학과를 애초에 지망하는 수험생들의 비중이 늘고, 이러한 학과들의 합격선도 차츰 높아지고 있다. 예전 같았으면 치대와 한의대를 채우던 학생들이 이공계 학과들로 분산된 것도 원인 중의 하나라고 생각된다.

2000년대 들어 의대 광풍이 불기 시작하면서 약 10년 동안 지방 의대와 서울 공대/자연대 학과에 동시 합격하면 거의 대부분의 수험생들이 의대로 진학하였지만, 이제는 서울대나 연세대, 고려대의 공대/자연대로 진학하기를 선택하는 수험생들의 비율도 의미 있는 수준에 이르렀다.

IMF 체제 이후 한동안 유일한 탈출구로 간주되었던 의학계열 전문직 종사자들의 수입이 예전만 못하다거나 전문직의 미래도 그다지 밝지만은 않다는 식의 언론 기사가 잦아진 것도 이러한 변화를 초래하는 데에 기여하였을 것이다. 왜냐하면 애초에 이공계 지망자들을 낙담시키고, 의학계열 학과로 수험생들을 몰아가게 만든 데도 언론의 기여가 컸었기 때문이다.

* 본 장의 내용은 오르비맘(Orbimom)에 실린 내용을 게재한 것입니다.

대학입시의 양대 축 수능과 내신

대한민국 입시에서 본인이 원하는 대학에 진학하는 학생들은 5%미만, 심지어는 1%미만일 지도 모른다. 필자의 제자 중에 4수를 해서 대구에 있는 의대에 진학한 친구가 있다. 남들이 보면 그 친구는 수많은 학생들이나 학부모들이 선망하는 의대에 진학했지만, 서울에 있는 의대에 진학하지 못한 아쉬움을 가진 채 대학에 진학했다. 대학입시를 준비하는 학생들이 실제로 진학하는 대학이 그들이 원래 목표했던 대학보다 더 선호하는 대학에 진학하는 경우는 거의 없다.

필자 또래 연령의 사람들은 본인이 원하는 대학에 진학하기 위해서는 학력고사와 내신두가지만 준비하면 모든 게 끝났던 시대를 살았다. 하지만 이젠 대학입학 전형이 너무도 복잡다단해져서, 일선에서 애들을 가르치는 필자마저 어지러울 지경이다. 하지만 이런 복잡한 입시 체제 속에서도 성공적인 입시를 위한 변치 않는 두 개의 기둥이 있는데, 이것이 바로 수능수학능력시험과 내신이다.

수능은 대한민국의 고3 학생들이나 그에 준하는 수준이상의 학력을 가진 학생들이 대학에 진학하기 위하여 치러야 하는 교육과정평가원이 출제하는 시험인 '수학능력학력평가'를 말한다. 이 시험에 포함된 과목은 언어영역, 수리영역, 영어영역, 사회탐구영역, 과학탐구영역, 제2외국어 영역, 직업탐구영역 등이다. 매년 11월에 실시되는 이 시험의 성적은 각 과목별로 9등급으로 분류되며, 표준편차, 백분위와 함께 표시된다.

내신은 학생들이 고등학교 1학년부터 3학년까지의 과정에서 매년 치르는 2번의 중간고사와 2번의 기말고사로 구성되며, 학생부에 고등학교 생활 중 받은 상장이나 봉사시간 등과 함께 표기된다. 내신은 이전에 비해 대입 반영률이 상대적으로 높아져서 실질적으로 학생들은 고교 3년 내내 입시생의 위치에서 공부하고 있다고 볼 수 있다.

고등학교 내신 반영 개요

고등학교 내신은 총 6학기로 구성되며, 학기마다 치르는 중간, 기말고사와 수행평가 성적을 합산하여 내신 성적을 산출한다. 수시모집은 3학년 1학기까지 5학기성적을 활용하고, 정시모집은 3학년 2학기까지 6학기 성적을 반영한다. 재수를 하게 되는 경우 역시 3학년 2학기 기말고사까지의 성적을 반영한다. 내신 성적의 학기별 반영 비율은 대학마다 다르지만 주로 3학년 성적 반영 비율이 가장 높은 편이다. 물론 입시 전형과 입시정책에 따라 내신 산출 방법이 달라질 수 있다.

2015년 대학입시의 경우 대입 총 정원의 38.4%, 14만 5576명을 학생부 성적만으로 선발하는데, 이를 "학교생활기록부 교과 전형" 이하 '교과형'이라 한다. 이 전형에서는 학교생활기록부 목록 중 '교과

학습발달사항'항목에 기재된 내용을 활용한다. 하지만 상위권 대학으로 갈수록 교과형 정원은 줄어들고, 지원자의 출신 고교 간 학력 차, 교육 여건, 잠재력 등의 비교과 영역을 반영하여 평가하는 '종합형'평가를 선호하는 경향이 크다.

고등학교 내신 산출법

내신 등급 계산법의 기본은 (자신의 등수/전교생수)x100이다. 여기에 대입해서 나온 숫자가 내신 등급 계산법으로 나온 %가 된다.

$$\frac{\text{과목1석차백분율X이수단위+과목2석차백분율X이수단위+} \cdots}{\text{이수단위합계}} = \text{석차백분율}$$

(소수 첫째자리에서 반올림)

고등학교 전 학년 평균 학업성적 백분위 계산방법

전 학년 평균 학업성적 백분위(%) = (Σ학기별 평균 학업성적 백분위) ÷ 학기수

※학기별 평균 학업성적 백분위(%) =

Σ(과목 단위수×석차등급에 따른 환산율)÷Σ단위수

※ 석차등급에 따른 환산율

석차등급	1	2	3	4	5	6	7	8	9
환산율	2.0%	7.5%	17.0%	31.5%	50.0%	68.5%	83.0%	92.5%	98.0%

〈계산방법 예시〉

과목	1학년 1학기				1학년 2학기			
	단위수	석차 등급	환산율	단위수x 환산율	단위수	석차 등급	환산율	단위수x 환산율
국어	4	1	2.0%	8.0%	4	6	68.5%	274.0%
영어	1	2	7.5%	7.5%	1	7	83.0%	83.0%
수학	2	3	17.0%	34.0%	2	8	92.5%	185.0%
과학	1	4	31.5%	31.5%	1	9	98.0%	98.0%
사회	2	5	50.0%	100.0%	2	1	2.0%	4.0%
:								
합계	10			181.0%	10			644.0%
백분위	18.1%(=181.0%÷10)				64.4%(=644.0%÷10)			

고등학교 내신 산출의 경우 석차 백분율에 따른 석차등급으로 평가를 한다. 과목별로 받은 석차 백분율을 가지고 1~9등급으로 나눠 학생들을 평가하는데, 상위 4%학생들이 1등급, 5~11% 학생들이 2등급이 된다. 한 학년에 전교생이 200명이라면 1등급은 200*4/100 즉, 전교 8등까지 1등급에 속하게 된다.

과목	2학년 1학기				2학년 2학기			
	단위수	석차 등급	환산율	단위수x 환산율	단위수	석차 등급	환산율	단위수x 환산율
국어	2	2	7.5%	15.0%	2	3	17.0%	34.0%
영어	2	2	7.5%	15.0%	2	3	17.0%	34.0%
수학	4	2	7.5%	30.0%	4	3	17.0%	68.0%
과학	1	2	7.5%	7.5%	1	3	17.0%	17.0%
사회	2	2	7.5%	15.0%	2	3	17.0%	34.0%
:								
합계	11			82.5%	10			187.0%
백분위	7.5%(=82.5%÷11)				17.0%(=187.0%÷11)			

· 1학년 1학기 평균 학업성적 백분위: 18.1%
· 1학년 2학기 평균 학업성적 백분위: 64.4%
· 2학년 1학기 평균 학업성적 백분위: 7.5%
· 2학년 2학기 평균 학업성적 백분위: 17.0%

⇒ **전 학년 평균 학업성적 백분위=(18.1%+64.4%+7.5%+17.0%)÷4학기= 26.8%**

※ 석차등급이 아닌 성취도로 평가되는 경우 아래와 같이 환산
– '우수', '보통', '미흡'으로 평가되는 경우: '우수=3등급', '보통=5등급', '미흡=7등급'으로 환산
– 'A,B,C,D,E'로 평가되는 경우: 'A=3등급','B=4등급', 'C=5등급', 'D=6등급', 'E=7등급'으로 환산

※ 종교과목과 같이 '이수' 또는 '미이수'로 나오는 경우 해당 과목은 입력하지 않음

※ 모집요강과 함께 게시된 '고교 학업성적 백분위 산정 파일'을 다운받아 백분위를 산정하고 계산 내역이 담긴 엑셀 파일을 입사지원시 첨부 등록할 것

석차 백분율에 따른 내신 산출

등급	누적 비율	등급 비율	30명	100명	200명
1	1~4 %	4 %	1	4	8
2	~11 %	7 %	3	11	22
3	~23 %	12 %	6	23	46
4	~40 %	17 %	12	40	80
5	~60 %	20 %	18	60	120
6	~77 %	17 %	23	77	154
7	~89 %	12 %	26	89	178
8	~96 %	7 %	29	96	192
9	~100 %	4 %	30	100	200

등급별 해당 석차 백분율

이렇듯이 학기마다 중간고사와 기말고사, 수행평가를 합산하여서 고등학교 내신 산출이 된다. 따라서 고등학교 내신 산출을 했을 때 적당한 수준의 내신을 유지하려면 중간고사 때 부진한 과목이 있다면 기말고사 때 만회하여서 보다 높은 등급을 받으려고 노력해야한다.

고등학교 내신 산출표

교과	과목	1학기			2학기		
		단위수	원점수/과목평균(표준편차)	석차등급(이수자수)	단위수	원점수/과목평균(표준편차)	석차등급(이수자수)
국어	국어	4	84/79.1(7)	4(458)	4	93/79.3(9.5)	1(439)
도덕	도덕	1	87/77.4(10.8)	3(458)	1	92/72(11.2)	1(439)
사회	국사	2	92/80.4(11)	3(458)	2	91/71.4(21.1)	1(439)
사회	사회	3	87/74.7(8.2)	1(458)	3	83/67.8(9.1)	2(439)
수학	수학 10-가	4	82/78.8(9.5)	5(458)			
수학	수학 10-가				4	83/72.1(10.8)	3(439)
과학	과학	3	85/77.8(8.8)	4(458)	3	91/78.7(10.7)	3(439)
기술. 가정	기술. 가정	3	91/84.1(6.3)	2(458)	3	89/81.9(6.1)	3(439)
체육	체육	2	95/90.9(5.4)	4(458)	2	87/88.7(5.5)	6(439)
음악	음악	1	90/23.6(8.2)	4(458)	1	92/82.9(9)	3(439)
미술	미술	1	91/85.2(5.9)	3(458)	1	97/86.8(6.4)	2(439)
외국어(영어)	영어 10-a	4	94/82.3(11.2)	3(458)			
외국어(영어)	영어 10-a				4	96/80.7(11.2)	2(439)
이수단위합계		28			28		

명문대 입시의 보조키: 논술과 구술면접

앞 장에서 언급한 수능과 내신 성적이 대학입시를 위한 주열쇠라면, 논술과 구술면접은 명문대입시를 위한 보조키에 해당한다. 주 열쇠 뿐만 아니라 보조키도 가지고 있어야 대학입시의 문을 확실히 열수 있다.

대입논술

요즘 대학입시에 관련된 내용을 공부하고자 하는 부모들이 겪는 어려움 중에 하나가 논술, 구술, 면접 등 부모들의 입장에서 전혀 경험하지 못했던 전형요소가 많아 졌다는 것이다. 따라서 부모들은 별다른 대안 없이 수험생인 자녀들이 판단대로 입시준비를 하게하거나, 논구술 학원을 찾아가서 상담 후에 논구술 대비를 하는 것이 일반적이다.

대입 논술은 어떤 역사를 가지고 있는가? 국내 입시에서 논술이 처음으로 도입된 것은 1986년 대입시험 때 부터였다. 본고사가 금지된 학력고사 체제 속에서 대학들이 변별력을 확보하고 암기 위주 문제를 탈피한다는 취지였다. 하지만 별다른 준비 없이 도입된 논술시험에 대해 대학의 출제 역량, 채점의 공정성 등이 사회

문제화 되자 2년 만에 폐지됐다가 1994학년도 대입수능시험이 도입되면서부터 다시 부활되었다.

당시 학력고사는 고차원적인 사고능력 측정 미흡, 암기 위주 평가, 입시 위주 교육 유발 등의 문제가 있다는 주장에 의해 대학별 본고사가 부활했었다. 그러나 본고사 도입 후 학교교육 황폐화, 사교육 확대 등의 부작용이 제기되자 1997학년도부터는 대학별 전형 중 논술시험만 남게 되었고, 이후 2000년대 중반부터 여러 영역의 사고력을 통합해 측정하는 통합교과형 논술시험으로 굳어지고 있다.

이 과정에서 명문대를 중심으로 이과생들에게는 수리 · 과학 논술이 등장했고, 문이과 공통으로 영어 지문까지 등장했다. 어려워진 논술이 사교육을 조장한다는 비판을 받자 2005년 노무현 정부는 외국어 제시문, 단답형이나 객관식 문제, 특정교과의 암기된 지식을 묻는 문제, 수학이나 과학 문제 중 풀이과정이나 정답을 요구하는 문제 등을 본고사형 논술로 보고 금지시키는 논술 가이드라인을 만들었다. 그러나 이명박 정부가 들어선 후 대학자율화를 모토로 2009년 논술 가이드라인은 폐지됐다. 가이드라인이 폐지되고 쉬운 수능으로 인해 변별력까지 떨어지자 대학들은 논술 난도를 계속 높여왔다.

2015년 입시에서 논술을 채택하고 있는 학교들은 모두 중상위권 대학으로 서울 · 수도권의 주요 대학 대부분이 논술전형을 실시하고 있다. 서울 주요 11개 대학을 기준으로 할 때 논술전형으로 선발하는 학생은 전체 수시모집 인원의 40% 가량에 달한다. 수험생 자녀가 본인이 지원하고자 하는 대학이 논술 전형이 있는지를 잘 확인하고 대비해야 한다. 서울대는 2015년 정시모집에서 논술을 폐지했다. 이는 역으로 보면 수시모집에서는 논술을 실시하겠다는 역설이다.

상위권 대학에서 학생부는 당락에 미치는 영향이 미미하다. 그래서 실제적으로는 논술과 수능 최저학력기준이 당락이 결정하는 요소가 되고 있다. 그런데 최저학력기준은 2015학년도에는 우선선발에서 폐지되며 수능 최저학력기준이 우선선발과 일반선발의 중간 정도 수준으로 다소 완화됨에 따라 논술 성적이 당락을 좌우할 가능성이 더욱 커지게 됐다. 또 대학별로 논술 합격자에 대해 수능최저학력 기준제를 도입하는 경우도 있고, 도입하지 않는 경우도 있으므로 개별적으로 꼭 확인하고 준비해야 한다. 상위권 대학의 경우 대학 논술 전형의 우선선발 최저학력기준이 꽤 높은 수준이어서 논술 성적이 좋아 합격권에 들었으나 최저학력기준을 충족하지 못해 불합격한 수험생 비율이 최초 합격생 기준으로 30% 이상 되는 것으로 나타났다.

※ 기출문제는 각 대학 사이트에 들어가서 확인하기바랍니다.

구술면접

면접 · 구술 시험은 수험생의 당락에 직접 영향을 미칠 수있는, 해가 거듭될수록 점점 그 위력이 커지고 있는 대입전형의 한 형태다. 면접구술시험은 점점 변별력이 중시되어 그 질문도 논술화 되고 있다. 그러므로 면접 · 구술시험은 '말로 하는 논술'이라고 할 만하다. 면접 · 구술 시험은 논술 시험을 치르지 않는 대학에서도 일반적으로 채택되고 있다. 따라서, 논술 시험을 치르건 치르지 않건 간에 대학 입시를 앞둔 수험생들은 면접 · 구술 시험에 신경을 써야 한다.

서울대를 비롯한 주요 대학들은 단과 대학별, 학부별, 학과별로 문제를 출제한다. 질문의 형태도 다양하다. 기출 문제들을 종합해 보면, 단순한 학과 지원 동기나 개인 신상에 관한 질문도 있지만, 논술의 주제로 삼을 만한 문제들이 많이 출제되었다는 점에 유의할 필요가 있다. 문제 출제 내용은 크게 소양을 묻는 문제와 교과 적성을 묻는 문제로 나뉜다. 기본 소양과 관련된 문제는 학과 지원 동기, 대학 생활 계획, 취미와 특기, 장래 희망을 묻는 경우가 많고 전공분야에 따라 인문 · 사회 분야의 기본적 문제를 다루는 주제가 출제되기도 한다.

면접구술시험을 잘 대비하기 위한 대책은 아래와 같다.

1. 인문, 사회, 과학 분야의 다양한 지식, 논리적 사고력, 정확한 표현력을 신장시키는 일이 중요하다. 이를 위한 가장 효과적인 방법은 학과목 수업을 충실히 하는 것이며, 틈 나는대로 독서에 시간을 할애해야 한다.
2. 자신의 생각을 분명하고도 논리적으로 표현할 수 있는 능력이 필요하기 때문에 논술과 연계하여 논리력을 향상시키는 것이 유리

하다. 구술면접은 비논리적인 대답을 할 가능성이 더 크기 때문에 틈틈이 모의문제에 대해 글을 쓰고 이를 읽고 말해보는 연습이 필요하다.

3. 평소 토론할 기회와 연습을 자주하는 것이 좋다. 만약 토론할 기회가 용이하지 않다면, 스스로 본인이 발표하는 모습을 동영상으로 촬영한 후 자신의 장점과 단점을 파악하고 특히 단점을 보완하는 연습을 할 필요가 있다.
4. TV나 신문 등 대중매체를 이용하여 연습하는 것도 좋은 방법이다. TV 프로그램 중에서 토론프로그램을 잘 보고 토론패널들의 답변 방법과 내용을 경청한 후 본인 스스로가 가상의 패널이 되어 답변하는 연습을 해보도록 하라. 또 신문은 새로운 정보와 다양한 시각의 바다다. 틈나는 대로 신문을 구독하고 정보와 논리력을 기르는 연습이 필요하다.
5. 기출문제를 잘 살펴보고 모의테스트를 자주 실시하라. 기출문제는 모든 시험을 준비하는 수험생이 반드시 점검해야할 내용이다. 반드시 기출문제가 똑같이 출제된다는 법은 없지만, 기출문제의 범위나 시각에서 크게 벗어나지 않은 문제가 다시 출제될 가능성이 크다.
6. 자신이 선택한 대학과 전공과목에 대한 지식을 습득하자. 자신이 지원한 학교와 학과의 특성과 향후 진로에 대한 명확한 정보까지 알아두는 것이 좋다. '점수에 맞춰 이 대학에 지망했다.' 라고 답하는 것은 솔직하지만 면접관들이 제일 싫어하는 최악의 대답이 될 것이다.

면접구술시험을 치를 때 면접장에서 유의해야 할 내용은 아래와 같다.

1. 너무 빠르지 않고 간단명료하며 크게 대답한다.
2. 말끝을 흐리지 말고 마지막 종결 어미까지 뚜렷이 소리를 낸다.
3. 두괄식 구조의 화법을 활용하여 전달하고자 하는 내용을 명확히 한다.
4. 모르는 주제를 질문 받았을 때는 엉뚱한 대답을 하기 보다는 진솔하게 그 문제에 대해 잘 준비하지 못했음을 밝히고 다른 질문을 부탁한다.
5. 너무 긴장감이 커서 대답이 불가능 경우, 잠깐 긴장감을 달랠 수 있는 시간을 요청하거나 물을 마시고 마음을 진정시킨 후 제대로 된 답변을 하도록 노력한다.
6. 면접관으로부터 오류를 지적 받았을 경우, 당황하지 말고, 지적된 오류가 무엇인지 먼저 확인해야한다. 이 때 자신의 잘못을 솔직하게 인정하는 것이 오히려 긍정적인 평가의 대상이 된다.

대학입시의 감초 – 자기소개서

대학입시에서 자기소개서는 말 그대로 글을 통해 수험생 본인의 능력과 자질을 대학입시 담당자에게 표현하는 양식이다. 현행 입시에서는 각급 대학에서 널리 사용되고 있으며 대입의 당락에 영향을 미치는 중요한 요소이다. 자기소개서의 양식은 학교마다 조금씩 다르기는 하지만 대부분 대학교육협의회(약칭 대교협)가 제시한 자기소개서 공통양식에서 벗어나지 않는다.

대교협이 마련한 자기소개서(축약해서 자소서)의 공통양식은 2011학년도 대입전형부터 학생의 부담을 줄이기 위해 도입, 활용되어 왔다. 하지만 작성 부담을 더욱 완화해야 한다는 요구와 함께 외부스펙 작성제한을 강화해야 한다는 요구가 제기되어 대교협에서는 더욱 간소화된 2015학년도 자기소개서 공통양식을 발표했다. 그 내용을 살펴보고 자기소개서를 바르게 작성하는 방법을 알아보도록 하자.

〈2015학년도 자소서의 공통양식〉은 아래와 같은 항목을 포함하고 있다. 각 항목과 해법을 제시한다.

1번. 고교 재학 기간 중 학업에 기울인 노력과 학습경험 (1,000자 이내)

key 항목 1번은 수험생이 얼마나 학업에 대한 의지를 가지고 있는지, 또 학업에 대해 어떤 새로운 시각을 가지고 있는지를 확인하고자 하는 항목이다. 특정 과목에서 본인이 경험한 학습 과정의 문제와 자신만의 해법을 구체적으로 소개하고 그 예를 자세히 제시한다면 좋은 답이 될 수 있다.

2번. 고교 재학 기간 중 의미를 두고 노력한 교내 활동 (1,500자 이내)

key 항목 2번은 학생 본인이 참여한 교내 활동의 구체적인 예를 제시하고, 그 과정에서 교내활동이 자신에게 미친 긍정적 영향과 그에 따른 지적, 인격적 성장 과정과 결과를 논리적 구조로 적어야 한다. 특히 고교시절 교내활동이 본인이 대학에서 선택하는 전공 및 미래직업과 관련된 시각에서 글을 쓴다면 좋은 답을 작성할 수 있다.

3번. 학교생활 중 배려, 나눔, 협력 등을 실천한 사례와 느낀 점 (1,000자 이내)

key 항목 3번은 공동체의 일원으로서 수험생이 어떻게 갈등을 인지하고, 해결하고 이를 통해 어떻게 성장 했는지를 보여줄 수 있는 항목이다. 수험생이 갈등관리문제에서 체험한 예와 본인이 그 갈등상황 속에서 발휘한 리더십의 예를 보여줄 필요가 있다. 그 예는 반드시 구체적이어야 하며 본인의 성장은 물론 나의 관심과 배려로 인해 주변 사람들이 성취한 이익을 설명하는 것이 좋다.

4번. 자율문항– 필요시 1개의 질문 추가 (1,000자 또는 1,500자 이내/선택)

2014년 공통양식에는 '대학입학 후 학업계획과 향후 진로 계획에 대해 기술하세요.'였다.

key 항목 4번은 대학마다 다른 내용이 될 수도 있고 또 출제 되지 않을 수도 있다. 2014학년도와 같은 항목이 주어진다면, 수험생은 본인이 선택한 전공에 대해 본인이 가지고 있는 관심과 소양, 그리고 그 전공공부를 충분히 할 수 있는 능력을 기술해야 한다. 자신이 지망하는 전공에 적합한 인재임을 최대한 부각하는 것을 목표로 자기소개서를 작성해야 한다. 그리고 향후 진로는 전공공부내용과 관련된 지식을 중심으로 본인이 선택한 진로의 예예를 들면, 취업, 진학, 유학를 구체적으로 제시하면 좋은 답을 작성할 수 있다.

자소서 작성 시 도움이 되는 간단한 tip들은 아래와 같다.

1. 자기소개서를 잘 쓰려고 하기보다는 남들과 다르게 쓰려고 노력하라.
2. 허위 사실은 반드시 피하고 구체적인 내용을 써라.
3. 학생부와 어긋나는 내용이 없이 써라.
4. 반드시 본인이 작성하고 감점요인에 유의하면서 써라. 특히 제시된 길이를 초과하거나 너무 간략히 쓰지 않도록 하라.
   (2015학년도부터 특기자전형을 제외한 학생부 전형에서 공인어학성적이나 수학 · 과학 · 외국어 교과에 대한 교외 수상실적을 기재할 경우 서류평가에서 0점 또는 불합격처리가 된다는 점도 주의해야 한다.)

5. 글이 논리적인 구조를 가질 수 있게 하고 가급적이면 두괄식을 이용하여 말하고자 하는 내용의 주제가 쉬 드러나게 하라.
6. 추상적이고 모호한 표현을 피하고 문장도 간결하게 써라.
7. 본인이 쓴 글은 반드시 퇴고 후 교정하고 여러 차례 낭독해 보도록 하라.

자기 소개서는 입학사정관제 시험 하에서 9월 초에 수시 원서 접수에서부터 본격적으로 활용된다. 여름방학은 수험생들이 입학사정관제 자기소개서를 본격적으로 작성하고 충분히 연습할 수 있는 시기다. 여름방학 때 자기소개서 작성 연습을 틈틈이 해두는 것이 9월 이후 지속적으로 자기소개서를 작성할 필요가 있을 때 실력을 발휘하고 실수하지 않는 방법이다.

특수목적대학 진학

우리나라의 2011년 현재 대학 진학률은 72.5%로 세계 1위이다. 이 수치가 2008년에는 83.8%까지 치솟았지만, 다소 낮아지고 있는 추세다. 참고로 미국이 64%, 일본이 48% 그리고 독일이 36%이다. 표에서 보듯이 1990년만 하더라도 우리의 대학 진학률은 33.2%였었다. 그리고 1980년대 초반에는 대학 진학률이 20% 정도였다고 한다. 우리나라에서 이렇게 대학 진학률이 높아진데에는 많은 이유가 있겠지만, 사회적 비용 측면에서만 본다면 반에서 꼴등하는 학생까지 대학에 진학하는 이런 현상이 과연 올바른 것인지에 대해서는 더 깊은 사회적 성찰이 필요할 듯하다.

고교 졸업자의 대학진학률 현황 (통계청)

구분	고등학교→고등교육				
	졸업자	합격자 기준		등록자 기준	
		학생 수	진학률	학생 수	진학률
2013	631,197	–	–	446,474	70.7
2012	636,724	–	–	453,899	71.3
2010	633,539	500,282	79	477,384	75.4
2005	569,272	467,508	82.1	417,835	73.4
2000	764,712	519,811	68	473,803	62
1990	761,922	252,831	33.2	206,790	27.1

1) 진학률(%)= 당해 연도 고교 졸업자 중 진학자 / 당해 연도 고교 졸업자 * 100
2) 2011년부터는 대학진학자 기준이 대학등록자로 변경됨(종전: 당해 연도 2월 대학등록자)

위의 대학진학률을 토대로 보면, 지금의 대학 진학자 가운데 상당수는 1970년대 혹은 1980년대의 고졸자 보다 못한 사회적 기회를 갖고 우리사회에서 살아가게 된다. 2011년 현재 대졸자의 취업률은 54%정도다. 대학을 졸업하지만 당장 대졸자의 절반가량이 실업자가 되는 교육시스템 속에서도 우리는 부나방처럼 대학에 진할 할 수 밖에 없는 것이 현실이다. 대학에 진학한 후에 짧게는 2년 길게는 4~5년동안 학비를 감당해야하는 부모의 입장에서는 깨진 항아리에 계속 물을 길어 붓는 격이다. 이 거대한 문제를 해결하는 것은 나라의 높은 분들의 몫으로 남겨두고, 여기서는 교육비가 전혀 들지 않고 100% 취업이 보장되는 몇몇 특수목적 대학에 관해 알아보도록 한다.

본론에 들어가기 전에 필자의 한 친구 예를 들어보자. 필자의 죽마고우 중 한명은 현재 세무공무원이다. 지금은 없어진 '세무대학'에 진학하여 2년 수학 후 세무서에 자동취업 한 그 친구는 지금 국세청에서 간부 직원으로 열심히 근무하고 있다. 고교졸업 당시 우수한 성적 때문에 담임선생님이 연고대 진학을 권유했었지만, 본인의 여러 상황과 적성을 고려하여 당시 '세무대학'에 진학한 그 친구의 선택은 지금의 시점에서 보자면 꽤 괜찮은 선택이었음에 틀림없다. 지금은 없어진 세무대학이 당시에는 경향 각지의 우수한 인재들을 무상으로 교육 후 취업 시켰던 훌륭한 특수목적 대학이었다.

특수목적대학교 전국 특수목적대학교 명단

학교명	홈페이지
경찰대학	http://www.police.ac.kr/
육군사관학교	http://www.kma.ac.kr/
해군사관학교	http://www.navy.ac.kr/
공군사관학교	https://www.afa.ac.kr/
국군간호사관학교	http://www.afna.ac.kr/
광주과학기술원	http://www.gist.ac.kr/
대구경북과학기술원	http://www.dgist.ac.kr/
울산과학기술대학교	http://www.unist.ac.kr/
한국과학기술원	http://www.kaist.ac.kr/
한국방송통신대학교	http://www.knou.ac.kr/
한국예술종합학교	http://www.karts.ac.kr/
한국전통문화대학교	http://www.nuch.ac.kr/

위의 표에 나와 있는 대학들이 우리나라에 있는 주요 특수목적대학들이다. 이 중에 특히 '경찰대학교, 육/해/공군 사관학교, 국군간호사관학교'는 교육비가 전혀 들지 않고 졸업과 동시에 취업이 보장되고, 재학 중에 숙식은 물론 약간의 생활비까지 제공받는 비용 제로의 고등교육기관들이다.

필자는 다른 선생님들에 비해 위에 언급된 대학에 진학한 제자들을 상대적으로 많이 가지고 있다. 필자가 '경찰대 및 사관학교' 진학을 전문으로 하는 학원에서 다년간 강의를 했었기 때문이다. 고교 졸업 후 재수를 거치지 않고 위의 특목대에 진학하면 더할 나위 없이 좋겠지만, 재수나 3수 후에 특목대에 진학하는 학생들도 국가가 길러내는 특수대학에 다닌다는 만족감과 대학졸업 후 취업이 보장된다는 사실에 무척 만족스러워 하며 대학들을 선택한다.

필자는 여기에 기억에 남는 학생들 3명에 관한 에피소드를 소개하고자 한다.

첫 번째, 필자의 제자 중에는 수도권의 일반 고등학교에서 반에서 중간쯤 하는 성적으로 고등학교를 졸업했던 친구가 3수 후에 경찰대에 진학한 친구가 있다. 재수를 마쳤을 때 그 친구는 고교 졸업당시에 비하면 성적이 상당히 향상되어 있었지만, 당장 경찰대에 진학할 정도는 아니었다. 집안 환경이 그리 좋지 못해서 당시 그 친구의 작은아버지가 학원비를 내줬었던 그 친구는 주변의 예상과는 달리 3수를 하겠다고 나섰고 3수 후에 치른 수능에서는 애초에 경찰대 합격자 명단에는 들지 못하고 예비합격자 명단에 포함되어 있었다. 재수, 3수 시절에 정말 열심히 공부했던 그 친구는 고려대와 지방의 의대에 합격한 상황이었다. 하지만 경찰대 합격자 입교일 입교 시간인 오후 5시에서 2시간가량 밖에 남지 않은 오후 3시 무렵에 경찰대로부터 '입교할 수 있다'는 전화를 받았다. 그 친구는 아무런 망설임도 없이 경찰대 입학을 선택했다.

두 번째, 충남 삽교천 근처 출신의 순진한 재수생 한명이 있었다. 이 친구는 7월에 실시된 해군사관학교 1차 시험에서 탈락했었다. 사관생도가 되는 청운의 꿈을 안고 필자가 근무하던 학원에 왔던 그 친구는 예선탈락이라는 큰 패배를 맛봤다. 하지만 그 친구는 다시 힘을 내서 역주를 했고, 결국은 고려대 화학과에 합격하게 되었다. 그 친구의 회고담을 빌리면 7월에 치른 1차 시험에서 객관화된 자기 점검을 토대로 더 치밀하게 수능을 준비할 수 있었고 수능에서 더 좋은 성적을 얻을 수 있었단다. 순진한 그 친구는 후에 필자와 맥주를 한잔 하는 자리에서 '선생님, 전 정말 운이 좋았어요. 수능에서 잘 몰라서 찍었던 문제들이 운 좋게도 거의 다 맞았어요.'라고 말했다. 이에 필자는 '선웅아, 그건 네가 운이 좋은 것이 아니라 기본 실력이 있어서 그런 거다. 찍어서 답을 맞추는 것도 기본적으로 실력이 있어야 하거든.'라는 대응으로 그 친구를 축하해주었다. 사관학교에 진학하는 것이 인생의 유일한 목적인 것처럼 알고 재수를 시작했지만, 막상 다른 대학에 진학해보니 전에 몰랐던 만족감과 배울것이 많다고 좋아하던 그 친구는 고려대 응원단의 일원이 되어 까만 피부를 자랑하며 가끔 학원에 오곤 했었다.

세 번째, 필자는 보령의 한 고등학교에 초빙되어 방과 후 강의를 할 기회가 있었고, 거기서 우수한 학생들을 여러 명 만날 수 있었다. 그러던 중에 필자는 이제 갓 중학교를 졸업한 학생들에게 경찰대 진학에 관한 얘기를 했었다. 그 중 한 학생은 나에게 개인적으로 찾아와 '경찰대 진학'에 관한 여러 가지 질문을 했었다. 워낙 성실하고 공부하는 태도가 잘 잡혀있던 그 학생은 3년 후 경찰대에 수석으로 입학하게 되었다. 서울대, 경희대 등에도 모두 다 합격했던 그 친구는 경찰대 수석합격의 영광을 선택하여 진학하였다.

필자가 위의 세 가지 성공스토리를 말하고 나니, 무슨 입시의 '마이다스의 손'으로 본인을 소개하는 것 같아 쑥스럽다. 하지만 여기서 필자가 말하고자 하는 요지는 특목대 진학 자체의 장점과 더불어 특목대를 준비하는 학생들이 갖는 입시준비 과정상에서의 장점이다. 4개의 사관학교와 경찰대는 7월 마지막 주 토요일에 1차 시험을 치른다. 이 시기는 고3 수험생들이나 재수생들이 가장 힘들어 하고 지쳐있는 시기다. 하지만 이때 큰 시험을 치러야 하는 학생들은 고3 1학기에 여타 학생들에 비해 훨씬 의욕적으로 공부하고, 딴 데 정신을 팔지 않는다. 시험이 11월에 있는 학생들과 당장 7월에 시험에 있는 학생들이 5, 6월에 공부하는 태도는 천자 만별이다. 그래서 필자는 굳이 특목대 진학을 목적으로 하지 않더라도 특목대 1차 시험을 치러보는 것이 수능이라는 장도에 있는 수험생들이 자기점검을 하면서 공부를 해나가는데 많은 도움이 된다고 생각하며 1차 시험에 지원해 볼 것을 권하고 있다.

학비와 숙식을 모두 국가가 해결해주는 것은 차치하고라도, 멋진 제복을 입고 남들 앞에 당당하게 서게 될 귀하의 자녀! 멋지지 않은가? 한번 도전해 보도록 권해보시라!

명문대 입시의 열쇠 – 수학

간혹 자녀가 진학을 원하는 대학과 부모가 원하는 대학이 차이를 보일 수도 있다. 하지만 자녀가 명문대에 진학하는 것을 싫어 할 부모는 거의 없다. '너 왜 집에서 가까운 대학을 두고 서울에 있는 명문대에 가려고하니?'라고 자식을 책망 할 부모가 어디 있을까? 그럼, 우리의 자녀를 명문대에 보내기 위해서는 어떻게 해야할까? 그 답은 아주 쉽다. '국/영/수'를 잘하면 된다. 우리나라에서 근대 입시역사가 시작된 이래로 국영수를 잘하면 좋은 대학에 간다.

그럼 고3 수험생들은 어떤 과목을 가장 열심히 공부하고 있을까? 유웨이닷컴www.uway.com이 2014년 4월 14일부터 2014년 5월 6일까지 2015학년도 입시를 준비하는 대입 수험생 731명을 대상으로 실시한 학습 실태를 묻는 온라인 설문조사에 따르면 '수학'이라고 응답한 수험생이 절반인 50%를 차지했다. 이어서 '영어' 28.1%, 국어 9.9% 사탐 7.5%, 과탐 4.5% 순으로 답하였다. 학기 초임을 감안하더라도 수학에 집중하는 수험생의 비율이 절대적으로 높은 반면 국어라고 답한 수험생의 비율은 상대적으로 낮았다.

우리가 이 통계를 살필 때 이 설문조사 시기가 6월 모의고사가 치러지기 전이라는 사실에 유의할 필요가 있다. 실제로 2014학년도 대학수학능력시험 결과를 분석해 보면 전체 수학 응시생 중 무려 34.1%가 30점에도 미치지 못하는 사실상 한 문제도 풀지 못했다는 의미다 최하위권에 속한 것으로 나타났다. 이는 국어 4.6% 와 영어 7.1% 와는 비교가 안될 정도로 높은 수치다. 기본적인 문제만 풀 수 있는 50점미만의 하위권 비율도 수학은 22.0%로 국어 14.2% 와 영어 18.0% 보다 높았다.

그렇다면 왜 수험생들이 가장 열심히 공부하고자 하는 수학과목의 점수가 이토록 기대 이하로 나오는 것일까? 그 이유를 간단히 말하면 수험생들이 여름방학을 기점으로 수학을 포기하는 비율이 급증한다는 것이다. 현행입시에서 중상위권 대학들은 '국영수+탐구 1~2과목'의 전형을 실시하지만, 중하위권 대학의 경우 문과는 '국영+사탐', 이과의 경우 '영수+과탐'을 중심으로 학생을 선발한다. 따라서 문과 학생의 경우 본인이 중상위권 이상의 대학에 진학하지 않을 경우 6월 모의고사 이후가 되면 거의 수학을 포기하게 된다.

대입에서 국영수가 중요 자리를 차지하지만, 그 중에서 명문대 입시에 가장 절대적인 영향을 미치는 과목은 수학이다. 수학은 입시제도가 어떻게 변하든지 간에 그 위상에 흔들림이 없는 입시계의 절대 갑이다. 이는 문이과를 구분하지 않는다. 10여 년 전에 강남엄마들은 자녀들이 초등학교 고학년 일 때 미국이나 캐나다 등에 1~2년 동안 영어공부를 위해 영어 어학연수를 보냈었다. 하지만 지금은 수학의 중요성을 간파하고 중학생이 되기 전에 수학

선행학습에 올인시킨다.

현행 수능제도는 표준점수제도를 채택하고 있다. 이는 난이도가 높은 과목에서 고득점을 받으면 상대적으로 다른 수험생과의 격차를 더 벌릴 수 있다는 것을 의미한다. 실례로, 2014학년도 수능시험에서 수학B형주로 이과학생용의 최고 표준점수는138점이었고, 수학A형주로 문과학생용의 최고 표준점수는 143점이었다. 이는 국어와 영어에 비해 최대 11점이나 높고, 표준점수 최고점과 1등급 커트라인 간의 차이도 크다는 것을 의미한다. 또 수학 표준점수 최고점과 1등급 커트라인 간 차이는 A형과 B형 각각 6점이었다. 국어 A/B형은 표준점수 최고점과 1등급 커트라인 간 차이는 4점에 불과했고 영어 A형은 4점, 영어 B형은 7점인 것을 감안하면 상위권 변별력이 큰 것으로 나타났다.

고3쯤 되는 학생들은 거의 대부분 그들 스스로가 본인들이 원하는 중상위권 대학에 진학하기위해서는 수학에서 좋은 점수를 얻어야 한다는 것을 잘 알고 있다. 하지만, 막상 모의고사를 몇 번 치르고 나면 더 이상 점수가 오르지 않는 수학에 시간을 투자하는 것이 다른 과목의 성적하락에까지 영향을 미친다는 것을 직관적, 이성적으로 알게 된다. 그래서 그들은 마음속으로 눈물을 머금고 수학을 포기한다. 결국, 부모가 자녀를 좋은 대학에 보내고 싶다면 자녀들이 수학포기자의 대열에 들어가지 않도록 제도적 장치를 마련해 주는 것이 절실히 필요하다. 필자는 농담처럼 학생들에게 얘기한다. '좋은 대학에 가고 싶으면 수학을 열심히 해라. 취업이나

사회에서 성공하고 싶으면 영어를 열심히 해라. 그리고 인생에서 성공하고 싶으면 독서를 해라.'

 수학공부를 잘하기 위한 tips

1. 개념, 원리, 법칙을 이해하고 암기하라
   선생님의 설명을 이해하고, 해당 이론이나 공식을 증명하고, 공식 및 이론을 암기하라. 수학도 암기가 중요하다.
2. 연산 훈련을 충분히 하고 어려운 문제는 풀이과정까지 암기할 정도까지 익혀라.
3. 문제풀이의 순서는 그 순서자체를 익히고 암기하라.
4. 틀린 문제는 꼭 다시 한 번 풀어보고 유사한 문제를 충분히 풀어보라.
5. 시간표를 짜지 말고 (진도)계획표를 짜라. 하지만 문제를 풀 때는 시간을 정해놓고 풀어라.
6. 어려운 교재보다는 쉬운 교재부터 공부하고 같은 책을 반복하라.
7. 오답노트를 작성하고 해답을 정독하고 다른 사람의 해법을 참고하라.
8. 학교기출문제나 기출문제는 반드시 풀고 본인의 약점을 파악 하라.

출세의 거대한 욕망 – 영어

'한국사회에서 영어는 단순한 의사소통의 도구가 아닌 그 이상의 의미를 갖는다. 지난 세기, 영어는 한국인에게 근대화로 가는 꿈의 언어였다. 가난의 시대를 넘어서기 위해 필요했던 생존의 언어이자 살아남기 위해 배워야 했던 기회의 언어였다.' – EBS는 2013년 11월과 12월에 '한국인과 영어'라는 기획프로그램을 방송했고 그 인덱스 글의 서문에 앞의 글을 게재했었다. 개화기 무렵 이후 한국사회에서 소위 파워엘리트power elite라 불리는 출세한 사람들의 가장 보편적인 무기는 학력, 그중에서도 특히 영어실력에 기반 한 학력이었다. 우리가 개화기나 일제 시대를 살아본 경험이 없는 까닭에 당시 영어의 위력을 간과하는 경향이 큰데, EBS에서 소개되는 당시 영어 중시 풍조는 우리의 상상을 훨씬 뛰어넘는 수준이었다.

영어가 한국에서 처음으로 교육되기 시작한 것은 조선말기인 1883년 '동문학'이 세워지면서부터였다. 이후 1886년 '육영공원'에서 영국인 교사들이 영어로만 영어를 가르치는 최초의 영어몰입교육이 시작되었다. 이후 배재학당, 이화학당 등이 1910년까지 활발하게 영어를 중점적으로 교육했다. 이후 1910년 일제 강점기 때 일본이 조선에서의 영어 교육을 대폭 축소해 암흑기에 빠졌고 이 시기부터 원어민이 영어를 직접 가르치던 교수법에서 일본인 강사들이 문법과 독해를 주로 가르치는 번역식 교수법으로 전환되었다.

대한민국 건국 이후부터 영어는 미국식 영어로만 중학교, 고등학교에서 교육되었다. 이후 1980년대에는 일제 시대 영어교육의 산물인 문법 번역식 교수법에서 독해/회화/듣기 중심 교육인 청각 구두식 교수법으로 바뀌었다. 1997년부터는 기존 중학교 1학년부터 배우던 영어 교과가 초등학교 3학년부터 배우도록 확대되었고, 일부 사립 초등학교에서는 1학년부터 영어교육을 실시하고 있다.

영어라는 과목은 교육의 현장에서는 괴물로 진화해있다. 부모들이 자녀가 가장 잘하기를 바라는 과목도 영어이고, '기러기 아빠'를 만들어낸 주범도 영어이고, 대학생들이 취업을 앞두고 가장 걱정이 되는 과목도 영어다. 한국직업능력개발원의 2014년 조사에 따르면 실제로 대학생들이 영어 공부에 투자하는 시간과 비용이 전공과목 공부의 두 배에 달하는 것으로 나타났다. 영어는 이제 단순히 학창시절에 배우는 학업과정의 한 과목의 범위를 넘어서서 사회적 비중이 너무도 커진 별도의 영역이 되었다.

우리사회에서 영어의 중요성이 커진 데는 사회의 근대화와 경제발전이 대미의존관계에 기인한 이유가 크다. 또 사회 · 문화적으로도 미국과 긴밀한 협력을 해왔기에 영어교육이 강조될 수밖에 없었다. 이런 과정 속에서 영어교육에 쏟아 붓는 사회적 비용도 막대한 규모가 됐고, 이에 관한 논쟁 또한 수그러들 기미를 보이지 않는다.

2013년 기준으로 한국의 사교육비는 총 19조이고 이중 영어가 6조4602억 원으로 최다를 차지한다. 흥미로운 것은 수학 6조 2000억 원 이 영어의 사교육비를 앞서는 시점은 중학교 2학년 때다. 영·유아부터 중2 때 까지는 영어가 사교육 시장을 주도하는 셈이다. 2012년에 한국개발연구원 KDI 김희삼 연구원이 발표한 '영어교육 투자의 형평성과 효율성 보고서'를 보면 월 소득 100만원 미만 가구에서 영어 사교육을 받는 학생 비율은 20% 수준으로, 월 소득 500만 원 이상인 가구의 사교육 참여비율 70%와 3.5배 차이가 났다. 100만원 미만 가구 학생의 1인당 월평균 사교육비 1만6000원 도 700만 원 이상 가구 학생 16만3000원 의 10분의 1 수준이었다.

실제 가구소득에 따른 과목별 수능성적 차이는 수학이나 국어보다 영어에서 두드러졌다. 월평균 가구소득이 100만원 늘어났을 때 영어 과목의 수능성적 백분율은 2.9% 오르는 것으로 나타났다. 같은 조건에서 수학은 1.9%, 국어는 2.2% 높아졌다. 도시 학생과 농촌 학생 간의 점수 격차도 영어 과목에서 가장 크게 나타났다. 일반적으로 영어 실력은 개인의 재능이나 노력이외에 주변 환경의 영향을 받는다고 알려져 있다. 영어는 소득에 따른 계급화가 가장 두드러진 과목이다.

그렇다면 왜 우리사회의 구성원들은 영어에 전력을 다해 달려드는가? 그것은 근대화 이후 그간의 경험을 통해 영어실력과 성적이 상급학교 진학은 물론 자신의 능력을 외부에 증명해준다고 믿기 때문이다. 심지어 영어는 사회의 상위 엘리트그룹에서는 주변의 자발적 복종과 생존을 보장하는 도구의 역할을 충실히 하고 있다.

사람은 누구나 그 가치가 증명되지 않은 재화나 용역에는 푼돈이라도 함부로 쓰려고 하지 않는다. 하지만 그 재화나 용역의 효용이 주는 이익을 경험한 사람들은 별 거리낌 없이 비용을 지불할 준비가 되어 있다. 자녀들 보다는 부모들이 더 영어교육에 열을 올리는 이유는 영어교육이 가져올 엄청난 효용성을 잘 알고 있기 때문이다.

우리시대에 영어의 가치는 무엇인가?

1. 영어는 입시의 절대 과목중 하나다.

한국에서 근대교육이 실시된 이래로 개인의 영어능력은 상급학교 진학의 주된 요소였다. 특히 사회적 신분을 결정하는 첫 번째 사다리인 명문대에 진학하기 위해서는 영어는 수학, 국어와 함께 당락을 좌우하는 가장 중요한 과목이다. 영어는 외고와 민사고 입시는 물론 대학입시에서 가장 큰 배점2014년 학년도 수능 기준 원 점수 100점을 차지하고 있다. 또 과목별 가중치를 영어에 두는 대학이 많아서 영어 과목의 성적에 따라 당락이 좌우되는 경우가 예상보다 많다.

2. 영어는 취업을 결정하는 중요 요소다.

대학을 졸업한 취업준비생의 취업에 큰 영향을 많이 미치는 요소는 영어실력이다. 각종 공무원시험9급 공무원시험에서 사법고시에 이르기까지에서도 영어 과목은 예외 없이 필수과목으로 지정되어 있다. 또 글로벌기업을 지향하는 국내 대기업이나 다국적 기업에서 신입사원이나 경력직사원을 채용할 때도 영어실력은 반드시 요구되는 필수요소다.

그래서 요즘 대학생들은 1년 정도의 영어 어학연수를 거의 필수적인 코스로 간주한다. 또 토익TOEIC, 텝스TEPS 등 각종 인증시험에 집중할 수밖에 없다. 거기에 덧붙여, 영어면접은 물론 영어 프레즌테이션presentation 능력까지 검증하는 기업들이 점차 늘고 있다. 영어 과목을 포기한 채로 대학에 입학할 수는 있을지 모르지만, 공무원 채용시험이나 글로벌사이즈 규모의 기업에 취업하는 것은 불가능하다.

3. 영어는 기업업무를 향상시키는 도구이다.

한국의 대표적 글로벌기업인 LG전자는 2004년 영어공용화ECL-English as a Common Language의 추진을 선언했고 현재 활용중이다. LG전자는 글로벌 경쟁에서 영어를 모국어로 쓰지 않는 기업의 가장 큰 장벽은 경쟁사가 아닌 글로벌 언어라는 인식에서 영어공용어 사업을 시작했고 이는 일정수준의 성과를 내고 있다. 영어공용화는 국내보다 훨씬 더 일찍이 싱가폴, 스위스, 북유럽국가에서 채택 활용됐었으며, 일본라쿠텐, 유니클로, 혼다, 브릿지스톤, 중국레노바, 화웨이 등 비유럽권 국가로도 확산되고 있다.

영어가 전 세계 비즈니스용 언어로 활용되는 이유는 영어이외에 별다른 대체재가 없기 때문이기도 하고, 영어를 이용한 정보, 취득의 용이성과 의사소통의 편리성 때문이기도 하다. 영어를 사내 공용어로 채택하면 전 세계에서 인재를 고용하기 쉬워지고, 글로벌 시장 진출이 수월해지며, 해외 마케팅에서도 매우 우월한 지위를 차지할 수 있다. 일본의 라쿠텐의 회장 히로시 미키타니는 영어라는 언어가 가능케 하는 비서열적 인간관계와 비권위적 언어구조를 통한 수평적 의사소통의 장점을 기업내 영어활용의 추가적인 이점으로 지적하고 있다.

4. 영어는 문화의 폭을 넓혀준다.

언어를 습득하는 것은 그 언어가 갖는 문화와 사고를 습득하는 과정이다. 영어는 전 세계적으로 가장 널리 사용되는 언어 일뿐 만 아니라 현존하는 가장 오래된 언어가운데 하나이기도 하다. 우리는 영어를 습득하는 과정에서 은연중에 그 언어에 담긴 문화를 체험하고 배우게 된다. 국제화된 사회에서 세계의 주인공이 되기 위해서는 다른 문화에 대한 이해와 넓은 시야를 가져야 한다. 영어공부는 언어습득만을 목적으로 하는 것이 아니라 타 문화의 비판적 수용과 우리문화의 보존을 위해서도 꼭 필요한 것이다.

5. 영어는 국제적 소통의 도구이다.

현재 전 세계에는 6~7천여 개의 언어가 존재하고 언어와 문자가 함께 존재하는 언어는 100여종이다. 이 가운데 UN이 정한 6

대 공용어는 영어, 아랍어, 중국어, 프랑스어, 러시아어, 스페인어다. 우리가 사업이나 토론을 목적으로 다른 나라 사람을 만날 때 두 사람이 서로의 모국어를 알지 못한다면 가장 흔하고 쉽게 사용하는 언어가 영어다.

세계 전역에서 만들어지는 인터넷 콘텐츠의 57%가 영어로 제작되며, 과학기술논문SCI: Science Citation Index의 경우 거의 전적으로 영어로 작성된다. 과학논문이 영어로 제작되는 이유 중의 하나는 영어를 모국어로 활용하는 영국과 미국이 근대 학문의 발전을 주도해왔다는 측면도 있지만, 영어의 약자활용의 강점 때문이기도 하다. 오늘날 게재되는 과학기사의 98%이상도 영어로 공표된다. 라틴어가 독점적으로 점유했던 과학용어는 19세기에 영어, 프랑스어, 독일어에게 그 자리를 양도했고, 20세기 초반 독일출신 유대인과 사회주의자들이 영국과 미국으로 대거 망명함으로써 영어는 세계 과학계의 공용어 자리를 차지하게 되었다.

일부 미래학자들은 2030년이 되면 전 세계인이 거의 전부 영어를 어느 정도 구사할 수 있을 정도로 영어가 일반화 될 것이라고 예측 한다. 지구촌의 국경과 소통의 장벽이 완화되면 될수록 영어의 활용은 더욱 보편화 될 것이고 영어의 세계 공용어로서의 지위는 더욱 확고해 질 것이다.

6. 영어는 언어 그 자체로서 많은 장점을 가진 언어다.

영어는 언어자체로 많은 장점을 가지고 있다.

첫 번째로, 영어는 전 세계에 존재하는 언어 가운데 가장 많은 어휘인 약 100만개의 어휘를 가지고 있다. 참고로 우리말 어휘는 약 15만개 정도다. 영어가 이렇게 많은 어휘를 갖게 된 주된 이유는 영어가 각종 언어로부터 어휘를 가져다 쓰는 차용어 loanwords 가 많기 때문이다. 어휘가 풍부하다는 것은 그 만큼 다양한 표현력을 가지고 있다는 것을 의미한다.

두 번째는, 영어는 굴절의 단순성을 가진 언어다. 대명사를 제외하고는 명사의 격은 사라졌으며 다만 복수와 단수형태만 있다는 것, 시제는 현재와 과거 두 가지만 있다는 것, 형용사의 굴절은 비교급과 최상급 표현을 하고자 할 때를 제외하고는 완전히 없어졌으며 동사 또한 인칭변화가 완전히 사라지고 대부분이 규칙적인 변화를 하고 다만 소수의 불규칙 동사를 갖고 있다는 것 등 영어는 다른 언어에 비해 비교적 단순한 굴절을 갖고 있다. 좀 어려운 얘기지만 알아두면 지식이 됩니다.

세 번째, 영어는 인터넷, 모바일, 과학 등 여러 분야에 활용되기에 적합한 약자표현에 적합한 언어다. 우리 젊은이들이 우리말을 줄여서 사용하듯이 영어도 아주 빈번하고 아주 폭넓게 약어 略語, abbreviation 와 두 문자어 頭文字語, acronyms 를 활용하여 줄임말을 사용하고 있다. 다음의 글을 읽어보라. MS U, Lov U, Alw thinkN of U. CU L8R. 이 글은 미국사람들이 흔히 문자로 보내는 글 중의 일부이다. 이글의 원뜻은 (I) miss you, (I) love you, and I always think of you. See you later. 이다. MYOB mind your own business: 상관마, 참견 마, OTOH on the other hand 다른 한편으로는 등도 흔한 예이다.

영어공부를 잘하기 위한 Tips

1. 영문법을 체계적이고 단단히 배워라. 영문법은 영어의 구구단이다. 영문법을 간과하는 것은 시간이 흐를수록 영어가 어려워지는 주된 원인이다.
2. 영어 어휘는 매일 학습하는 것을 원칙으로 하라. 그리고 어휘를 까먹는 것을 두려워하지 말라. 어휘 암기 뇌는 반복에 의해 활성화되고 그 단어의 뜻은 명확해진다.
3. 좋은 문장은 여러 번 읽고, 짧은 문장은 최대한 암기하도록 노력하라.
4. 영어 듣기는 귀로만 하지 말고 반드시 입으로 하라. 좋은 팝송을 듣는 것은 아주 좋은 영어듣기 학습법이다.
5. 영어의 완성은 영작에 있다. 영어글쓰기를 잘하면 영어 독해와 문법실력도 비례하여 향상된다.
6. 영어로 된 영상보다는 영어 음성을 듣는 연습을 하라. 즉 미드보다는 영어 라디오 방송이 듣기실력 향상에 더 많은 도움이 된다.
7. 원서와 영자신문 읽기는 많이하면 할수록 좋다.
8. 기회가 되면 원어민이나 영어를 잘하는 사람과 많은 대화 기회를 가져라. 구사하는 영어가 좀 틀리더라도 걱정하지 말고 영어식 표현을 늘 고민하고 익혀라.

재수생 강세현상과 8학군

2013년 5월 7일자 한겨레신문은 '2012학년도 대학수학능력시험수능에서 특목고 · 자사고를 제외한 일반고 출신의 상위 3,000등 가운데 절반은 재수생이고, 그 절반은 서울에 살며, 또 그 절반은 부유층이 몰려 있는 강남 3개구강남 · 서초 · 송파구에 있는 고교 출신인 것으로 확인됐다.' 라는 기사를 전하고 있다. 이 기사를 좀 더 구체적으로 살펴보면, 전국 상위 3,000등동점자 포함 3143명중 47.1%가 재수생1480명이고, 이 중 40.3%가 서울 지역 고교 졸업생597명이며, 이 가운데 절반인 50.8%가 강남 지역 고교를 졸업한 재수생303명인 것으로 나타났다.

입시기관 '하늘교육'에 따르면 2012년 서울 강남구 소재 고교 졸업생 중 76%가 재수를 택했다고 한다. 교육 환경이 좋은 서초구68% · 양천구57% · 송파구52%도 재수 비율이 높은 지역이다. 반면 금천구31% · 성동구31% · 구로구28% 등은 낮은 편이었다. 서울26%의 재수생 비율은 다른 광역시13%나 중 · 소도시14%의 두 배 수준이었다. 학교별로는 특목고32% 졸업생이 일반고16% · 특성화고7% 졸업생에 비해 재수를 더 많이 했다. 수능 전국 3,000등 가운데 강남 3구 출신 재수생 비율은 10.5%다. 교육부 통계에 따르면, 전국 일반고 고교생(138만1130명) 가운데 강남 3구 고교생(5만1794명)의 비율은 3.8%에 불과하다. 이를 강남을 제외한 전체 지역 재수생들과 비교해보면 강남의 재수생들이 전국 3,000등 안에 드는 비율은 타 지역에 비해 7.6배에 이른다.

자꾸 통계를 얘기하니 복잡하다. 좀 간단히 말해보자. 서울 강남의 주요 명문 고등학교는 매년 총 정원 450명 가운데 150명 가량을 SKY에 보낸다. 그 중 $\frac{1}{3}$은 재학생이고 나머지 $\frac{2}{3}$는 재수생(N수생 포함)이다. 강남 3구의 인구는 약 170만명이고, 이는 전국인구의 3.4%를 차지한다. 한국개발연구원(KDI)이 2012년에 발표한 '대학 진학 격차의 확대와 기회형평성 제고방안' 보고서에 따르면 서울지역 학생 중 15개 주요 특수목적고 졸업생들의 서울대 입학비중은 2002년 22.8%에서 2011년 40.5%로 빠르게 확대됐다. 또 특수목적고와 강남 3구 학생들의 서울대 입학 비중을 합치면 그 비중은 같은 기간 56.2%에서 65.7%로 늘어났고 여기에 강남 3구 이외 서울대 진학률 상위 3개구(양천 광진 강동)까지 더하면 입학비중은 70.8%에서 74.3%로 증가했다. 정말 놀라운 독식현상이다.

강남권 학생들이 명문대 입시에서 두드러진 성과를 내는 통로는 크게 3가지이다. 특목고 독식, 강남의 명문고와 사교육의 힘, 재수생들의 성적이 향상되는 '재수효과'가 바로 그것들이다. 한국교육개발원(KEDI)이 발간한 '2013 한국교육종단연구' 보고서에 따르면 재수생들의 성적이 향상 되는 '재수효과'는 확연하다. 2013학년도 수능에 응시한 재수생 727명을 분석한 결과 이들의 언어 ·

수리 · 외국어 영역 성적은 평균 3.54등급으로 나타났다. 전년도에 얻은 성적(평균 4.29등급)보다 크게 상승했다. 이 보고서는 ▶재수생의 각 영역별 수능 성적(표준점수)은 재학생보다 약 7~11점 높고 ▶ 1등급을 받은 비율도 재학생보다 2~3배 많다고 밝혔다.

'재수=성적향상'이란 공식이 성립하는 현실 속에서 수험생들이 상위권 대학 진학을 위해 재수를 선택하는 데는 다른 무엇보다도 부모의 소득이 직접적인 영향을 미친다. 부모의 월평균 수입(600만~800만원)이 많은 가정의 자녀는 25%가 재수를 택했으나, 200만원 미만 가정의 자녀는 9%가 재수를 택했다. 한 수험생이 재수를 선택하고 재수학원에서 수업을 듣기위해서는 한 해 최소 1,000만원의 비용이 필요하다. 학업환경이 더 강제적이고 효율적인 기숙학원의 경우는 한 달에 200만 원 이상 든다. 게다가, 이미 합격한 대학을 다니면서 재수를 준비하는 '반수생'의 경우 대학 등록금까지 준비해야 한다. 부유층 학생들은 국제중과 특목고 등 명문 중 · 고등학교를 나와서 명문대에 진학하거나, 많은 비용이 들어가는 재수라는 '패자부활전'에도 다수 참여해 대학 입시에서 유리한 위치를 점하고 있는 셈이다.

한때 수시모집이 확대되면서 4년제 대학 합격자 가운데 재수생 비율이 잠시 주춤했다가, 수시중심체제가 고착화됨에 따라 다시 재수생 강세가 다시 나타나고 있다. 이제는 재수생 전문 학원들이 논술과 내신, 수능을 합산해 전체 정원의 60% 수준을 차지하는 수시모집에 대비하는 수업도 강화하고 있기 때문이다. 2012학년 수도권서울 경기 인천 소재 4년제 대학에 합격한 신입생 가운데 재수생 비율은 33.6%에 달했다. 최근 6년 간 최대 수준으로, 재수생은 수능을 위주로 한 정시에 집중하고 수시에는 불리하다는 통설을 뒤집는 결과를 보여주고 있다.

재수생들의 수능성적이 향상되는 데는 몇 가지 이유가 있지만 일반적으로 다음과 같은 이유 때문이라 여겨진다.

1. 재수생들은 중간고사, 기말고사, 학교행사 등으로 수능에 전념할 수 없는 재학생들과는 달리 1년 내내 수능에 전념할 수 있다.
2. 재학생들이 수능범위의 진도를 고3 여름방학 전 까지 거의 끝내지 못하는 반면에, 재수생들은 고3때 이미 배웠던 과정을 1년 내내 복습하고 심화시킬 수 있다.
3. 재수생들은 본인이 원하는 학원과 강사에게 수업을 들을 수 있다. 또 재학생은 1년에 많으면 4차례정도의 수능 모의고사만을 치르지만, 재수생들은 총 10회 가량의 수능 모의고사를 치른다. 수능은 실전연습이 많으면 많을수록 점수가 향상되는 시험이다.
4. 재학생들은 9월 평가원 시험 후 광폭에 이르는 7~10개 대학의 수시논술을 준비하느라 수능에 집중하지 못하지만, 재수생들은 2~3개 대학에 수시지원하며 별다른 흐트러짐 없이 수능을 준비할 수 있다.
5. 재수생들이 공부하는 학원은 학교보다는 학습 분위기가 좋거나 열띨 개연성이 크다. 학생들 스스로가 더 성숙해서이기도 하고, 학원의 강압적 학습 분위기조성도 재수생 성적향상의 한 원동력이다.
6. 수능을 처음 치르는 재학생들에 비해 이미 한 두차례 이상 체험해 본 재수생들은 수능시험에서 재학생들보다 덜 긴장하며 제 실력을 발휘할 가능성이 커진다.

강남과 목동의 일부 학생들과 학부모들 사이에서는 '재수는 필수, 삼수三修는 선택'이라는 말이 오르내리고 있다. 하지만 재수를 하는 것이 반드시 대입에서 성공을 보장하는 것은 아니다. 전체 재수생727명 중 사실상 재수에 성공한 학생은 30.0%218명에 불과했다. 또 고3때 성적이 수능 전체 평균 4등급이하총 9등급 가운데 상위 4등급 이내 일 때 재수 성공 가능성이 크다는 것이 정설이다. 또 대학을 한 학기 다닌 후에 입시를 다시 준비하는 반수생半修生의 재수 성공률은 순수 재수생보다 훨씬 낮게 나타났다.

재수가 누구에게나 성적을 올려주는 '만능열쇠'는 아니다. 또 재수를 하는 데는 학생본인은 물론 가계에도 상당한 부담을 주고 있다. 그럼에도 수험생 본인은 상위권 대학에 대한 '열망' 때문에 재수를 선택하고, 부모는 자녀가 어려운 길을 가는 것을 알면서도 경제적 · 정신적지원을 해야하는 '고난의 행군'을 한다. 입시전문가들이 제안하는 재수 성공 전략은 전년 입시 실패 원인 파악⇨ 실천 가능 계획 수립 · 실천⇨ 취약 과목 정복⇨ 수능 집중⇨ 절박한 '공부 환경' 설계 등이다. 특히 재수생들에게 독이 되는 것은 재수기간에 빠지기 쉬운 '이성교제'와 '음주 및 오락'이다. 이런데 한눈을 팔게 되면 재수는 소중한 청춘을 돈 들여 날려 보내는 헛된 시간이 된다.

재수생 에피소드

필자는 서울 강남 대치동 소재 재수학원과 용인 소재의 기숙학원에서 꽤 오랫동안 재수생 강의를 했었다. 그간 수많은 학생들과의 에피소드가 있지만, 여기에 재수에 관한 두 가지 일화를 소개한다.

첫 번째 이야기 필자의 제자 중에는 육군사관학교에 수석입학한 O용훈이란 친구가 있다. 그 친구는 재수생 시절에 아주 진중하고 성실했고 지금은 본인의 꿈대로 멋진 육군 장교가 되어있다. 그 친구는 35명쯤이 함께 공부하는 강의실의 끝에서 2번째 줄에 주로 앉아 있었다. 3월 봄부터 초겨울에 이르는 대장정동안에 그 친구의 수업 태도는 정말 나무랄 데 없었고 그에 걸 맞는 결과를 얻었다. 그 친구는 사관학교 생도가 되어 후배들에게 육사를 홍보하기 위해 멋진 육사 제복을 입고 학원에 간혹 찾아왔었고 사관학교를 지망하던 그 학원 재수생 후배들은 박수갈채로 그 친구를 맞이했었다.

필자가 지금 그 친구를 여기에 언급하는 것은 그 친구가 후배들에게 했던 강의 내용 중 다음 몇 마디에 재수 성공의 핵심이 녹아 있기 때문이다. '나는 수업 중에 선생님들이 설명하시는 내용의 95% 가량을 알고 있었다. 하지만 내가 모르는 그 5%를 채우기 위해서 나는 선생님들의 말씀에 귀를 기울였다. 그리고 이해가 안 되는 부분은 꼭 나중에 찾아 가서 질문을 했다. 그랬더니 성적이 향상되었다.' 정말 핵심을 찌르는 말이다. 똑똑한 친구들의 전형이다.

반면에 이성교제도, 음주도 전혀 안하면서 정말 공부를 열심히 했지만 실패한 재수생들도 많이 있다. 그들의 특징은 영어수업

시간에 틈틈이 수학문제를 풀고, 수학시간에는 영어 단어를 틈틈이 암기하는 학생들이다. 얼핏 보면 이것이 수능점수 상승에 도움이 될 것처럼 보이지만 실제는 전혀 그렇지 않다. 이런 친구들의 특징은 선생님들이 설명하는 내용의 60%정도만 알면 그 수업 내용을 다 안다고 생각하고 딴 짓을 한다는 것이다. 그래서 필자가 하도 답답해서 수업 중에 이런 친구들을 일으켜 세워 수업 내용에 관한 질문을 하면 이런 친구들은 전혀 엉뚱한 얘기를 하는 게 일반적이다.

위에 언급한 두 가지 상반된 태도가 재수의 성공과 실패라는 결과를 만들어 낸다. 공부는 머리로 하는 것이 아니라 자세로 하는 것이다. 특히 재수생의 경우는 더욱 그렇다. 학생들이 내가 조금 안다고 해서 선생님의 강의에 귀를 기울이지 않는 것은 정말 바보짓이다. 선생님들이 학생들이 다 알만한 내용을 굳이 재차 설명하는 것은 그 뒤에 숨겨진 더 심화된 내용을 끌어내기 위한 예열에 해당한다. 그 예열 단계를 받아들이지 못하면 절대 고단수의 지식을 수용할 수 없다. 점수 차이는 그 태도의 차이에서 나온다.

두 번째 이야기 1년간 재수를 끝내고 나면, 성적이 향상되어 원하는 대학에 진학하는 학생들도 있지만, 성적이 그다지 향상되지 않고 그냥 고3때 가도 될 대학에 다시 진학하는 학생들도 많다. 남들이 보기에 후자의 경우는 재수가 완전히 망한 경우다. 하지만 필자의 의견은 다르다. 재수를 하는 학생들 가운데 4~5등급 이하의 학생들의 성적은 별로 변하지 않는다. 좀 심하게 얘기하면 이 친구들은 공부하는 자세가 완전 개판인 경우가 많다. 또 고등학교 시절에 그리 공부를 열심히 한 친구들도 아니다.

이런 친구들의 특징은 '본인들이 공부를 안 해서 성적이 안 좋지, 공부를 조금만 하면 금방 성적이 좋아질 것'이라는 헛된 믿음을 가지고 있다는 것이다. 이런 친구들도 재수를 시작하면 3, 4월경엔 정말 열심히 공부한다. 그리고 얼마있으면 '선생님 저는 지난 고등학교 3년 내내 한 공부보다 지난 두 달 동안 공부를 더 많이 했어요. 근데 성적이 오르지 않아요.'라는 하소연을 겸한 상담을 한다. 그리고 여기서 지친 그들은 곧 학업 슬럼프에 빠지고 재수를 지속할 지 여부를 심하게 고민한다. 안타깝게도 이들이 두 달 동안 했다는 그 엄청난 공부양은 본인한테나 엄청난 것이지, 공부를 잘하는 다른 애들이 해온 공부양에 비하면 '모기의 눈물'에 지나지 않는다. 공부를 잘하는 다른 친구들은 그들이 그 두 달 동안 공부한 양과 자세를 지난 3년 동안 혹은 그보다 훨씬 더 오랫동안 지속했고 더 발전 시켜왔다는 것을 이들은 잘 모르고 있다.

필자가 얘기하고자 하는 핵심은 앞의 내용이 아니라 다음의 내용이다. 혹 위의 불성실하게 고등학교 시절을 보내고 재수를 시작했던 학생이 그냥 성적에 맞춰 대학에 진학했다고 가정해 보고 이 학생을 A라고 하자. 그리고 재수를 했으나 성적이 그다지 향상되지 않고 고3때도 선택할 수 있었던 대학에 다시 진학하게 되는 학생을 B라 하자. 그냥 대학에 진학한 A와 재수를 경험한 B의 대학생활이 같을까? '절대 그렇지 않을 것이다.'라는 것이 필자의 결론이다.

필자의 경험에서 보면 어찌됐든 재수과정을 완주한 학생들은 성적의 향상을 떠나 인격적으로 상당히 성숙해진다. 혹 여러분 중에는 이들이 고3 졸업직후 그냥 대학에 갔어도 그 만한 성숙이 있었을 거라고 생각할 수도 있다. 하지만 자유분방한 대학과 재수학원의 분위기는 완전히 다르다. 재수학원은 욕망을 억제하고, 인내하는 것을 배우는 곳이다. 이는 학생들의 개성과 인격을 전체주의적으로 순치시키고자 하는 것이 아니다. 재수학원도 나름 어떤 목표를 세우고 그 목표를 성취하기 위해서 필요한 땀과 인내, 그리고 자기 자신과의 싸움의 방법을 배우고 익히게 하는 삶의 담금질의 과정을 행하는 곳이다.

그렇다고 해서 필자가 재수를 조장하는 것은 절대 아니다. 필자가 강조하는 것은 '기회비용opportunity cost'의 원칙을 학생들이 하루라도 빨리 깨달아야 본인들에게 이롭다는 것이다. 내가 하고 싶은 것을 다 하고서도 공부를 잘 할 수 있다고 생각하는 것은 지극히 바보같은 생각이다. 부모도 학생들도 자주 착각한다. 부모는 애들이 시간이 지나면 철이 들겠지 라고 착각하고, 애들은 그냥 TV보면서 공부해도 괘 괜찮은 대학에 가겠지 라고 착각한다. 인생에서 그냥 얻어지는 것은 아무것도 없다. 내가 진정 원하는 것을 얻기 위해서는 그 만큼 큰 쾌락이나 욕망을 포기하고 땀이라는 대가를 지불해야 한다는 것을 애들이 빨리 알면 알수록 좋다.

동영상강의(인강)의 명과 암

2014년 4월 21일 온라인 교육업계 부동의 1위 자리를 차지하고 있는 '메가스터디'가 인수 · 합병M&A 시장에 매물로 나왔다. 한때 시가총액이 1조원을 넘어 선 적도 있었고 여전히 4,500억원의 시가총액에 보유현금이 1,000억에 이른다는 이 업체가 새로운 주인을 찾아 시장에 나왔다는 것은 한 거대 사교육기업의 부침을 떠나서 '인강'이라 통칭되는 인터넷 강의 혹은 원격강의에 관한 여러 가지 시사점을 준다.

2000년에 설립된 메가스터디는 대한민국 온라인 강의대표주자로서 21세기 새로운 사교육의 트렌드를 주도해왔다. 물론 메가스터디가 등장하기 이전에도 메가스터디가 제공했던 서비스와 유사한 방식의 서비스가 존재했었지만, DJ정부시절 확충된 초고속 인터넷망, 스타 강사 확보, 복잡해진 대입입시요강에 대한 대중 설명회 개최 등의 요소들이 맞물려 그 이전 업체들과는 달리 2000년대에 시장에 안착한 후 급성장을 해왔다. 하지만 입시전형이 더욱 다양화 된 2010년을 기점으로 메가스터디의 성장은 하향곡선을 그리기 시작했다. 그리고 앞으로의 메가스터디의 재부상 전망은 어두워 보인다.

메가스터디의 매각이 던지는 시사점은 인강을 통한 사교육 시장의 패러다임의 변화를 엿보게 한다.

1. 유료 인강의 퇴조

EBS, 강남교육청을 위시한 여러 업체나 기관들이 무료인강을 제공하고 있다. 물론 이런 무료업체들의 인강 제공에 대한 많은 찬반론과 문제가 있긴 하지만, 인강의 소비자인 학부모나 학생이 그 서비스의 질이 유사하거나 조금 떨어진다 하더라도 유료인강 보다는 무료인강을 선호하는 것은 너무도 당연한 일이다. 또 필자의 개인적 의견으로는 메가스터디를 비롯한 일부 유명 인강 업체의 수강료는 오프라인 학원수강료에 비해 지나치게 비싸다. 물론 액면으로 보면 학원비에 비해 얼핏 싸 보이지만 강의시간, 임대료, 기타비용 등을 감안하면 인터넷강의가 제공하는 서비스의 질에 비해서 그 수강료가 지나치게 비싸서 일반 학원비와 거의 맞먹거나 초과한다. 인강 업체의 몰락은 스스로가 자충수를 둔 측면이 있다.

2. 스타강사에 대한 의존의 한계

메가스터디가 초반 성공의 폭풍질주를 할 수 있었던 요인 중 하나는 소위 스타강사들을 전면에 내세운 스타마케팅 덕분이었다. 특히 '대치동'혹은 '8학군'강사들을 전면에 내세운 덕분에 비강남 그리고 지방에 거주하던 학생들은 호기심 반 경쟁의식여기서는 bandwagon(편승효과) 반의 심정으로 메가스터디등을 비롯한 유명 온라인 업체를 선호했었다. 하지만 시간이 지나면서 인터넷 강의에 등장하는 강사들의 강의력이 실제이상으로 과대포장 됐거나 학습 효율성이 떨어진다는 각성이 생겨났다.

일례로 오프라인에서 아주 잘나가던 강남일타 강사들이 온라인에 등장하여 그 끝모를 수준 낮은 강의로 오히려 강단에서 거의 퇴출되었던 예도 허다하다. 또 인강은 편집이 가능하기 때문에 강사의 실제 실력보다는 비쥬얼이나 쇼적인 연출이 중시되는 경우가 많다. 이런 인터넷강의는 처음에는 매력적으로 보였지만, 시간이 지나면서 차츰 식상해지고 학업에 별다른 도움이 안 된다는 것을 학생들이 깨닫게 되었다. 미디어를 통한 교육의 한계중 하나가 서서히 불거져서 겉으로 드러날 만큼 드러나 있다.

3. 세포화 된 사교육의 등장

인강은 소위 'one-size-fits-all표준화된 단일 제품'을 제공하는 교육서비스다. 학생의 수준이나 눈높이 보다는 그 반대로 제공된 강의의 수준에 학생이 맞춰나가야 한다. 이런 방식의 사교육은 이미 대치동을 중심으로 한 사교육 시장에서는 철저히 외면 받고 있다. 면대면 강의의 학원에서 상상도 할 수 없는 이 수업 방식에 수업의 태도를 제어할 방법이 전혀 없는 매체를 통한 강의에서 기대만큼의 효과가 없다는 것을 교육소비자들은 이미 충분히 인식하고 있다. 학원이나 공부방 등을 비롯한 신종 사교육 기관들은 세포화된 학생들을 위한 맞춤customized식 교육서비스를 제공하고 있는데, 일방적 강의가 특징인 인강이 잘 먹힐리는 만무하다.

4. 온라인 강의 자체의 한계 노출

학업을 지도할 때 강사는 학습 내용을 잘 가르치는 것도 중요하지만, 그 이외의 요소에 더 많은 중점이 두어지는 경우가 많다. 강의만 잘하는 강사들이 학원 운영에서 실패하는 경우가 허다한 이유가 여기에 있다. 강사가 애들을 잘 가르치는 것 보다, 애들을 잘 이끄는 것이 더욱 중요해진 시대가 되었다. 애들을 잘 이끌기 위해서는, 학부모 및 학생들과 상담, 출결관리, 과제부과 및 점검, 내신 및 모의고사 성적 관리 등 많은 요소가 필요한데, 인강이 강의 하나만을 가지고 애들의 학습을 끌고 나간다는 것은 바위로 계란치기다.

위에 언급한 인강의 문제점에도 불구하고 인강이라는 툴이 개척한 새로운 학습방식이 우리 교육에서 완전히 사라지거나 그 가치가 철저히 무시될 리는 당분간 없어 보인다. 무료와 유료를 포함한 모든 온라인 강의는 단점도 많지만 그 장점도 많기 때문이다. 그 장점은 아래와 같다.

1. 인강은 무료를 포함하면 전체적으로 비용이 저렴하다.

2003년 EBS가 무료 인강 서비스를 실시한 이래로, 현재 인강은 유료사이트와 무료사이트가 공존하기 때문에 인강의 평균수강료는 학원비에 비해 훨씬 저렴하다. 경제적 부담 때문에 공교육 이외의 보충교육이 필요한 학생들에게 인강의 저렴한 교육비는 분명히 큰 장점이다.

2. 인강은 시간과 공간을 초월해서 강의를 들을 수 있다.

인강의 특징은 학생이 원하는 시간과 장소에 수업을 들을 수 있다는 것이다. 학교수업이나 학원 강의 시간은 대체로 학생의 선택과 상관없이 정해지는 것이 일반적이지만, 인강은 학생이 원하는 시간과 장소에서 수업을 들을 수 있다. 또 학생이 거주하는 지역 밖의 강사의 수업을 들을 수 있다는 것은 교육적으로 소외된 지역의 학생들에게는 커다란 장점이 된다.

3. 인강은 원하는 과목이나 진도를 골라서 수강할 수 있다.

학교수업은 학생개인의 취약과목이나 장점이 있는 과목을 특화해서 강의해줄 수가 없다. 또 사교육의 경우도 이런 서비스를 받으려면, 과외라는 형태의 고비용의 수업을 들어야만 한다. 하지만 인강은 자신이 원하는 과목이나 진도를 골라서 수강할 수 있다. 또 같은 과목이라 하더라도 여러 선생님의 강의를 비교해서 들을 수 있다. 이런 장점은 수강료이상의 장점으로 작용 할 수 있다.

4. 인강은 반복해서 수업내용을 들을 수 있다.

학교나 학원수업은 수업시간이 지나면 사라지는 일회성 강의다. 하지만 인강은 원하는 부분을 반복해서 학습할 수 있는 도구다. 특히 이해가 안 되거나 중요한 부분을 반복해서 듣는 것은 고득점을 얻기 위해서 매우 중요한 부분이다.

5. 인강은 일정 수준이상의 강의를 기대할 수 있다.

인강을 하는 강사들이 반드시 좋은 강사인 것은 아니지만, 일반적으로 학원가나 학교에서 나름의 강의력을 가진 강사들이 등장하는 것이 일반적이다. 학교나 학원에서는 생초보자도 강의를 하지만, 인강에서 생초보가 강의를 하는 경우는 거의 없다. 그래서 인강에서는 최고는 아니지만 일정수준 이상의 강사들의 수업을 기대할 수 있다.

인강의 장단점을 혼합해보면, 인강이 학생들의 완전한 사교육에 대한 대안이 되는 것은 무리로 보인다. 하지만 인강을 잘 활용한다면 비용절감이나 학습효율성의 제고 측면에서 학생이나 학부모들에게 커다란 도움이 될 수 있다. 아래의 올바른 인강의 활용의 tip들을 염두에 둔다면 인강은 현재보다 더 많은 도움이 될 것이다.

1. 인강청취를 위한 스케줄을 만들어라.

인강청취를 학원 수업의 대체재로 생각하는 학생은 사전에 철저한 인강청취 스케줄을 작성해야 한다. 틈만 나면 인강을 듣거나 무분별하게 인강만 듣게 되면 심한 인강의존증에 빠지게 된다. 특히 처음에는 의욕적으로 인강수업을 듣기 시작하지만 명확한 스케줄표가 없으면 인강청취를 중도에 포기하는 경우가 허다하다. 인강은 아주 편리한 수업방식이지만 그 만큼이나 많은 중도 탈락의 위험이 도사리고 있다.

2. 인강에만 의존하지 말고 스스로 공부하는 습관과 병행하라.

인강수업은 일방적 지식 전달방식이다. 인강 강사들은 학생들의 수준이나 학습 수용력에 관계없이 강의를 진행한다. 학원 강사들이 학생들의 학업태도와 학업내용에 지속적으로 관여하고 지도하는 것과는 대조적으로 인강은 철저히 학생스스로가 학업의 주체가 되어야 한다. 학생들이 스스로 학습의 주체가 된다는 것은 정말 어려운 일이다. 그러므로 인강을 선택한 학생들은 스스로 공부하는 습관을 먼저 길러야 한다는 것을 명심해야 한다.

3. 인강수업시 컴퓨터의 활용은 최소화하라.

인강을 듣는 가장 일반적인 도구는 컴퓨터다. 컴퓨터는 말 그대로 멀티미디어이다. 학생들 중에 인강을 들을 때 인강에만 집중할 수 있는 학생들은 극히 소수다. 인강을 듣는 학생들은 채팅과 오락과 인터넷 서핑의 위험이 도사리는 유혹의 바다에 있는 것과 같다. 컴퓨터를 켜두고 유유히 자신이 원하는 인강만 청취하는 것은 엄청난 각오와 연습이 필요하다. 인강으로 공부를 할 때는 다른 유혹의 요소들을 과감히 던져버릴 수 있는 결단이 필요하다. 그런데 과연 학생들이 그런 강한 의지와 습관이 있을까? 거의 불가능한 일이다. 이때 부모의 올바른 지도가 절실히 요구되는데, 가장 좋은 방법은 자녀들이 집에서 인강을 수강할 때 부모가 옆에 앉아서 독서나 뜨개질을 하는 것도 좋은 방법이다.

4. 본인의 수준에 맞는 인강을 골라라.

학생들이 인강과목을 선택할 때, 남들이 하는 과정을 무작정 고르기 보다는 자기 수준에 맞는 강의를 고르는 것이 필요하다. 학교나 학원에서는 고2 학생이 고1이나 중3 학생들의 강의를 듣는 것은 거의 불가능하지만, 인강은 학년을 초월해서 수업을 들을 수 있다. 특히 기초과정이 부족한 학생들은 기초적인 강의를 인터넷을 통해 익히는 것도 좋은 방법이라고 할 수 있다.

5. 인강 내용은 반드시 필기하면서 수업을 들어라.

학생들이 인강을 들을 때 그냥 TV를 시청하듯이 청취하는 경우가 많은데, 이런 식으로 인강을 듣는 것은 학원수업에서는 용납되지 않는 학습법이다. 왜냐면 필기를 하지 않는 것은 공부할 때 뇌를 놀리는 행위이기 때문이다. 공부는 뇌가 하지만, 뇌를 통한 학습의 첫걸음은 발성과 필기로부터 시작된다. 인강의 특성상 혼자 공부해야 하기 때문에 반드시 수업내용을 필기하고 입으로 따라하면서 수업하는 것이 꼭 필요하다.

6. 기본 강좌의 경우 가급적이면 반복 청취하라.

앞에서 언급했듯이 인강의 장점은 무한 혹은 일정기간 동안 반복청취가 가능하다는 것이다. 공부에서 기초의 중요성은 시간이 흐를수록 절실해 진다. 영문법 기본 개념 같은 경우 반드시 2~3번 정도 청취해서 지겨울 정도까지 반복해서 듣는 것이 필요하다. 반복해서 수업을 다시 듣다 보면 첫 번째 수업을 듣고 필기했던 내용 중에 본인이 잘못 이해했거나 놓친 부분을 재발견할 수 있고 중요한 내용을 새로운 시각으로 확인할 수도 있다.

이 글을 읽는 부모독자들 중에는 '학생이 컴퓨터를 보면서 어떻게 공부를 할 수 있어?' 라고 말하는 사람이 있을 수도 있다. 하지만 한때 소수의 전유물이었던 컴퓨터가 각 가정의 필수로 자리 잡은 것만큼 이나 인강의 존재도 애들이 공부하는데 있어서 없어서는 안 될 필수품으로 자리 잡았다. 지금은 인강을 활용하여 공부를 할지 안할지 보다는 어떻게 인강을 활용할지를 학생들과 함께 고민하는 것이 부모의 역할이 되었다.

교육 없는 천재는 광산 속의
은이나 마찬가지이다.

– 벤자민 프랭클린 –

Genius without education is like s
ilver in the mine.

– Benjamin Franklin –

각국의 교육제도

동남아 교육의 허브 싱가포르 교육

'서울605.25km과 거의 비슷한 면적에 인구 500만이 거주하며 국민소득이 52,000달러에 이르는 나라.' 바로 동남아시아 말레이 반도의 끝자락에 위치한 '싱가포르'609km라는 작은 나라에 대한 간단한 설명이다. 작지만 세계최고의 모델국가가 되어 가고 있는 이 나라에는 영국의 'The Magazine'이 선정한 세계 100대 대학 안에 3개의 대학이 있다. '싱가포르국립대학교'NUS, National University of Singapore, '난양공대'NTU, Nayang Technological University, '싱가포르경영대'SMU, Singapore Management University이 3개의 대학들은 같은 아시아에 있는 도쿄대, 홍콩대, 베이징대, 칭화대 등과 함께 어깨를 나란히 하며 아시아 최고의 교육서비스를 제공하고 있다. 단순한 수학적 계산만 적용해서, 만일 싱가포르의 인구가 우리나라처럼 5,000만이라고 가정해 본다면, 약 30개 정도의 싱가포르 대학들이 세계 대학 100위 안에 위치 할 수 있다는 것이다. 정말 놀라운 비율이 아닐 수 없다.

1965년 8월 9일 말레이시아 연방에서 축출되듯 독립된 싱가포르는 당시 1인당 국민소득이 400달러에 머물렀던 비루한 나라였다. 별다른 자원과 기술이 없던 싱가포르가 가장 중점을 두었던 부분 중의 하나가 바로 인재 양성이며, 이 인재양성의 중추를 맡은 싱가포르 학교들은 평등주의적 교육제도 보다는 경쟁주의적 교육제도를 그 특징으로 하고 있다. 영국과 일본의 피식민지 경험을 가진 싱가포르의 교육제도의 근간은 영국식 교육제도다. 싱가포르에서는 6년제인 초등학교primary school, 4년제 혹은 5년제인 중학교secondary school가 있고, 대학입시 준비를 위한 학생들은 2년제 고등학교junior college에 진학하고, 대학진학에 관심이 없는 학생들은 직업학교polytechnic에 진학한다. 이 직업학교의 재학기간은 전공에 따라 다르며 우리나라의 실업계 고등학교와 전문대학의 혼합형쯤 된다.

우리가 생각하면 '좀 심하지 않냐?!' 하는 생각이 들지도 모르지만, 싱가포르에서는 초등학교 3학년이면 시험을 통해 학생개인의 전국 석차를 공개한다. '될 성싶은 나무는 떡잎부터 알아본다.'는 열등생 부모의 입장에서 본다면 인정하고 싶지 않은, 엘리트 지향적 교육제도를 실행하고 있다. 초등학교를 마치면 PSLEPrimary School Leaving Examination라는 시험을 통해 성적에 따라 중학교에 진학한다. 하위 일정 비율의 학생들은 중학교 진학이 허용되지 않아 유급조치되어 다음 해에 진학이 허용된다. 만약 2년 동안 중학교에 진학하지 못하면 직업학교vocational school에 간다.

중학교는 시험 성적에 따라 Special Course로 진학한 학생은 4년 만에 졸업하고, 그렇지 않은 학생은 Normal Course로 가서 4년 혹은 5년 만에 중학교를 졸업한다. Normal Course 안에는 다시 4년제인 Special Stream, Express Stream 코스가 있고, 5년제인 Academic Stream, Normal Technical Stream 코스가 있다. 시험은 영국 교육제도를 채택하고 있는 여러 나라에서 학력을 인정받고 있는 GCSEGeneral Certificate Secondary Education라는 시험을 통해서 고등학교 진학이 결정된다.

JC나 Polytechnic에서 고등학교 과정을 마치면 우리나라의 수학능력시험과 유사한 GCE A-level이라는 시험을 거쳐 각급 대학에 진학 할 수 있는데, 싱가포르에서 좋은 JC를 졸업하면 영국, 미국, 호주 등 영어권 국가의 명문대에 진학하는 것이 그리 어렵지 않다. 현지에 영주하는 우리교포 자녀들도 영국의 옥스포드대나 캠브리지대 혹은 미국의 예일대, 스탠포드대 등에 그리 어렵지 않게 진학하는 얘기를 자주 듣게 되는데, 이는 철저한 경쟁을 통해 걸러진 싱가폴의 상위권 고등학교에 대한 세계 대학의 인정과 함께 영어 공용어 사용을 통해 얻게 되는 영어 의사소통의 용이함이 큰 힘이 되고 있다.

그렇다면, 만약 우리가 자녀를 싱가포르에 보낸다면 우리는 어떤 이득을 얻고, 얼마나 많은 비용을 치러야 할까? 두 가지 측면에서 살펴보자. 첫 번째, 학업측면이다. 싱가포르는 초등학교도 아침 7시 반이면 수업을 시작한다. 그리고 우리가 지금은 상상도 할 수 없는 유급제도가 존재한다. 즉 초등학교 때부터 전력을 다해 공부하지 않으면 그 사회에서 엘리트로서 생존하기 힘든 교육제도를 가지고 있다. 즉 학업에 대한 무한경쟁을 제도적으로 받아 들여야 한다는 것이다. 그리고 중학교 진학 무렵이면 이미 학생의 미래지위나 출세정도가 거의 정해진다고 볼 수도 있다.

영어와 중국어를 이중 모국어로 하는 싱가포르에서 Singlish Singaporean English와 중국어의 벽을 동시에 극복하면서 학업을 지속해 나간다는 것이 어지간히 조기에 유학을 시작하지 않으면 쉽지 않지만, 이는 역으로 세계에서 가장 널리 활용되는 언어인 영어와 중국어의 의사소통 능력의 완성을 꾀할 수 있다는 측면에서 엄청난 매력이 아닐 수 없다. 또 단기적 측면에서 보자면 싱가포르에서 성공적으로 공부한다면 영미권 국가의 대학에 진학하고, 진학 후 현지 영미 대학에서 수업을 용이하게 들을 수 있는 확실한 장점이 있다.

두 번째, 비용의 측면을 살펴보자. 학교 수준에 따라 다르지만 우리 교포들이 선호하는 외국계학교 예를 들면 필자의 친구 자녀들이 다녔던 Chinese international school의 경우 초등학교 수업료가 1년에 22,000 싱가포르 달러 한화 2000만원다. 더 선호되는 American international school은 입학 조건도 어렵고 미국 시민권자 우선, 미국지사 우대 등 입학 대기자도 많지만 입학이 된다면 수업료로 3만~40,000 싱가포르 달러 한화 2,800~3,500만원 내외 정도를 지불해야 한다. 이 학비에 주거비용과 기타 비용을 포함하면 우리나라의 중산층 가정이라 할지라도 감히 엄두를 내기 힘든 비용이 된다.

싱가포르는 학력 차에 따라 철저히 계급화 된 사회다. 가장 우수한 인재들은 거의 예외 없이 싱가포르 최고의 대학에 입학하고, 그 후 국가 공무원이 되어 민간기업보다 높은 연봉과 사회적 지위를 보장받는다. 반면에 학문적 재능이 부족한 사람들은 직업학교를 비롯한 중하위권 상급학교에 진학함으로써 장차 사회의 기능적, 생산적 일자리를 차지한다. 엄격한 규율과 서열화를 통해 어릴 때부터 인재를 걸러내는 싱가포르의 교육제도는 우리의 시각으로 보자면 지나치게 경쟁지향적인 비교육적 방식으로 보일지도 모른다. 하지만, 싱가포르의 높은 교육수준을 좇아 세계 각국의 학생들이 싱가포르에 몰려오고 있는 현실에서 싱가포르 교육제도가 담고 있는 장점들을 우리가 간과할 수만은 없는 것이 현실이다.

PISA 1위의 위엄 – 중국의 교육제도

2014년 4월 16일자 조선일보의 한 기사는 '중국의 베이징에서 3평 단칸방의 집값이 5억 원까지 치솟았다.'는 외신을 소개하고 있다. 중국 정부가 중국의 소학교, 즉 초등학교의 입학 제도를 100% 무시험, 학군제로 바꾸자 중국판 8학군에 진입하기 위하여 이와 같은 일이 발생하고 있다는 것이다. '자녀교육', '입시과열' 등이 대한민국에 사는 우리만의 전유물 혹은 병폐가 아님을 보여주는 단적인 예다.

맹모삼천지교孟母三遷之敎의 본 고장 중국의 입시와 교육제도는 어떠할까? 중국의 대학입시 시험의 정식 명칭은 '일반고등학교 초생 전국 통일시험普通高等學校招生全國統一考試'이다. 흔히 '까우카우高考'라고 불리 우는 이 시험은 11월 중 단 하루 동안 실시되는 한국의 '대입수학능력시험'과는 달리, 매년 6월의 7일과 8일에 이틀에 걸쳐 진행된다. 다만 상하이 등 일부지역에서는 6월 중에 나누어 이틀간 진행되기도 한다.

2013년 현재, 중국 전역에서 대학입시 시험에 응시한 총 학생 수는 912만 명 정도다. 이 숫자는 출생률의 하락과 고등학교 졸업 후 곧바로 유학을 가는 학생 수의 증가 때문에 학생 수가 최고에 이르렀던 2008년의 1,040만 명에 비하면 128만 명 정도 줄어든 수치이다.

2013년에 현재, 중국 최고의 대학으로 여겨지는 베이징대학北京大學에 입학한 학생 수는 3,430명이였고 칭화대학清華大學에 입학한 학생 수는 2,274명이었다. 베이징대학과 칭화대학의 합격률은 전체 학생대비 겨우 0.038%과 0.037%밖에 안 되는 것이다. 2014년 현재 총 60만 명 가운데 대략 3,000명, 즉 총 수험생의 0.5%가 입학하는 서울대 정원과 단순 비교해 보면 중국의 2대 명문대에 입학하는 것이 거의 7배 정도 어렵다.

중국 대학입시 과목은 국어, 수학, 외국어 외에 이과는 물리/화학/생물, 문과는 정치/역사/지리 등 총 6과목이다. 점수는 공통과목이 각각 150점 만점이고 나머지는 각각 100점 만점으로 총 750점이다. 시험의 출제는 2010년 현재 전국 31개 성.시 중 16개성.시가 자체적으로 출제하고 나머지 15개 성시는 통일된 시험을 본다. 가장 대표적인 베이징은 2002년부터, 그리고 상하이는 1987년부터 자체적으로 시험을 출제하고 있다.

중국 대학은 학생 모집 시 지역별호적지 기준로 입학정원이 배정되기 때문에 해당지역에 거주하는 것이 유리하다. 예를 들면, 2010년 칭화대 합격 비율을 지역별로 보면 베이징 200:1, 상하이 480:1, 지린 1,600:1, 산둥 4,000:1 등 지역별로 경쟁률이 천차만별이다. 이에 따라 거액의 뒷돈을 주고서 본적지를 변경하려는 병폐가 중국에서도 발생하고 있다.

의대와 법대가 최고 인기 전공인 한국과는 달리 중국 최고 인기 전공은 이과의 경우 ①전자정보과학, ②자동차공학, ③물류, ④신소재 등이며, 인문계열의 경우 ①유아교육, ②중국어 및 중국문학漢語言文學, ③대외중국어對外漢語, ④외국어 및 외국문학外語語言文學 등이 있다. 전공의 인기도는 매년 심한 변동을 보이는 것이 중국입시의 특징이기도 하다.

그렇다면 중국의 사교육의 현황은 어떨까? 1978년부터 시작된 '한 가정 한 자녀'로 요약되는 '계획생육計劃生育' 정책의 결과로 '소황제小皇帝'라 불리는 외동들이 대거 등장했다. 이들 소황제들에 대한 중국부모들의 '명문대 보내기'열풍은 한국의 교육열풍보다 더하면 더하지 덜하지는 않다. 중국의 한 여론기관의 조사에 따르면 중국 대도시 가정의 60%가 가구 수입의 3분의 1이상을 사교육비로 쓴다는 결과가 나온 적이 있다.

베이징 완바오北京晚报의 2010년 2월 11일 보도에 따르면 초등학생을 둔 중국 가정의 평균 사교육비가 월 17만원1천 위안인 것으로 나타났다. 1인당 국민소득이 우리의 $\frac{1}{5}$ 수준인 점을 감안하면 엄청난 비용이 아닐 수 없다. 중국의 학생들이 과외나 학원수업을 듣는 것은 우리의 예상보다 훨씬 더 보편적인 것으로 보인다. 2000년 무렵까지만 해도 중국인들은 학교수업만으로 충분하다고 생각했지만 경쟁이 심화되면서 점점 더 많은 부모들이 자녀들의 사교육에 눈을 돌리고 있다. 이제는 중국에서도 좋은 대학에 보내려면 학원과 과외가 필수라는 인식이 일반화 되어있다. 베이징대, 칭화대, 중국 런민대 등 명문대들이 위치한 베이징시 하이뎬구에는 중국의 사교육을 대표하는 전문학원들이 밀집해 있다.

사회주의 정치체제를 고수하고 있지만, 경제적 측면에서는 자본주의 대열에 이미 가담한 중국인들이 고등교육이 가져다주는 고부가가치를 체험하고 목도한 현실에서 사교육을 억제하려는 중국 정부의 노력은 별다른 성과를 거두지 못하고 있는 것처럼 보인다. 중국 부모들 사이에 널리 만연된 '자녀 명문대 보내기'를 필두로 한 뜨거운 '교육열'은 쉽게 식지 않고 당분간 계속 진행될 것이 확실해 보인다. 과정이 어쨌든 간에 중국은 2009년과 2012년에 실시된 PISA에서 세계 1위를 차지한 위엄을 가진 나라가 되었다.

흔들리는 지식강국 – 일본의 교육제도

물리, 화학, 生理 부문에서 16명의 노벨상 수상자를 배출한 나라–일본. 이 16명이라는 수치가 노벨평화상을 받은 고 김대중 대통령 이외에는 그 어떤 노벨상 수상자도 배출하지 못한 우리나라와 일본의 학문적 깊이에 대한 평면적 비교일 것이다. 일본은 2014년 현재 두 명의 문학상, 한명의 평화상수상자를 포함해 총 19명의 노벨상 수상자를 가지고 있다. 1980년대에는 미국을 뛰어넘는 세계최고국가의 지위를 노렸었던 일본의 교육제도를 살펴보도록 하자.

일본의 학제는 우리나라와 거의 비슷한 6–3–3–4 제도를 유지하고 있다. 우리나라의 근대 교육제도가 거의 일본의 교육제도를 답습한 것이기 때문에 우리와 가장 유사한 교육제도를 가지고 있다고 보면 된다. 다만 대학 입시를 비롯한 상급학교진학 제도가 우리나라의 경우 거의 매년 바뀌는 것과는 달리 일본은 거의 변하지 않는 안정적인 구조를 가지고 있다.

우리나라에서는 고등학교 때 문과, 이과로 나눠서 공부를 하지만, 일본에서는 문과, 이과의 구분이 없다. 따라서 일본의 고등학교에서는 학생 스스로가 여러 과목 중 자기에게 필요한 과목을 선택하여 배우도록 되어있다. 일본에서 중학교의 경우에는 자기 지역 학군의 공립학교는 무시험으로 진학하지만, 국립이나 사립학교의 경우 입학시험에 합격해야만 진학이 가능하다. 그리고 고등학교는 거의 모든 학교가 입학시험을 통해서 진학을 하게 된다.

일본의 대학입시제도는 크게 학력시험, 추천입학, 어드미션 오피스admission office 등 세 가지 방식이 있다. 학력시험 방식의 신입생 선발은 공통의 제 1차 시험과 대학별로 실시하는 2차 시험, 그리고 고교 성적 등에 의해 종합적으로 이루어진다. 1차 시험은 대학입시 센터의 주관으로 국공립대학의 협력을 받아 실시한다. 1차 시험의 수험과목은 각 대학에서 지정하는데 국립대학이 4~5교과, 공 · 사립대학이 3과목을 지정하는 경우가 보통이다. 그러나 대학에 따라 혹은 같은 대학 내에서도 학부에 따라 다른 경우도 많다. 2차 시험은 각 대학의 학부 또는 학과에 대한 적성, 종합력, 사고력을 평가하는 것을 목적으로 하고 있다. 이 시험은 대학과 전공에 따라 매우 다양한 형태와 방식으로 진행된다. 일반적으로 국공립대학의 경우 모든 수험생이 센터 시험을 수험해야 하며, 그 후에 원하는 대학에 원서를 제출해 각 대학별로 실시하는 학력 시험을 봐야 한다. 그러나 사립대학에서는 대학에 따라 다르기는 하나 각 대학별로 실시하는 학력시험만을 치르게하는 경우가 대부분이다.

일본의 현재 교육제도에 대한 국가적 평가는 어떨까? 일본정부는 현재 학력저하문제로 골머리를 앓고 있다. 1989년 '문부과학성'에 의해 고시된 학습지도요령에서는 '지식/이해'보다는 '관심/의욕/태도'가 중시된 새로운 학력관을 발표하였고 이는 '유토리 교육'의 원인이 되었다. 또 1998년에 고시된 학습지도요령에서는 '종합적인 학습시간재량시간', '학교5일제'를 기반으로 '살아있는 힘의 육성生키루력(力)의 육성을 토대로 하는 소위 '유토리 교육'이 본격 실시되었다. 하지만 1999년에 출판된 『분수를 못하는 대학생』등과 같은 서적에 의해 학력저하문제에 관한 사회적 논쟁이 시작되었다. 그에 따라 2011년부터 학습지도요령의 내용은 수업시간을 늘리고 '종합적인 학습시간'을 줄이는 등의 노력을 통해 다시 교육강도를 높이는 쪽으로 변화를 유도하고 있다.

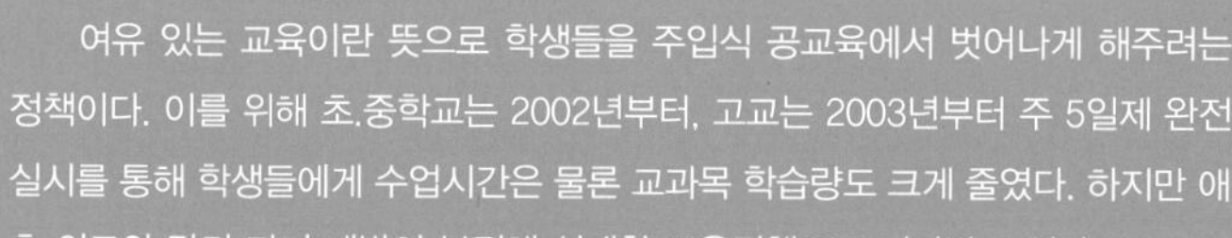

유토리 교육

여유 있는 교육이란 뜻으로 학생들을 주입식 공교육에서 벗어나게 해주려는 정책이다. 이를 위해 초.중학교는 2002년부터, 고교는 2003년부터 주 5일제 완전 실시를 통해 학생들에게 수업시간은 물론 교과목 학습량도 크게 줄였다. 하지만 애초 의도와 달리 자기 계발이 부진해 실패한 교육정책으로 평가받고 있다.

필자가 2013년 봄에 일본을 방문했을 때, 일본 교육문제에 정통했던 지인으로부터 재미있는 얘기를 하나 들었었는데, 일본사람들이 '워커맨'을 필두로 세계 가전시장을 석권했던 '소니SONY'의 몰락을 '유토리 교육'의 탓으로 돌리고 있다는 것이었다. 유토리 교육의 결과로 배출된 학력이 저하된 학생들이 기업에 입사하여 삼성을 비롯한 경쟁회사와의 경쟁에서 뒤처지기 시작했고, 이는 스마트폰 시장에서 완전한 패배를 맛보게 되었다는 것이다. 유토리 교육에 대한 일본국민의 전반적 반응의 일면이었다.

일본의 사교육은 어떠할까? 일본에서는 대학 입시는 물론 명문 사립 중고등학교도 입시경쟁이 있기 때문에 '주쿠塾, 학원'로 대표되는 사교육의 열기가 뜨겁다. 1995년 통계에 이미 초등학생의 27.2%, 중등학생의 48.2%가 사교육을 받고 있으며 8%의 학생들이 개인 과외를 받는 것으로 나타났다. 일본에서도 학교 진도를 앞서 배우는 '사키도리'先取라는 선행학습이 유행하고 있다.

일본의 사교육이 고등학교보다는 초중등학교에 집중되어있는 이유는 일본의 명문 사립대학은 유치원에서부터 부속 초,중,고교가 있어 한번 들어가면 특별한 하자가 없는 경우에는 대학까지 연결되어 있어 유치원 입학부터 입시경쟁이 시작되기 때문이다. 일본은 특히, 중학교 입시경쟁이 뜨겁다. 때문에 초등학교 5,6 학년 때 과외교육의 열기가 뜨겁다. 고교입시를 앞둔 중3학생들의 경우 유명학원들이 학기 초 부터 고교입시 지망생들을 모집, 집중적으로 선행교육을 시키므로 중도에 학원에 들어가는 것 자체가 불가능 할 정도로 열기가 뜨겁다. 유명 학원에 미리 들어가지 못한 학생들은 수강료가 1개월에 20만원 안팎인 다른 사설 학원에 다니며 주택가 곳곳에는 수준이 여러 가지인 사설학원이 자리 잡고 있고, 비용이 상대적으로 고가인 개별지도 학원도 성행하고 있다.

일본에서도 전후 혼란기에는 '개천에서 용 나는' 식으로 출세하는 경우도 있었지만, 이후 학력에 따른 신분의 고착화가 최근 수 십 년간 변화가 느린 일본사회의 중요한 특징 중의 하나로 꼽히고 있다. 이에 따라 가구의 경제력 차이에 따른 학력의 부익부 빈익빈 현상에 대한 불만도 국민들 사이에 팽배해 있다. 일본에서도 자녀를 적게 두는 이른바 소자화少子化 경향이 가속화되면서 한편으로는 명문대 입시를 위한 경쟁이 갈수록 치열해지고 있으며, 다른 한편으로는 경쟁에서 밀려난 경제적 중하위권 계층의 대학진학 포기현상도 나타나고 있다. 우리나라와 유사하게 일본에서도 입시경쟁의 중심에서 사교육이 중요한 역할을 하고 있는 것도 사실이다. 일본의 사교육 모습은 여러모로 우리와 흡사하지만, 사교육이 공교육의 보완재로 인정을 받고 있다는 점에서는 우리와 다르다고 할 수 있다.

미국의 교육제도와 타이거맘 논쟁

1%의 천재가 나머지 99%를 먹여 살리는 나라-미국! 미국의 교육시스템에서 '성공하는 상위 1%는 전 세계를 이끌 만큼 뛰어난 인물로 성장하고 나머지 99%는 그 1%가 내는 세금으로 먹고사는 나라'라는 말이 있다. 미국의 오바마 대통령은 한국의 교육열을 극찬하며 한국교육을 배울 것을 여러 차례 역설해 왔다.

실례로, 오바마는 미국 공교육개혁에 대해 찬성하면서 2010년 워싱턴 D.C. 교육감이던 한국계 미셸리의 교육개혁을 지지했었다. 당시 미셸리는 공교육개혁을 위해 학교 간, 교사 간 경쟁체제 도입을 통해 성과가 부진한 학교와 교사의 퇴출제를 도입해 백인들의 열띤 지지를 받았었지만, 일부 유색미국인들의 심한 반대에 부딪쳤었다. 재밌는 것은 당시 오바마 대통령이 방송에 출현해서 방송진행자의 '대통령의 두 딸을 워싱턴D.C.의 공립학교에 보낼 의향이 있습니까?'라는 질문에 'No'라고 답했다는 것이다. 실제로, 오바마 대통령은 본인의 두 딸을 연간 교육비가 3만 천 달러에 달하는 'Sidewell Friends'라는 사립학교에 보내고 있었다.

우리나라 안에서는 연일 교육문제에 관한 불만과 개혁의 목소리가 높은데, 왜 오바마는 '신년국정연설' 등에서 한국의 교육제도를 배우자고 하는 걸까? 우리나라 사람들은 오바마가 그런 얘기를 할 때 마다 어리둥절해 하면서도 미국의 교육제도의 문제가 도대체 뭔지를 궁금해 한다. 미국의 교육제도의 현실과 과제가 무엇이길래 오바마가 그토록 한국의 교육제도를 배우자고 하는 건지 미국 교육제도에 관해 살펴보도록 하자.

미국 교육제도는 독립 당시부터 중앙정부가 관여하지 않고 교육에 관한 전권을 각주가 책임지고, 다시 주정부는 하부 지방당국에 전권을 일임하는 철저한 지방분권주의를 취하고 있다. 학제는 우리나라와 유사한 6-3-3-2/4제도를 따르며, 의무교육 연한에 대해서도 각주가 법률로 정하고 있다. 공립의 초등, 중등, 고등학교는 'Public School'이라 불리며 약간의 교재비 이외에는 무상교육이다. 반면 Private School은 상당히 비싼 수업료를 요구하며 미국의 우수한 인재들 중 아주 많은 숫자가 이 사립학교를 통해서 길러진다.

취학 전 교육기관으로는 유치원과 보육학교가 있는데, 유치원은 공립이고 보육학교의 대부분은 사립이다. 미국의 고등학교는 성인교육의 무대로 여겨지며, 직업인을 양성하는 커리큘럼도 제공한다. 사립학교는 주로 대학진학을 위한 대학진학 예비학교College Preparatory라 불린다. 우리나라와는 달리 미국은 고등학교과정이 미국의 시민을 양성하는 교육의 꽃으로 불린다.

미국의 대학은 보통 2년제 Community College우리의 전문대와 4년제 College&University우리의 대학교로 나뉜다. 미국 대학입시를 위해서 고등학교 과정에서 미리 준비해야 할 것은 SAT Scholastic Aptitude Test, 학업적성검사, ACT American College Testing Program, 고등학교 3,4학년 성적표, 선생님과 상담교사의 추천서, 과외 학생활동기록 봉사활동, 클럽활동 등이다. 미국의 경우 Community College에서 2년 과정을 마친 후에 4년제인 College&University에 편입하는 경우가 많다. 2008년 4월 8일자 경향신문에 실린 미국의 명문 대학에 진학하기 위한 Tip을 보면 아래와 같이 정리되어 있다.

1. 학과 공부에 최선을 다한다. 특히, 영어, 수학, 역사, 과학, 외국어 등 중요 과목은 4년 내내 좋은 성적을 받도록 노력한다.
2. SAT나 ACT 같은 표준시험은 여러 번 응시할 수 있으므로 충분히 공부하여 11학년 중에 시험을 보도록 한다. 너무 여러 번 시험을 보는 것은 피하는 것이 좋으나 본인의 필요에 따라 두세 차례는 바람직하다.
3. 영어가 모국어가 아닌 외국 학생의 경우 반드시 토플(TOEFL)을 봐야 한다.
4. 추천서는 대학 측에서 학생을 평가하는 중요한 자료로 쓰인다. 따라서 여러 선생님, 특히 중요 과목 선생님들과 좋은 유대관계를 유지하고 개인적인 친분을 쌓는 것이 바람직하다.
5. 가능한 한 교내외의 여러 가지 활동에 참여하되 몇 개의 활동에 수년간 꾸준히 참여하여 그 활동에 대한 정열과 헌신을 보여주는 것이 좋다.
6. 주말이나 여름방학에 자원봉사, 파트타임 일, 인턴쉽등의 경험을 쌓도록 한다. 뜻이 맞는 몇몇 친구와 새로운 활동이나 모임을 시도해보는 것도 좋다.

미국의 교육제도 중 특히 공립학교에 대한 불만이 큰데 그 원인은 크게 두 가지다. 그 중 하나는 흑인이나 히스패닉계 등의 학생들이 많은 지역을 중심으로 하는 학력부진과 백인들의 기피현상이고, 다른 하나는 지역에 따른 재정지원과 교육환경의 차이다. 미국 공립학교에 대한 불신의 결과로 자녀를 학교에 보내지 않고 집에서 부모가 가르치는 홈스쿨링Home-Schooling을 실시하는 가정이 전체인구의 1~2%에 달하기도 한다. 미국의 홈스쿨링은 주로 상류층 가정에서 실행된다고 보면 되는데, 소수이긴 하지만 공교육에 대한 불만 이외에도 종교적인 신념 때문에 실시되는 경우도 있다. 홈스쿨링을 통한 학업성취도 또한 대부분 공립학교 학생들보다 높은 것으로 나타났고, 미국의 50개주 전체가 홈스쿨링의 합법성을 인정하고 있다.

타이거맘 논쟁

2011년 1월 출판된 엄격한 중국식 자녀 훈육 방식을 강조한 "Battle Hymn tiger mom"호랑이 엄마의 군가-Amy Chua (에이미 추아(당시 47세)) 미 예일대 법대 교수라는 책이 미국 내 자녀교육에 관한 세간의 논란을 불러일으켰다. 이어서 추아 교수가 월스트리트저널에 기고한 "왜 중국 엄마들이 우월한가? Why Chinese Mothers Are Superior?"라는 도발적인 서양의 교육 방식에 대한 비판서적은 그 논쟁을 더욱 확산시켰다.

추아 교수는 그녀의 자녀 양육 방식이 철저한 강압식 교육이며 아동학대에 가깝다는 비판에 직면하기도 했다. 실례로, 추아 교수는 둘째 딸인 루루가 7살 때 피아노곡을 완벽하게 칠 때까지 밥도 못 먹게 하고, 물도 못 마시게 하고, 화장실도 못 가게 해서, 결국 그 어린 딸이 혼자서 곡을 연주할 수 있게 되었다고 소개했다. 또

두 딸이 모든 학과 성적에서 A 학점 아래로 떨어지는 것을 허용하지 않았고, 피아노, 바이올린 등의 연습을 제대로 하지 못하면 아끼는 인형들을 통째로 구세군에 줘 버리겠다고 협박했으며, 딸들을 다그치기 위해 '게으름뱅이'니 '쓰레기' 따위의 호통을 다반사로 치기도 했다고 한다.

추아교수는 서양 교육에서는 집중적인 연습과 반복적인 훈련이 갖는 중요성을 지나치게 평가 절하하고 있다고 비판한다. 반면 중국 부모들은 학업이든 연주든 그것을 잘하기 전까지는 아이들이 재미를 느끼지 못한다고 믿기 때문에 자녀들의 초기 저항에 흔들리지 않도록 엄격하게 밀어붙여야 하며, 우수한 결과를 성취하게 된 아이들은 자신감을 갖게 되고 결국 스스로 노력하게 되는 선순환virtuous circle이 이루어진다고 주장한다. 추아교수의 육아법은 장녀인 소피아 추아-루벤펠드가 2014년 4월 예일대와 하버드대에 동시에 합격한 후 하버드에 진학하는 것으로 일단 소기의 성과를 거둔 것으로 보인다.

추아교수의 타이거맘식 교육 방식에 대한 미국인들의 인터넷 찬반투표 결과에 따르면 1만 4,896명의 참가자 가운데 22.3%만이 부정적이라고 응답한 반면, 25.9%는 결국 자녀에게 좋은 방식이라고 응답했으며, 나머지 51.7%는 추아 교수가 지나치기는 했지만 어느 정도 좋은 점이 있다고 답했다.

미국 내 아시아계 인구가 약 4%인데, 하버드대 입학자의 18%, 스탠포드대 입학자의 24%, 코넬대 입학자의 25%를 한국 및 중국을 포함한 아시아계가 차지하고 있다. 미국의 국가경쟁력이 날이 갈수록 하락하고 있는 반면, 연일 약진을 거듭하고 있는 중국에 대한 미국의 위기의식은 미국 교육에 대한 반성과 교육에 대한 투자와 혁신을 찾으려는 노력으로 나타나고 있다. 이러한 노력의 표출의 하나가 오바마 대통령의 한국 교육에 대한 거듭되는 언급이다.

미국에서 부모와의 소통과 자율성을 강조하는 '스웨덴식 교육법'이 최근 몇 년 새 유행처럼 번지고 있는 가운데 정작 스웨덴에서는 찬반 논란이 뜨겁다고 한다. 지난해 《아이들은 어떻게 권력을 쥐었나》 라는 책이 출간되면서부터다. 이 책의 저자이자 여섯 아이의 아빠인 다비드 에버하르드사진는 "북유럽식 부모를 일컫는 '스칸디대디, 스칸디맘'이 아이들의 자율성을 지나치게 강조해 버릇없는 세대만 양산하고 있다."고 비판했다.

엄격한 규율과 통제의 타이거맘식 교육법이든, 자율과 독립을 강조하는 판다대드팬더곰식 교육법이든, 혹은 소통과 자율을 강조하는 스칸디맘식 교육법이든 교육법에는 정답이 없다. 다만, 필자가 타이거맘을 옹호하는 측면에서 부모들이 꼭 명심해야 할 한 가지 사항을 욕먹을 각오로 강조하고자 한다. '자녀들의 선택과 자율을 지나치게 존중하지 말라.' 는 것이다

부모가 애들의 의견과 선택을 존중하는 것은 지극히 민주적이고 바람직한 부모상으로 비춰진다. 하지만, 독자들은 그간 애들의 선택을 지나치게 존중했던 결과가 과연 어떠했었는지를 본인의 경

험을 토대로 잘 생각해 보라. 애들은 부모가 살았던 과정을 살아본 경험이 없다. 그래서 그들 앞에 다가올 미래가 어떤 함정과 위험이 도사리고 있는지를 거의 알지 못한다. 아빠가 직장이나 사회에서 매일 느끼는 학력의 중요성이나 영어의 중요성과 같은 것들이 애들 눈에는 전혀 보이지 않는다.

'너, 학원 다닐래? 아니면 혼자서 공부해볼래?'라고 부모가 묻는다면, 대부분의 애들은 혼자서 공부하는 것을 택할 가능성이 크다. 왜? 애들은 어렵고 지난한 길보다는 당장 눈앞에 있는 쉽고, 편한 길을 택할 가능성이 지극히 농후하기 때문이다. 하지만, 이 함정에 빠지면 애들은 그 함정에 빠져있는 시간의 수 십 배에 해당하는 손실을 입게 된다. 필자는 애들이 이런 함정에서 빠져나온 후 그간 손실된 시간을 뼈저리게 후회하는 수많은 애들을 보아왔다. '아이의 의견을 경청하고 존중하는 멋진 부모'의 덫에 빠지지 말라. 애들의 미래에 대해 철저한 마스터플랜을 작성하고 실행시키고 감독하라. 이것이 추아교수가 우리에게 제시하는 경험적 결론이다. 부모의 역할은 정말 어렵고 힘들며 우리 생각이상으로 자주 악역을 감내해야 할 자리다.

유럽각국의 입시제도

영국

영국은 만5세부터 16세까지가 의무교육 기간이며 87%의 학생들이 공립학교에 다닌다. 학기는 9월에 시작하여 7월 중순에 학년이 마무리 되고 주로 3학기제도(가을 학기, 겨울 학기, 부활절 학기)로 운용되며 7월 중순부터 8월 말까지는 여름방학이다.

5~11세의 어린이들은 Primary school(초등학교)에 다니며 5~7세 까지 다니는 infant school과 7~11세의 어린이들이 다니는 Junior School로 나뉜다. 그 후 11~16세 학생들은 Secondary School(혹은 High School이라 불린다)에 다니는데 이 과정에서 성적이 우수하고 대학진학을 목표로 하는 학생들은 Grammar School(명문 사립학교)에 진학한다.

영국은 우리나라와 같이 대학을 진학하려는 학생 모두가 똑같은 시험을 치러야 하는 제도를 가지고 있지 않다. 영국 대학 입학제도의 핵심은 각 대학의 개별 학과에서 정하는 '최소 입학 허가 기준'에 있다고 해도 과언이 아니다. 대학에 진학하려는 학생들은 의무교육 기간인 만 16세까지의 중등 교육과정을 마친 후 2년간의 대학 입시 준비 과정인 에이레벨A level: Advanced level)과정에서 보통 세 과목을 선택해 집중적으로 공부하고 GCE 혹은 GCSE(일반교육 수료증)의 시험을 치른다.

'최소 입학 기준'은 에이 레벨 과목에서 어느 정도의 성적을 받아야 지원할 수 있는가를 각 대학교 해당 학과에서 제시하는 것을 말한다. 에이레벨과정은 college에 개설되어 있고, 규모가 큰 Secondary School에 설치되어 있는 경우도 있다. 영국에서 진정한 입시제도는 이 에이레벨과정이라 할 수 있으며 우리의 대학수준에 해당하는 university 입학 여부가 이 과정에서 결정된다. 에이레벨 과정에서 수학은 어느 분야든 반드시 포함되어야 하며 자신의 진로설정에 따라 3~5개 과목을 선택하여 집중적으로 준비하는 것이 일반적이다.

영국에는 140여개의 university가 있으며 전부가 국립 또는 국가지원을 받는, 사립처럼 보이지만 사실은 국립으로 볼 수 있다. 영국의 대학들은 우리나라와 달리 과를 결정한 후 대학을 선택하는 경우가 대부분이므로 대학의 우열을 가리는 것 보다는 과에 대한 올바른 선택이 무엇보다 중요하며 교육 수준의 우수성은 전 세계적으로 높이 평가 받고 있다.

그 중 가장 유명한 대학은 옥스포드대와 캠브리지대학을 들 수 있으며 그 두 대학을 합쳐서 Oxbridge라고 부른다. 나머지 4년제 종합대학은 주로 산업혁명 무렵에 건립되어 Redbrics빨간 벽돌로 건물을 지은 데서 유래라 불린다. 영국에서의 대학 학사과정은 3년스코틀랜드에서는 4년이고 수업석사Taught Master과정은 1년이며, 연구 석사Research Master 과정은 2년 그리고 박사과정ph.D은 보통 4~6년 이다.

영국에서도 2013년 현재, 개인교습 현상이 확산되고 있는데, 영국 내 개인교습 시장은 한해 60억 파운드우리 돈 10조 4천억에 달한다. 청년층의 개인교습 경험 비율은 약 24%에 달하며, 런던 지역에서는 40%에 육박한다는 조사 결과도 있다. 개인교습 교사 훈련기관도 등장했으며, 개인교습에 참여하는 강사들은 교원자격증은 없지만 대체로 옥스퍼드대, 케임브리지대 출신 등 대학원생, 대학졸업생, 전직 교사 등인 경우가 많아서 취업준비생 가운데 학력이 우수한 젊은이들이 영국의 사교육 쪽에 지속적으로 문을 두드리고 있는 것으로 보인다.

독일

대학평준화에 성공한 대표적인 나라인 독일에서는 6~18세의 독일인은 의무적 무상교육을 받는다. 취학 전 3세부터 행해지는 유치원 과정은 킨더가르텐Kindergarten이라 불리며 현대 유아교육의 원형이 되었다. 6~10세 어린이는 초등학교 과정인 그룬트슐레Grundschule에 진학하고, 그룬트슐레를 마친 뒤에는 다음 세 가지 학교 유형중 하나를 선택하여 진학하며 어느 학교에 진학할지는 주로 그룬트슐레의 선생님의 권유를 거의 대부분의 부모들이 받아들이는 형태로 진행된다.

첫째, 하우프트슐레Hauptschule로 진학해 약 15~16세까지 계속 기초교육을 받은 다음 직업학교인 베루프스슐레Berufsschule에서 시간제로 견습공 등 직업교육을 받는 과정이다. 노동시장의 요구에 부합해 당장 써먹을 수 있는 기술을 배우는 이 과정에 진학하는 학생은 그룬트슐레 졸업생의 절반 미만에 이른다.

둘째, 실업학교인 레알슐레Realschule에 진학해 상업 · 사무 교육을 받는 과정이다. 중급 수준의 기업 · 행정 · 사무 능력을 쌓기 위해서는 꼭 거쳐야 하는 전문 직업학교인 파흐슐레Fachschule에 입학하는 자격을 취득하는 이 과정에 그룬트슐레 졸업생의 1/3 미만이 진학한다.

셋째, 김나지움Gymnasium에서 9년 동안 고전 · 현대언어 · 수학 · 자연과학 등을 집중적으로 공부하여 대학으로 진학하는 과정인데, 그룬트슐레 졸업생의 약 $\frac{1}{4}$이 이 과정에 선발된다. 김나지움 학생들은 최종학년에 아비투어Abitur라는 졸업자격시험을 치러서 합격하면 원하는 대학, 원하는 학과에 들어갈 수가 있다. 한편, 이처럼 어린이들의 진로를 너무 일찍 결정짓고 한번 선택한 진로를 도중에 바꾸기가 거의 불가능한 전통적인 과정의 결점을 보완하기 위해 각 주마다 영국의 종합 중학교에 해당하는 소수의 게잠트슐레Gesamtschule를 운영하고 있다. 게잠트슐레에 다니는 학생들은 보다 자유롭게 자신에게 알맞은 진로를 선택할 수 있다.

독일에서는 1368년에 설립된 유서 깊은 하이델베르크대학교에서 공부하든 1976년에 설립된 베스트팔렌의 하겐대학교에서 공부하든 그에 따른 사회적 위신의 차이는 거의 없거나 전혀 없다.

졸업은 국가시험Diplom: 졸업증이나 학위시험을 봐서 합격을 해야 하며, 각 학교 대학생은 전학의 자유가 있고 대학의 학비가 전액 국가부담이지만, 졸업은 실력을 갖춘 학생만 졸업시키는 엄격한 학사 관리를 한다. 졸업학생이 입학생의 50%에 그칠 정도다.

프랑스

'교육은 모든 시민의 공통된 것이고 모든 사람에게 필요하다.' 1789년 프랑스 대혁명을 거치며 처음 만들어진 공교육 제도에 대한 프랑스의 헌법 조항이다. 교육선진국임을 자타가 공인하는 프랑스의 교육제도는 정부에서 운영하는 취학 전 아동3~6세 교육에서부터 시작된다. 의무교육은 아니지만 90% 이상에 해당하는 프랑스 아이들이 유치원에서 교육을 받고 있으며 모든 교육은 무상으로 이루어진다. 교육 과목의 70~80%는 예능교육으로 이루어지고 이는 아이들의 자율성과 바람직한 생활습관을 기르는데 중요한 역할을 하고 있다.

프랑스 초등학교는 총 5년으로 예비, 기초, 중급과정으로 이루어지며, 중학교Collège와 고등학교Lycée 2학년까지 이어지는 무상교육 기간 동안에 학생들은 진로선택 과정을 거치며, 기본 교양과목들을 모두 이수하게 된다. 대학 진학을 희망하는 학생은 고등학교 마지막 학년인 터미나레를 마친 다음 국가에서 시행하는 대입자격증 시험인 바칼로레아Baccalaureat에 합격해야 한다.

바칼로레아는 학년말이 끝나는 6월쯤이면 전국 각지에서 일제히 실시된다. 이 시험은 하루에 한 과목씩 5시간동안 치러지고 하루 쉰 다음 그 다음날 다시 시험을 보는 방법으로 약 2주가 소요된다. 이 시험에 합격한 학생 대부분은 자신이 원하는 대학과 학과에 진학할 수 있다. 특히 프랑스에서는 중 · 고교과정에서 진학에 적합하지 않는 학생들을 직업교육으로 진로를 택하게 하고 있어 대입에서의 경쟁은 덜 치열하다.

프랑스의 일반대학은 평준화되고 과정이 세분화되어있다. 또 자유로운 편입학 제도를 두어서 학생들의 유동이 쉽고, 대학교육도 직업현장을 고려한 자격증 위주의 실리교육 주의에 근거한 과정을 운영하고 있다. 하지만 프랑스의 최고 엘리트 양성기관으로 알려져 있는 국립 그랑제꼴에 들어가기 위한 경쟁은 치열하다. 그랑제꼴 진학을 희망하는 학생들은 각 공 · 사립고교에 개설된 준비반에서 2년 이상 특별한 교육을 받는다. 프랑스 최고의 인재들은 이 그랑제꼴을 통해 길러진다고 봐도 무방하다.

그랑제콜(Grandes écoles&classes préparatoires, 줄여서 CPGE)

그랑제콜은 프랑스가 자랑하는 독특한 고등교육제도이다. 일반대학과 그랑제콜의 차이점은 지원 자격, 선발방법, 수업 연한, 교육방법 및 졸업 후의 진로 등 여러 가지가 열거될 수 있다. 그랑제콜은 전문교육을 하는 교육기관이다. 교육수준이 높을 뿐 아니라 실제적인 교육에 치중함으로써 그랑제콜의 졸업생들은 졸업 후 고등 · 대학의 교사나 교수, 관공서나 각 기업체의 고급간부 및 엔지니어가 된다. 따라서 우수한 학생들은 자연히 일반대학보다 그랑제꼴을 지망하게 되며 프랑스의 영재들은 그랑제꼴을 통하여 배출된다.

그랑제콜 준비반CPGE에 들어가려면, 바깔로레아에 합격해야 함은 물론이고 고등학교 최종학년의 성적표와 교사의견서를 제출해야 한다. 준비반은 2년 과정이다. 2년 과정의 교육을 이수한 후 그랑제꼴에 입학하기 위해서 지극히 어려운 입학시험을 치러야 하며 서류전형이 동시에 실시되기도 한다. 그랑제꼴의 수업 연한은 3년 또는 4년이며, 그랑제꼴을 졸업하려면 바깔로레아 이후 보통은 5~6년이 걸리므로 일반대학보다 학업 연한이 길다.

프랑스의 주요 그랑제꼴은 프랑스국립응용과학원, 파리정치대학약칭: 시앙스포 Sciences Po, 국립행정학교약칭: 에나 ENA, 파리경영대학약칭: 아슈으쎄 파리 HEC Paris, 소르본 비즈니스 스쿨IAE, 고등사범학교약칭: ENS 등이 있다.

홍세화 선생이 알려준 프랑스 교육제도의 현실

한국사회에 '똘레랑스tolerance'라는 용어와 개념을 도입하여 우리 사회의 삶에 대한 성찰과 반성을 촉구했던 홍세화 선생은 『나는 빠리의 택시운전사』라는 저서에서 아주 재미있는 일화 하나를 소개했다. 홍세화 선생의 자녀들이 아직 프랑스 시민권을 받기 전이었던 시절에 프랑스 교육청에서 홍세화 선생을 호출했다고 한다. 교육당국이 홍세화 선생을 호출한 이유를 요약하면 다음과 같았다.

'서류를 보니 당신의 자녀를 포함한 당신의 가족들은 모두가 아직 프랑스 시민이 아니고 망명객 신분이다. 당신의 자녀들은 아직 프랑스시민은 아니지만, 프랑스 학생들이다. 프랑스 학생들은 가정에서 일정한 학습공간이 보장돼야 한다. 하지만 당신의 가족이 거주하는 공간은 이런 기준을 충족시키지 못하고 있다. 그러므로 정부에서 돈을 줄 테니 자녀들의 학습여건이 보장되는 더 넓은 집으로 이사를 하도록 하라.'

이 얼마나 멋지고 감동적인 일인가?! 자유, 평등, 박애를 국가의 이념으로 삼고 있는 프랑스라는 국가가 보여줄 수 있는 인간본위 제도의 백미다. 우리도 우리 주변에 있는 외국인 노동자나 다문화 가정에 과연 이런 똘레랑스를 보여주고 있는지 성찰해 보게 한다.

핀란드

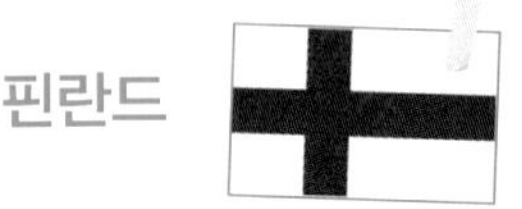

늦은 수업 시작 시간, 시험 비중이 낮은 교육, 긴 휴식 시간... 이런 독특한 교육제도를 가지고 있으면서도 매년 발표되는 *PISA Programme for International Student Assessment: 국제학생평가프로그램에서 최상위권을 차지하고 있는 나라-이 나라는 유럽의 최북단에 위치한 인구 530만 2005년 기준, 일인당 국민소득 $36,395 2012년 기준인 핀란드다.

핀란드에서는 초등학교와 중학교의 구별이 없는 종합학교를 9년간 다니고 고등학교에 3년간 다니는, 일명 9-3제를 채택하고 있으며 종합학교 9학년과 고등학교 1학년 사이에 진로를 찾기 위한 1년간의 휴학제도를 채택하고 있다. 고등학교 과정은 인문계와 직업계로 나뉘고 무학년제와 모듈식 교육과정운영으로 학생들의 능력과 진로지도를 연계하여 운영하고 있다. 핀란드 교육은 외국어에 대한 국가적 관심이 높아서 4~5개 외국어를 능숙하게 사용하는 사람들이 많다.

핀란드 학생들은 경쟁에 의한 상대 평가가 아니라 달성도에 의해 평가되는 절대평가 방식을 적용받는 것으로 알려줘 있지만 이것은 학력의 차이를 무시한 절대 평등 교육이 아니며, 고등학교는 종합학교 중등반 성적에 따라 지원 할 수 있다. 또한, 종합학교교육에서 주목할 만한 점은 성적이 낮은 학생이 특별 학급에 배정되거나, 보충 수업을 받는다는 것이다.

이처럼 학력을 차별화하여, 저학력 학생에 대한 개별 교육으로 뒤떨어진 학업성취도를 보충해 주는 지원제도가 강력하며, 의무 교육이지만 유급 제도가 있고, 교육비는 거의 무상이다. 한 교실을 담당하는 교사가 1명이 아니라 3명이라는 것도 특징이다. 핀란드의 대학진학률은 87%이며 모든 대학은 국립으로 비교적 쉽게 들어갈 수 있다.

핀란드는 PISA에서 2000년, 2003년, 2006년에 연속하여 1위를 차지하면서 학생들의 학력격차를 좁히는 평등교육으로 '수월성과 형평성'을 모두 갖춘 것으로 평가받아 전 세계의 귀감이 되었었다. ·한국 2000년-6위, 2003년- 2위, 2006년-7위· 하지만 2009년 평가에서는 중국이 수학, 읽기, 과학 세 영역 모두에서 1위를 차지했고, 핀란드는 각각 2위를 차지했었다. 또 2012년 PISA 결과 핀란드의 학업성취 수준은 전 영역에서 다시 하락을 거듭하여, 수학에서 12위, 읽기는 6위, 과학은 5위를 차지해 내외부의 비판에 직면하고 있다. 한국: 수학 5위, 읽기 5위, 과학 7위; 참고로, 중국은 전 영역에서 다시 1위를 차지했다.

핀란드의 PISA순위 하락에 대한 다른 해석들도 많다. PISA와 같은 시험 방식으로 교육과정을 채우고 있는 아시아 국가들과는 달리 핀란드의 교육은 ① 평등과 학생복지, ② 개인별 맞춤형 지원 ③ 우수 교사 확보 ④ 표준화된 검사를 배격하고, 학생들의 학습에 긍정적인 영향을 주는 핀란드식 개인 능력 평가체제 운영 등을 통해 지속적으로 교육혁신을 지향하고 있다는 것이 핀란드 PISA 순위 하락에 대한 반론이다.

하지만, 핀란드 공영매체 핀베이 Finbay 는 "핀란드 교육의 황금시절은 끝났다 Golden Days Where Finland's Education A Success Are Over "고 혹평했고 또 다른 매체인 YLE는 "핀란드의 교육: 새로운 노키아? Finland's school system: The new Nokia? "라는 글을 통해 핀란드 교육이 추락하는 핀란드의 거대 기업 노키아의 운명을 반면교사로 삼아야한다고 꼬집었다.

그간 한국사회에서는 교육이라는 화두가 등장할 때 마다 이구동성으로 핀란드를 벤치마킹해야 한다고 입을 모아왔다. 하지만, 우리가 금과옥조처럼 여기는 핀란드식 교육이 지금은 나름의 위기에 처해있다. 물론 다양한 가정배경과 수준의 아이들에게 개별학습을 제공해서 도태되는 학생을 한명도 남기지 않고, 복지 차원에서 평생 교육의 기회도 널리 열어두고 있는 핀란드의 교육제도에서 우리가 배워야 할 점은 아직도 많다. 그렇다고 해서 PISA결과상 계속적으로 하락하고 있는 핀란드 교육을 우리가 무작정 따라가야 할 절대선으로 여기는 것 또한 능사는 아니다. 어차피 우리가 핀란드교육에 관심을 집중했던 이유는 세계 1위를 차지했던 PISA 결과 때문이었으니 말이다.

PISA(Programme for International Student Assessment: 국제학생평가프로그램)

OECD의 과제중 하나로 15세의 학생들의 기술과 지식의 정책 지향적 국제 지표를 제공하도록 설립되었으며 2012년에는 OECD 회원국 34개국, 비회원국 31개국 등 전 세계 65개국을 대상으로 실시되었다. 평가 영역은 읽기, 수학, 과학 세 분야이다. 1997년 첫 조사가 시작되었고, 이후 매 3년마다 조사하는 것으로 되어 있다. 조사는 매번 "읽기", "수학교육", "과학교육" 순서대로 메인 테마가 옮겨 간다. 따라서 2000년은 독해력, 2003년은 수학 교육, 2006년은 과학을 메인 테마로 다뤘었고, 다시 2009년에는 독해, 2012년 수학교육을 메인 테마로 다뤘고 2015년에는 다시 과학을 메인 테마로 다룰 예정이다.

에피소드

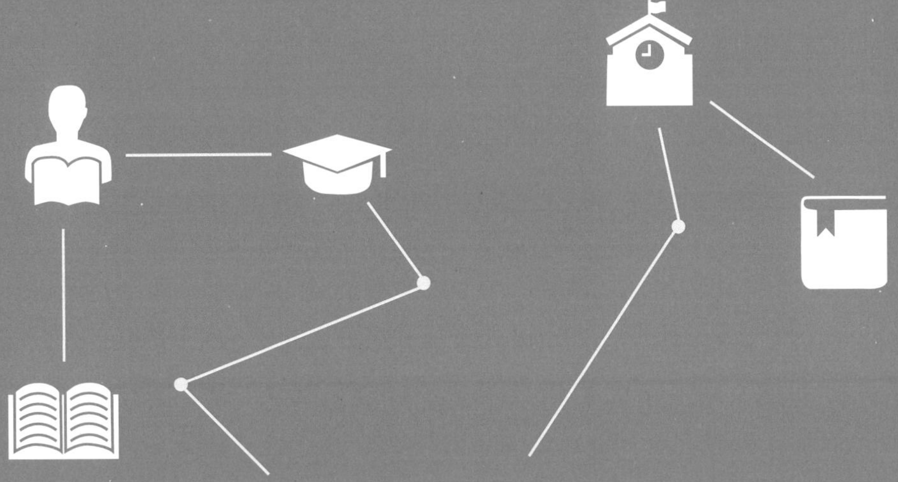

PART 5

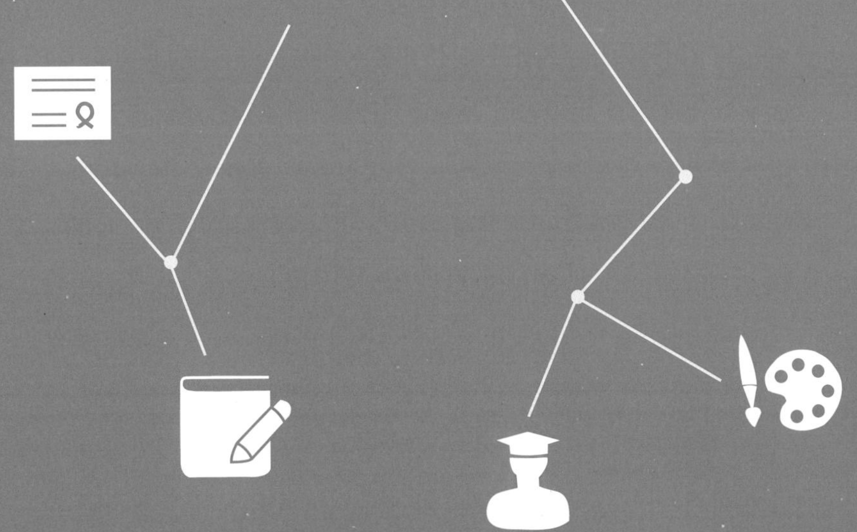

아버지와 소파

이 글을 읽는 아빠들은 휴일이나 퇴근 후 집에서 주로 어디에 계시나요? 아마 많은 아빠들의 전형적인 위치가 아마 TV가 보이는 거실의 소파 위가 아닐까?! 물론 손에는 우리가 매우 소중히 여기는 리모컨이 들려 있는 채로... 그럼, 이런 모습을 바라보는 아이들의 아빠에 대한 느낌은 어떨까? 초, 중 학생들 쯤 되는 학생들이 갖는 아빠들에 대한 고정관념은 무엇일까? '소파위에서 뒹굴거리며 TV 시청에 열중하는 아빠'가 아닐까?

필자는 자주 학생들에게 아빠들을 위한 변명을 한다. 일반적인 아빠들은 직장이라는 전쟁터에서 전투를 지르고 온 사람들이다. 그 전투의 와중에서 치명적인 부상을 입기도 하고, 또 별다른 부상이 없는 하루를 보냈다 할지라도 내일의 전투를 위한 휴식이 절대 필요하다. 만일 아빠들이 집에서 마저도 편히 쉬지 못한다면, 아빠들은 어디에서 휴식을 취해야 한단 말인가? 룸싸롱의 김마담, 아니면 집에 오는 길에 있는 오락실?! 어디서 아빠들의 스트레스는 발산, 해소되어야 한단 말인가? 보통의 가정에서 안방은 엄마의 방이고, 부엌도 엄마의 공간이고 다른 방은 자녀들의 방이거나 할머니 할아버지의 공간이다. 물론 여건이 되어 아버지만의 서재나 휴식 공간이 있다면 좋겠지만, 그렇지 못한 현실 속의 아빠들이 소파 위를 차지하고 그날의 하루를 마감하는 것이 그렇게 나쁜 것일까?'라고 변명을 한다. 하지만, 아마 많은 아이들은 지쳐 돌아온 아빠의 흐트러진 모습을 이해하지 못하고, 점점 커져가는 불만을 갖고 있을 것이다.

필자의 친구 중에 좀 힘들게 사는 한 친구가 있다. 그는 공고를 졸업한 후에 지금은 생산직 사원으로 공장에 다니고 있고 적은 월급으로 인천 주변지역의 임대 아파트에서 부인과 각각 초등학생과 유치원에 다니는 애들과 함께 외벌이로 산다. 그리고 주말이면 건물 철거일이나 이사와 같은 아르바이트를 하기도 한다. 그 친구의 거의 유일한 피로회복 방법은 저녁에 식사 후 혼자 거실에서 소주를 마시는 것이다. 그 만의 '전투 후 상처를 치유하고 내일을 준비하는 방법'이다. 그 친구도 어린 애들(큰 애가 초등 5학년 둘째가 2학년)의 미래에 관한 고민을 아주 많이 한다. 그리고 친구들끼리 만날 기회가 되면 애들이 본인 보다는 더 잘 살기를 바라는 인지상정의 마음을 곧 잘 표현하곤 한다. 근데, 애들이 점점 공부와는 거리가 멀어지고 있다는 느낌을 받는단다. 그리고 애들 공부에 관한 얘기가 나오면 부부간에 언성이 높아지고 그 날은 더 과음하게 된다고 말한다. 필자가 그 친구의 현실과 사정을 듣고 있자면 한편으로는 측은 혹은 미안하기도 하고 한편으로는 답답하기도 하다.

필자는 그 친구의 현실을 바꿀 수 있는 힘이 없다. 그리고 그의 '자녀교육'에 관해서도 어떤 해법을 줄 수 가 없다. 왜냐하면 '교육'

은 정답이 없는 영구미제의 문제이기 때문이다. 다만, 아주 작은 조언을 그 친구에게 주곤 하는데 그 조언을 여기에 소개한다. '네가 술을 마시건 TV를 보건 그건 너만의 행복 추구법이다. 그 방법도 네 인생에서 정말 소중한 것이다. 하지만 네가 술을 먹기 전의 상태에서 애들하고 단 10분이라도 대화를 해 봐라. 대화할 내용이 별로 없으면 TV앞이 아닌 애들 방 같은 곳에서 애들과 함께 단 10분만이라도 넌 책이나 신문을 읽고 애들은 숙제나 독서를 하게 만들어라. 그리고 가능하면 애들하고 단 10분이라도 아파트 단지 주변을 걸어봐라. 그 시간에 애들의 얘기도 듣고 네 얘기도 해라. 그리고 나서 그 후에 너의 시간을 가져라. 그런 시간들이 축적되면 애들은 조금씩 변하게 되어있다.'

필자를 포함하여 이 글을 읽고 있는 부모들이 모두 인정하는 것이 있을 것이다. '좋은 아빠[부모]가 되는 것은 참 힘들다.'는 것이다. '집'이란 여러 가지 기능을 하는 곳이다. '수면, 식사, 오락, 다툼, 그리고 부모들의 성생활까지...' 그리고 그 안에서 부모들이 자녀들에게 늘 올곧고 바른 모습과 행동을 보여주는 것이 쉬운 것은 아니다. 하지만 어쩌란 말인가? 부모가 애들에겐 인생의 첫 번째이자 가장 강력한 영향력을 발휘하는 교사인 것을... 원시 수렵인의 유전자를 가지고 있는 아빠들은 예나 지금이나 가족에게 먹거리를 가져오는 것을 최고의 덕목으로 삼는다. 하지만 복잡다단해진 현대 사회에서는 먹거리를 가져오는 것만으로 아빠의 역할이 끝나는 것이 아니다. 아빠들의 어깨와 머리가 갈수록 더 무거워지고 있다.

자녀들이 자라서 언젠가는 '힘든 아빠' '고생한 아빠'를 이해할 것이다. 하지만 그들이 그런 아빠를 이해를 할 때가 되면 그들은 다 자란 어른이 되어있을 것이다. 그리고 그들 또한 지금의 아빠 엄마와 같은 고민과 짐을 안고 살아갈 것이다. 나를 포함한 모든 아빠가 하루아침에 이상적인 아빠로 바뀔 수는 없다. 단 조금씩 바뀌자. 하나씩 하나씩 바뀔 수는 있다. 그 해답은 '단 10분의 대화나 공감'속에 있다. 아빠도 애들의 현실을 알아야 하고 애들도 아빠들의 현실을 이해해야 한다.

아래에 필자불명의 글이 있다. 오늘도 힘들게 하루를 살다 온 모든 아빠들을 위하여 이 글을 소개한다.

아버지란! 뒷동산의 바위 같은 이름이다.
아버지란 기분이 좋을 때 헛기침을 하고,
겁이 날 때 너털웃음을 웃는 사람이다.

아버지란 자기가 기대한 만큼 아들딸의 학교 성적이 좋지 않을 때

겉으로는 "괜찮아, 괜찮아"하지만,
속으로는 몹시 화가 나는 사람이다.

아버지의 마음은 먹칠을 한 유리로 되어 있다.
그래서 잘 깨지기도 하지만, 속은 잘 보이지 않는다.
아버지란 울 장소가 없기에 슬픈 사람이다.

아버지가 아침 식탁에서 성급하게 일어나서 나가는 장소(직장)는,
즐거운 일만 기다리고 있는 곳은 아니다.
아버지는 머리가 셋 달린 용(龍)과 싸우러 나간다.
그것은 피로와, 끝없는 일과, 직장 상사에게서 받는 스트레스다.

아버지란 "내가 아버지 노릇을 제대로 하고 있나?
내가 정말 아버지다운가?"하는 자책을 날마다 하는 사람이다.
아버지란 자식을 결혼시킬 때,
한없이 울면서도 얼굴에는 웃음을 나타내는 사람이다.

아들, 딸이 밤늦게 돌아올 때에
어머니는 열 번 걱정하는 말을 하지만,
아버지는 열 번 현관을 쳐다본다.

아버지의 최고의 자랑은 자식들이 남의 칭찬을 받을 때이다.
아버지가 가장 꺼림칙하게 생각하는 속담이 있다.
그것은 "가장 좋은 교훈은 손수 모범을 보이는 것이다"라는…….

아버지는 늘 자식들에게 그럴 듯한 교훈을 하면서도,
실제 자신이 모범을 보이지 못하기 때문에,
이 점에 있어 미안하게 생각도하고 남모르는 콤플렉스도 가지고 있다.

아버지는 이중적인 태도를 곧잘 취한다.
그 이유는 "아들, 딸들이 나를 닮아 주었으면" 하고 생각하면서도,
"나를 닮지 않아 주었으면" 하는 생각을 동시에 하기 때문이다.

아버지에 대한 인상은 나이에 따라 달라진다.
그러나 그대가 지금 몇 살이든지,
아버지에 대한 현재의 생각이 최종적이라고 생각하지 말라.

일반적으로 나이에 따라 변하는 아버지의 인상은,
4세 때-아빠는 무엇이나 할 수 있다.
7세 때-아빠는 아는 것이 정말 많다.
8세 때-아빠와 선생님 중 누가 더 높을까?
12세 때-아빠는 모르는 것이 많아.
14세 때-우리 아버지요? 세대 차이가 나요.
25세 때-아버지를 이해하지만, 기성세대는 갔습니다.
30세 때-아버지의 의견도 일리가 있지요.
40세 때-여보! 우리가 이 일을 결정하기 전에 아버지의 의견을 들어봅시다.
50세 때-아버님은 훌륭한 분이었어.
60세 때-아버님께서 살아 계셨다면 꼭 조언을 들었을 텐데…

아버지란 돌아가신 뒤에도 두고두고 그 말씀이 생각나는 사람이다.
아버지란 돌아가신 후에야 보고 싶은 사람이다.
아버지는 결코 무관심한 사람이 아니다.

아버지가 무관심한 것처럼 보이는 것은,
체면과 자존심과 미안함 같은 것이 어우러져서
그 마음을 쉽게 나타내지 못하기 때문이다.
아버지의 웃음은 어머니의 웃음의 2배쯤 농도가 진하다.
울음은 열 배쯤 될 것이다.

아들딸들은 아버지의 수입이 적은 것이나
아버지의 지위가 높지 못한 것에 대해 불만이 있지만,
아버지는 그런 마음에 속으로만 운다.

아버지는 가정에서 어른인 체를 해야 하지만
친한 친구나 맘이 통하는 사람을 만나면 소년이 된다.
아버지는 어머니 앞에서는 기도도 안 하지만,
혼자 차를 운전하면서는 큰소리로 기도도 하고 주문을 외기도 하는 사람이다.

어머니의 가슴은 봄과 여름을 왔다 갔다 하지만,
아버지의 가슴은 가을과 겨울을 오고간다.

아버지란!!!...... 뒷동산의 바위 같은 이름이다.
시골마을의 느티나무 같은 크나 큰 이름이다.

조하리의 창에 비친 학생들

– 내가 아는 자녀 VS 내가 모르는 자녀

독자 여러분은 여러분의 자녀들에 대해 얼마나 알고 있는가? 필자가 독자들에게 이런 질문을 던지는 이유는 대부분의 학부모들이 예상외로 본인들의 자녀들에 관해 잘 알지 못하기 때문이다. 여기에 덧붙여, '부모가 알고 있는 자녀와 부모와 모르고 있는 자녀' 사이의 간격이 너무도 크다. 필자는 근 20년 동안 사교육의 현장에서 수험생들을 가르치는 일에 종사하면서 '부모가 알고 있는 자녀와 부모와 모르고 있는 자녀'의 간격이 좁으면 좁을수록 부모가 자녀를 바르게 이끌 가능성이 크고, 또 부모가 자녀를, 자녀가 부모를 이해할 가능성이 커진다는 것을 체험해 왔다.

그렇다면 '부모가 알고 있는 자녀와 부모와 모르고 있는 자녀'의 간격을 좁히기 위해서 우리는 어떤 틀을 가지고 자녀들을 바라보면 좋을까? 이 문제에 대한 답의 하나로 '조하리의 창Johari's Window 이론'을 응용해 보자. '조하리의 창'은 1950년대에 미국의 심리학자 Joseph Luft와 Harry Ingham이 집단역학에 관한 조사를 하는 과정에서 개발한 모델이다. 두 연구자의 이름 앞부분을 합쳐 명명된 '조하리의 창'은 개인의 개발을 위한 커뮤니케이션, 대인간 관계, 집단역학, 팀 개발과 팀 간 관계 등을 개선하기 위하여 자아인식을 이해하고 훈련하는데 널리 사용되는 모델이다. 이 모델의 틀은 아래의 그림과 같다.

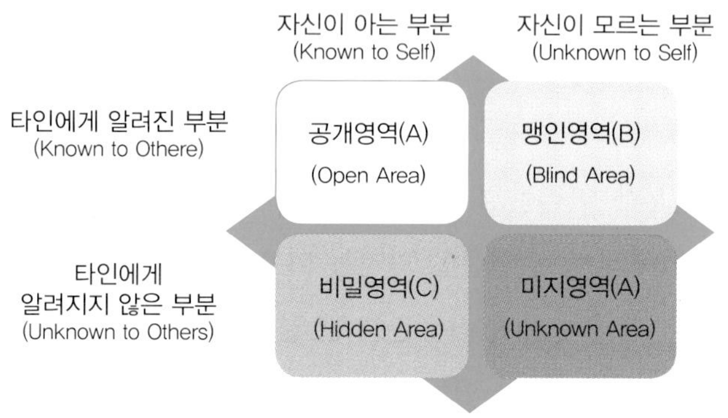

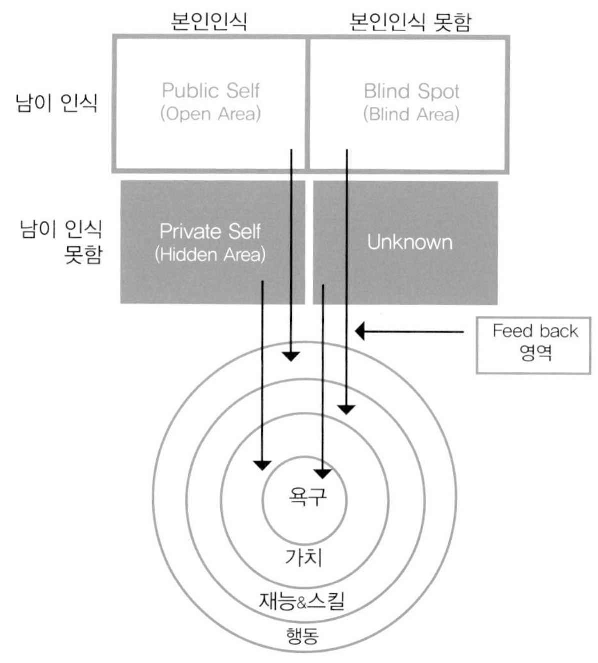

위의 틀을 토대로 필자가 만든 아래의 표에 여러분의 자녀들을 넣어 다면적으로 파악해 보라. 왼쪽의 항목들은 필자가 주관적으로 적어놓은 내용이지만 여러분이 자녀들을 키우면서 한번쯤은 고민하고 관찰해봐야 할 내용이다. 물론 아래 항목의 내용들을 필요에 따라 추가하거나 보충해서 만들어 봐도 좋다.

내용	학생 자신이 아는 부분	학생 자신이 모르는 부분	부모가 아는 학생 부분	타인(선생님)이 아는 학생 부분
학업 성취				
진학 계획				
교우 관계				
외 모				
부모와의 관계				
독서량				
학습 습관				
고쳐야할 습관				
⋮				
⋮				

필자가 필자의 한 막역지우와 자녀교육에 관해 얘기를 할 때, 자주 '부모가 모르는 자녀의 위험성'에 관해 경고하곤 한다. 우리가 집에서는 온순하고 순종적인 자녀들로 알고 있는 애들이 집밖에서는 지극히 공격적이고 반항적인 모습의 '엄석대'로 '껌 좀 씹

는 소녀'로 성장하고 있을 지도 모른다. 즉, 우리의 자녀들이 부모나 선생님이 인지 못하는 '괴물'로 하루하루 커가고 있을지도 모른다는 것이다.

우리는 자녀들이 잘못되면 '우리 애는 정말 세상에 둘도 없이 착한데, 얘가 친구를 잘못 만나서 이렇게 비틀어졌다.'라는 말을 하는 부모들을 흔히 보게 된다. 과연 우리의 자녀들이 정말로 '세상에 둘도 없이 착한애' 일까? 그렇지 않다. 자녀의 그릇된 행동이나 학업에 대한 방종, 혹은 성적부진은 하루아침에 형성되는 것이 아니라 한참의 발효과정이 진행되어 나타나는 현상이다. 이 과정 속에는 반드시 단초와 증상이 있고, 자녀 스스로 해법을 찾아보려는 남모를 노력이 있었을 지도 모른다. 하지만 둔감한 부모들은 이를 눈치채지도, 도움을 주지 못한 채 비로소 예상 밖의 현상이 나타날 때만 방향 없이 이리저리 동분서주하게 된다. 하지만 우리가 모르는 사이에 자녀들의 행동에는 이미 습 이 형성되어 있어서 이젠 고치기 힘든 상황이 되어 있는 경우가 허다하다.

필자의 경험에 따르면, 거의 대부분의 부모들은 자신의 자녀들에 대해 충분히 알지 못한다. 또 자녀들을 실체보다 훨씬 더 긍정적으로 평가하는 것이 일반적이다. 자녀에 대한 기대나 평가가 크고 좋은 것이 나쁜 것은 아니지만, 지나친 기대나 평가는 자녀를 힘들게 할 뿐만 아니라, 자녀의 부정적인 면들을 개선하는데 독이 될 가능성이 크다.

필자가 가르쳤던 학생 가운데, 고1 1학기 무렵까지 공부를 꽤 잘했던 여학생이 있었다. 이 여학생은 고1 여름방학 무렵부터 이성교제를 시작했고, 이 여학생의 엄마는 이 사실을 전혀 모르고 있었다. 이 여학생의 학업능력이나 학업태도는 서서히 나빠지고 있었지만, 아직 성적으로 그 악화된 학습결과가 표출될 정도는 아니었다. 자녀의 이성교제 사실을 타인의 전언을 통해 알게 된 이 여학생의 엄마는 본인 자녀의 이성교제 사실을 인정하려 하지 않았고, 나중에 사실로 확인된 후에는 본인의 딸의 이성교제의 원인을 주로 상대 남학생에게로 돌렸었다.

필자에게 일주일에 한 시간씩 과외를 받았던 이 여학생은 시간이 지나면서 필자의 수업에 거의 집중하지 못하는 상태가 되었고, 필자의 질문에 대답을 안 하거나 딴청을 부리는 아주 삐뚤어진 태도를 보이기 시작했다. 필자는 단단히 각오를 하고 근 두 달 동안 여러 차례 이런 저런 방법으로 공부에 집중하도록 설득을 했었고 만의 하나를 대비하여 이 여학생과의 수업내용을 이 학생이 모르게 녹음했었다. 하지만 이미 이 여학생의 태도는 개선될 여지가 없는 상태가 되어 있었고 이런 경우 수업을 계속 진행한다 하더라도 나중에 학생자신과 부모를 속이는 결과만 낳게 된다. 그래서 결국 필자의 제안으로 이 여학생 엄마와 상담을 하게 되었다.

필자와 상담을 하게 된 이 여학생 엄마의 반응은 어땠을까? 그간 이 여학생을 수차례 나무란 필자에 대해 이 여학생은 좋은 감정을 가지고 있었을리가 만무하다. 이 여학생은 엄마에게 필자의 수업이 불성실하다고 말했고, 이 엄마는 그 여학생이 수업에 집중하지 못하는 이유를 본 필자의 불성실 쪽으로 원인을 돌리려 했었다. 학부모들이 자녀의 일탈을 외부의 탓으로 돌리는 일은 예상외로 빈번하다. 필자는 그 학부모에게 그 여학생에 관해 전후 상황을 얘기 했지만, 그 엄마는 본 필자의 말 보다는 자녀의 말을 믿고 있었고, 계속해서 본인 자녀의 입장을 옹호하고 있었다.

그래서 필자는 어쩔 수 없이 “미안하지만 OO와의 수업내용을 여러 차례 제가 녹음해 뒀습니다. 전혀 편집하지 않았으니 원하시면 같이 들어보시죠!” 라고 말을 할 수 밖에 없었다. 필자와의 상담 혹은 논쟁에서 완패(?)한 이 엄마는 더 이상의 말을 이어가지 못하고 필자의 권고대로 수업을 그만두게 되었다. 필자는 그간의 경험을 통해 여러 이유로 인해 위와 같은 문제가 발생할 가능성을 잘 알고 있다. 또 이 경우에도 이 문제가 발생하기 전에 수 차례 학원의 상담실장님과 그 여학생의 문제를 논의했었다.

우리는 기꺼이 우리자신이나 우리의 자녀에 대한 바른 조언을 얻으려 하지만, 그 조언이 진실에 가까우면 가까울수록 그 내용의 맛이 쓰고 가슴 아픈 것일 가능성이 크다. 우리는 그 쓰디 쓴 내용의 소중함을 잘 알고 있으면서도, 그 말을 전하는 사람을 미워하게 되고 피하려는 속성을 가지고 있다. 미국의 여러 기업들이 조직 내의 의사결정과정에서 쓴 소리만을 담당하는 ‘Devil’s Advocate악마의 대변인’를 두고 있다. 조직의 발전을 위해서는 조직내 주류의 목소리가 아닌 반대자의 목소리를 경청할 기회를 가져야 한다.

자녀교육에 있어서도 마찬가지다. 우리가 모르는 자녀, 자녀

스스로도 본인들이 어디로 가는지 잘 모른 채 그릇된 방향으로 무럭무럭 자라고 있을지도 모른다. 특히 성장기에 있는 자녀가 자신의 경험과 인지의 범위를 넘어선 미지의 길에 대한 조언을 들을 기회도 없이 자라게 된다면 그 결과는 자녀와 부모 모두에게 실망스러운 것이 될 것이다.

우리 자녀들은 각자의 개성과 무한한 잠재력과 가능성을 가진 재목들이다. 이 나무의 개성의 씨앗들이 꽃이 되고 열매를 맺고 곧고 바르게 자라서 하늘 높이 솟아오르면 후에 장대한 거목이 될 것이다. 하지만 이들이 충분한 햇빛과 자양분이 더 필요할 때, 아무런 돌봄없이 그대로 방치된다면 그 나무는 어떤 열매도 맺지 못한 채 부실하고 나약한 나무가 될 것이다. '조하리의 창'이어도 좋고 아니어도 좋다. 어떤 틀에서든 여러분이 알고 있는 자녀이외에 여러분이 모르는 자녀를 알아보려고 노력해보기 바란다. 그러면 여러분 자녀들은 튼튼하고 곧게 자라서 멋진 나무가 될 것이다.

송파의 주먹 왕 공부 왕이 되다!

'서울 송파구 22개 중학교 주먹짱-2012년 수능 영어 만점, 수학 1등급, 언어 한 문제 차이로 2등급 - 한국외대 불어과 합격.' 전혀 어울리지 않는 앞의 조합을 가진 학생은 송파구에 위치한 ** 고를 졸업한 '이기원'이란 학생의 프로필이다. 기원이는 정말 주먹짱이었다. 제 버릇 개 못준 기원이는 고3 때도 홀로 주변학교 G고등학교의 축구부 학생들을 또 B고등학교의 야구부 학생들을 주먹으로 박살냈던 놈이다. 또 중학교 때는 인천지역 애들하고 300대 300 정도로 집단 패싸움을 했었다고 한다. 이런 전투가 벌어지면 짱들이 앞에 나와서 일대일로 일합을 겨룬단다. 참 소설 같은 애기다. 이렇게 주먹이 큰 이 친구에게 어떤 변화가 있었을까?

내가 기원이를 처음 만났던 곳은 필자가 주 3일 정도 수업을 하러 나갔었던 서울근교의 기숙학원서에서다. 중3 겨울 방학 때 예비 고1반의 일원으로 그 학원에 왔었던 기원이는 파마머리에 포니테일을 한 헤어스타일과 큐빅귀걸이를 한 소위 '양아치'의 모습이었다. 그래서 기원이는 첫 날 그 학원 부원장에 의해 귀걸이 빼고, 이발을 하고 오지 않으면 수업을 들을 수 없다는 경고를 받고 밖에 나가서 용모를 재정리하고 다시 학원에 들어왔다.

천차만별의 학생이 모여 있던 그곳 기숙학원에서 기원이는 어떤 이유인지는 모르지만 그 반의 반장이 되어 있었다. 참 신기했다. 나름 반장으로서 열심히 공부를 했던 것 같던 기원이는 5주간의 수업이 끝난 2월 초에 교무실로 나를 찾아 왔다. 나를 찾아 온 요지는 내가 운영하고 있는 대치동학원에 와서 수업을 듣고 싶다는 것이었다. 그래서 난 그냥 지나가는 말로 '그래 기회가 되면 학원에 한번 와봐!'라고 대답하고 크게 신경을 쓰지 않고 있었다. 당시 나는 기원이 같은 양아치가 학원에 온다면 기존의 성실한 학생들에게 미칠 부정적인 영향을 걱정하지 않을 수가 없었다.

기원이는 한참 아무런 연락이 없다가 3주쯤 지난 2월 말 경에 어머님과 함께 필자의 대치동 학원에 찾아왔었다. 그래서 짧은 상담 후에 우리 학원에 다니기로 한 후 기원이는 예상외로 매일 학원에 성실하게 나왔다. 기원이가 다니던 00고등학교 주변에도 학원이 많이 있었는데 기원이는 집과 학교에서 꽤 거리가 먼 우리 학원에 버스나 지하철을 타고 왔었다. 당시 나한테 근 3년 넘게 배우고 있던 휘문고 고3 학생들에게 기원이가 새로 온 1학년 학생이니 같이 열심히 공부하라는 인사를 시키자, 고3 학생들은 기원이에게 함부로 반말을 하지 못했었다.

거의 매일 학원에서 기원이를 만났던 나름 떡대가 있던 그 고3 학생들이 기원이에게 편하게 반말을 하게 된 것은 그 후 근 1년이 지나서였다. 어른들도 기원이를 보면 함부로 반말을 하지 못할 험상궂은 얼굴과 몸을 기원이는 가지고 있었다. 물론 나중에 자주 보면 나름 귀엽기도 하고 본인도 귀여운 짓을 자주 하는데, 보는 사람들은 역겹다.

대치동 학원에 온지 2주가량 지난 후 고등학교 들어와서 첫 모의고사를 본 기원이는 며칠 동안 학원에 나오지 않았다. 그래서 내가 전화를 한 후에야 학원에 나온 기원이는 다짜고짜 학원을 그만 두겠다고 했다. 내가 그 이유를 묻자 기원이는 본인의 3월 모의고사 점수를 말하면서 본인은 공부에 적성이 없는 것 같다고 했다. 당시 기원이는 영어 과목에서 100점 만점에 60점정도 받았던 것 같다. 내 생각에는 '와! 예상보다 잘 봤네!'였지만, 내심 80점 이상의 점수를 기대했던 기원이는 실망감이 좀 컸던 듯 했다.

학원을 그만 두겠다는 기원이의 태도는 완강했다. 그냥 중학교 때처럼 골치 아프지 않게 편하게 살겠다고 했다. 기원이가 짧게나마 보여줬던 성실함에 마음이 다소 호의적으로 움직였던 나는 '야! 군말 말고 4월 모의고사까지만 다시 공부해보자. 그리고 목표를 너무 원대하게 잡지 말고 지금 성적보다 딱 10점만 더 올릴 생각으로 공부해보자.'라고 조언을 했다. 내 말을 듣고난 기원이는 고민을 좀 더 해보겠다고 하면서 집으로 돌아갔고 며칠 후에 다시 학원에 돌아왔다.

4월 모의고사를 치른 기원이는 근 80점에 가까운 점수를 받아서 기분이 좋아져서 시험지를 학원에 가지고 왔다. 그 무렵부터 기원이는 오랫동안 피워오던 담배도 끊어 보겠다고 내게 약속을 했다. 하지만 그게 그리 쉬운 일은 아니었다. 당시 6층 건물의 6층에 있던 필자의 학원건물의 옥상에는 다른 학원 학생들이 와서 담배를 피우곤 했었다. 기원이는 본인이 담배를 피우러 올라갔다가 거기서 담배를 피우고 있던 고3 학생들 만났다. 거기서 기원이는 5~6명의 학생들을 일렬로 세운 후 다시는 여기서 담배를 피우지 말라는 협박과 함께 단단히 한소리를 했었다 한다. 기원이가 고1인지 전혀 알 수 없었던 그 고3 친구들은 고개를 푹 숙인 채 기원이의 위협 하에 엄중한 꾸중을 묵묵히 들었다고 한다. 그런 걸 내려와서 무슨 영웅담처럼 자랑스럽게 내게 얘기하는 당시 기원이의 유치함(?)이란....

당시 기원이는 학교 수업이 끝나면 곧바로 우리 학원에 왔었다. 기원이는 우리 학원에서 공부를 하다가 필자가 소개하는 언어, 수학학원에 다녀온 후에도, 10시쯤에 수업을 끝내고 10시 반쯤에 퇴근을 하던 나보다 더 늦게까지 학원에 남아 근 12시까지 거의 매일 공부를 했었다. 10시 이후에 학원 교습을 금지하는 강남교육청에서는 지금도 가끔 학원 단속을 실시한다. 어느 날 하루, 10시경에 수업을 끝내고 차로 20분 거리에 있는 뱅뱅사거리 쪽에서 친구와 커피를 마시고 있던 필자에게 기원이로부터 전화가 왔었다. 학원 단속반이 왔고, 기원이가 혼자 학원에 남아서 공부를 하고 있다가 적발 됐다는 것이다.

당시 급히 학원으로 돌아온 필자에게 교육청 단속반원들은 심야교습행위를 했다는 확인서에 서명을 하라고 강요했었고 필자는 강하게 어필했었다. 당시 학원에 강사들이 없었는데 어떻게 교습

행위가 이뤄지며, 또 학원 비밀번호를 알고 있는 학생들이 원장이나 강사들 모르게 학원에 되돌아와서 공부하는 것을 어떻게 막을 수 있을지를 그 교육청 직원들에게 물었지만 그들의 태도는 완강했다. 단속 실적을 올려야하는 그들의 입장에서는 내가 빨리 확인서에 서명해 주기를 원했고 나로서는 억울하지만 서명을 하는 것 이외에는 달리 방법이 없었다.

학원 수업을 10시까지로 제한하는 것의 긍정적 측면을 이해 못하는 바는 아니지만 그의 따른 부작용도 그에 못지않게 크다는 것을 이글을 읽는 독자들은 부디 이해해 주기 바란다. 돈이 많은 학생들은 더 비싼 비용을 들여 집에 강사를 불러들여 과외수업을 받을 수 있다. 하지만 이를 단속할 방법이 전혀 없는 현실 속에서 학원에 남아 자습하는 것까지 단속하는 것이 과연 정의로운 일인지는 고민해볼 일이다. 그리고 학교에서 11시~12시 까지하는 야간 자율학습은 청소년 건강에 유해하지 않고 어찌 학원수업만 청소년 건강에 유해하단 말인가?!

기원이는 특히 고3때 밤 1시 넘어서 울면서 필자에게 10번도 넘게 전화를 하곤 했었다. 대학을 운동특기자(야구)로 진학한 후 체육선생님을 하시다가 학교를 그만 두시고 사업을 하시던 기원이의 아버지는 터프하신 분이셨다. 당시 사업이 그리 순탄치 않았던 시기였고 한터프하던 기원이와 충돌도 많았다. 기원이의 전언에 따르면 기원이가 중3때 사고를 쳐서 송파경찰서에서 조사를 받고 나오는데 기원이의 아버지가 벽돌로 기원이의 머리를 가격해서 졸지에 피해자가 된 기원이는 병원에 근 2달 동안 입원을 했었다고 한다.

기원이가 고3이 된 이후에도 아버님이 약주를 한잔 하신 후에 집에 돌아오시면 다 자란 기원이를 폭언과 폭력적 수단으로 꾸짖곤 했었고, 기원이는 그런 충돌이 있을 때마다 집을 나와 집 주변 공원을 배회하면서 내게 눈물 섞인 하소연과 조언을 구하곤 했었다. 별달리 해줄게 없던 나로서는 그냥 '네 목표를 마음에 새기고 흔들리지 말라'는 조언밖에 할 게 없었다.

당시 육사에 진학하고 싶어 했던 기원이에게 육사에 진학하기 위해서는 성적뿐만 아니라 불미스런 경력이 있으면 절대 육사 입학이 불가능하다는 점을 상기시키면서 기원이를 이끄는 수밖에 없었다. 이런 환경 속에 있는 기원이가 학원에 남아서 공부를 하겠다고 하는데 내가 교육청의 단속만을 이유로 막을 수는 없었다.

기원이가 고1 이던 해 추석 때 3일 정도의 연휴가 있었다. 추석날을 제외한 다른 쉬는 날엔 학원에 나와 밀린 책을 읽으려던 내 눈에 비친 기원이는 약간 공부에 미친놈이었다. 추석 때 아무데도 가지 않고 오직 학원에 나와서 영문법 동영상을 보면서 연휴 내내 공부를하고 있었다. 중학교시절 쌓지 못한 허약한 어휘력영어는 물론 우리말도, 빈곤한 독해력, 부실한 문제풀이 능력 등이 기원이를 늘 가로막고 있었지만, 이런 부족함을 알기에 기원이는 더 열심히 공부에 올인 했다. 본 필자가 많은 학생들을 가르쳐봤지만, 머리가 안되면서도 죽도록 열심히 공부한 정말 눈물겨운 예였다.

고3이 된 기원이는 육사라는 목표를 향해 성큼 나아가 있는 듯 보였다. 기원이는 학교에서도 3년 내내 반회장을 맡았었다. 1학년 때는 애들을 위협하여 회장이 되었지만, 고2,3때는 거의 애들의 추대를 받았고, 성적이나 태도 또한 회장의 역할을 수행하기에 충분했었다. 본인이나 주변 친구들의 말에 따르면 기원이는 학교에서 거의 '걸어 다니는 법전'이었단다. 학교 선생님들 또한 자기 반에 문제가 생기면 기원이를 한번 불러서 그 반 학생들을 대상으로 일장 훈계를 하도록 부탁하는 정도였다고 한다. 기원이가 협박 반 설득 반의 설교를 하고나면 그 반의 분위기는 한동안 모범적이었다고 한다. 믿거나 말거나~~

7월이 되어 육사 1차 시험을 치른 기원이는 초조해 하고 있었다. 시험을 잘 치른 것 같지는 않지만 나름 육사 1차 합격을 학수고대했었던 기원이는 결국은 낙방의 결과를 얻게 되었다. 기원이 만큼은 아니지만 기원이의 육사 1차 합격을 기대했던 필자도 당시 그 당혹스러움을 숨기기 힘들었다.

이후 마음을 추스른 기원이는 학업에 정진했고, 수능시험에서 영어만점, 수학 1등급, 언어 1 문제 차이 2등급의 성적을 얻었다. 연고대는 불가능하지만 경희대나 중앙대에 진학하려던 기원이는 학교 선생님의 권유에 따라 별 생각 없이 한국외대의 수시모집에 지원했고 합격의 결과를 얻게 되었다. 당시 기원이는 필자에게 전화를 해서 '선생님 기쁜 소식인지 안 좋은 소식인지 모르지만 일단 알려드려야겠어요. 저 외대에 합격했어요.' 수능 점수 상으로 한 단계 더 높은 대학에 진학이 가능했던 기원이는 결과적으로 외대생이 되었다.

한번은 필자가 친구와 함께 수서동에 있는 커피숍에 들어갔었는데, 우연히 흡연실에서 친구와 함께 담배를 피우며 커피를 마시고 있는 대학생 기원이를 발견했다. 필자는 기원이에게 살금살금 다가가 뒤통수를 한 대 세게 때렸다. 그때 뒤통수를 세게 가격당한 기원이 보다 더 놀란 사람은 바로 기원이 앞에 앉아 있던 기원이의 친구였다. 마치 '이 세상의 그 누가 기원이의 머리를 이렇게 때릴 수 있단 말인가?!'하는 표정이었다. 뜻밖의 일격을 당한 기원이는 황당해 하면서 벌떡 일어났고 그 뒤에 서있던 필자를 발견한 기원이는 즉시 순한 양으로 돌변했다. 기원이는 앞에 있던 친구에게 당장 일어나라고 하면서 그 친구에게 90도 인사를 강요했다. 그런 기원이는 작년 말 군에 입대하여 지금 군 복무중이다.

기원이가 내게 준 감흥은 좀 별다르다. 기원이는 본 필자를 '정신적 아버지'라 불렀다. 그가 고등학교 시절에도 그리고 그 이후 필자와 맥주를 한잔 할 때도 기원이는 그의 아버지와 다른 아버지에 대한 갈망을 가지고 있었다. 그러면서 아직 어린 필자의 딸을 무척 부러워했었다. 고3때 조금만 더 아버지가 잘 다독거리고 올바르게 격려해줬었다면 본인이 훨씬 더 좋은 결과를 얻었을 거라고 얘기하고 더 어릴 때 아버지가 넓은 세상에 관해 얘기해주고 함께 독서도 하고 토론도 해봤으면 하는 아쉬움을 토로하곤 했었다. 그래도 기원이는 먼 길을 돌아오긴 했지만, 바르고 똑똑하게 자라서 어른이 되었다.

인간은 본인이 갖지 못한 것에 대한 무한한 동경이 있다. 건강한 우리는 건강을 잃을 때까지 건강의 소중함을 잘 모른다. 가난의 경험이 없는 사람들은 가난해본 사람들의 눈물을 이해하지 못한다. 이 세상에는 바꿀 수 없는 것들이 많다. 부모, 형제 그리고 우리가 처한 한국의 현실 등 우리가 숙명으로 받아들여야 할 것들이 너무도 많다. 하지만 우리의 선택이나 노력에 의해 바뀔 수 있는 것도 많다. 필자를 포함한 우리들은 아이들이 빨리 정신적 각성이 생겨서 공부도 열심히 하고 행동도 진중해지기를 바란다. 하지만 애들의 '사고의 부화'가 혼자서 이뤄지는 데는 엄청난 어려움이 있다. 그리고 스스로의 사고의 부화가 일어난 후면 애들의 나이는 이미 스물이 되고 서른이 되어 있을 지도 있다.

알이 부화되기 위해서는 알속에 있는 병아리의 노력과 의지도 필요하지만, 알을 품어주는 어미새와 적절한 주변 환경의 도움이 필요하다. 우리 애들의 지적, 정신적 각성을 위해서도 누군가는 어미닭의 역할을 해야 한다. 어미닭이 알을 품을 의지나 능력이 없어서 그냥 그대로 알을 방치하면 그 알은 영원히 부화되지 않는다. 독자여러분의 자녀들이 '알에서 깨어나는 것'도 그냥 기다릴 일만은 아니다. 끝없는 관찰과 다독임과 회초리가 필요하다. 애들은 부모의 노력만큼 건강하고 크게 자라게 될 나무다.

가수 타블로와 학업

2003년 경 쯤 나의 시선을 사로잡는 가수가 한명 있었다. 그 가수의 이름은 바로 '에픽하이'라는 팀의 멤버인 '타블로'였다. 그의 노래나 외모가 아니라 그가 내세웠던 이력이 나를 사로잡았다. 그가 내세운 이력은 3년 6개월 만에 미국서부 명문대학인 스탠포드대학교 영문과 '학사+석사 수석 졸업'이었다. 영문학을 전공하고 영어를 가르치고 있던 필자의 입장에서 보자면 정말 대단한 이력의 소유자가 나타났던 것이다. 게다가 타블로가 제시한 입학 경로는 더욱더 나를 충격에 빠뜨렸다. 미국에서 별다른 입시 준비 없이–예를 들면, SAT Scholastic Aptitude Test: 미국의 수능시험–단 한편의 시 만으로 '하버드'와 '스탠포드'로부터 입학허가를 받았다는 것이었다.

당시에는 아무도 그런 그의 이력에 의문을 제기하지 않던 때였다. 하지만 필자는 그 타블로가 TV 예능프로에 나와서 이런 저런 얘기를 할 때 마다 눈여겨보게 되었고, 그를 인지하기 시작한지 채 3개월도 안되어 그 친구의 말을 부정적으로 인식하기 시작했다. 필자가 보기에 그가 구사하는 언어와 사유능력이 전혀 그 정도 공부를 했다고는 믿을 수 없는 수준처럼 보였기 때문이다. 그래서 필자는 그가 왜 그런 근거 없는 말들을 하는 지에 관한 추론을 하기 시작했고 그 추론의 대부분은 나중에 큰 문제가 되어 여러 번 이슈화 되었지만, 아직도 명확한 정리 없이 유야무야 되어가고 있는 것 같다. 그에 대한 더 자세한 내용을 알고 싶으면 인터넷에 들어가 타블로에 관련된 카페에 가서 확인해 보기 바란다. 본 필자가 여기서 그의 학력이나 경력의 진위를 믿는지 여부와 관계없이 '타블로'라는 연예인을 언급하는 것은 그가 학생들의 학업에 미친 심대한 부정적 영향 때문이다.

우스개 얘기로 중1 학생들에게 장래에 가고 싶은 대학을 물어보면 응답자의 절반 이상이 서울대, 연대, 고대정도는 갈 수 있을 거라고 대답한다. 그 나머지 좀 겸손한 친구들(?)은 대충 서울에 있는 주요 대학정도는 진학 할 수 있을 거라 생각한다. 필자가 중1 학생들 중에서 반에서 한 10등쯤 하는 한 학생에게 '야 너 열심히 공부하면 중앙대 정도는 갈 수 있어. 힘내!'라고 말하면 그 친구는 매우 기분 나빠하며 집에 가서 엄마에게 '우리 선생님이 오늘 나에게 험담을 했어요.'라고 투정을 부릴 것이다. 하지만 고3쯤 되면 얘기가 달라진다. 비슷한 상황의 학생에게 필자가 비슷한 얘기를 해주면 그 친구는 하루 종일 기분이 좋은 상태에서 공부할 것이다.

여느 청소년 시절이 그렇듯이, 요즘의 청소년들도 대부분 대중음악을 사랑하고 또 그들만의 우상을 가지고 있다. 그 음악과 우상에 대한 신봉 속에서 그들은 나름의 방식으로 피로와 스트레스를 풀며 살아간다. 그들의 우상이 우리 어른들의 기대-빌게이츠나 스티브 잡스 등-와는 좀 다른 연예인이지만, 당시 '타블로'는 상당히 독특한 위치를 점하고 있었다. 애들이 좋아하는 연예인이지만, 학업 면에서 아주 우수한 사람의 특성을 보유한 사람인 까닭에 부모들 입장에서 애들이 그를 좋아하는 것을 그다지 싫어할 이유가 없어 보였다. 하지만 필자는 아주 부정적인 시각으로 그 문제를 바라봤다.

현장에서 접한 '상당히 많았던','타블로'를 좋아했던 애들은 '타블로'가 얘기한 '그의 허구적 천재성'을 현실로 받아들이고 있었다. 쉽게 말하면 고2때까지 공부를 거의 하지 않아도, 고3쯤 돼서 한 편의 좋은 시나 에세이 한편이면 세계최고의 명문대에 진학할 수 있다는 것을 굳게 믿고 있었다. 영화 한편을 보고 '경제학 원론' 시험에서 만점을 받았다는 얘기, 초2때 구구단을 외우지 못해 학교를 그만 둔 후에도 나중에 세계 최고의 대학에 진학한 후 3년 6개월 만에 영문과 학,석사 과정을 수석으로 마쳤다는 얘기들은 타블로를 그들의 우상으로 만들어 놓기에 충분했다. 필자가 당시 어떤 얘기를 하더라도 타블로를 신봉하던 그 애들은 '선생님 열폭 열등감 폭발 하지 마세요.'라는 공허한 대답과 함께 그들의 학업에 대한 태만을 인생역전의 디딤돌로 여기는 풍조를 가지고 있었다. 당시 그런 믿음을 가지고 공부에는 집중하지 않고 그저 '타블로'의 신화에 빠져있던 애들의 현재의 모습은 어떨까? 그들의 학창시절을 허황된 기대치에만 의존하게 만든, 검증 없이 타블로의 얘기를 방송으로 날려 보냈던 방송사와 그의 말 한마디 한마디를 대서특필하며 우상화에 앞장섰던 언론들의 책임은 없는 것인가?

학생들의 현실 인식의 중요성에 관한 얘기를 좀 하도록 하자. 필자가 재수생들을 접하다 보면 1년 내내 공부해도 고3때 수능시험을 봤을 때와 거의 성적의 변화가 없는 학생들을 자주 보곤 한다. 한 학생은 고3 때 용인의 모 대학에 진학했었는데, 재수 후에도 그 대학에 갈 정도의 성적밖에 안 나오게 되었다. 결과만을 두고 본다면 그 학생은 1년 동안 돈만 날리고 고생만 한 것이 된다. 하지만 필자는 생각이 다르다. 필자가 관찰한 그 학생은 태도가 정말 많이 바뀌었었다. 재수 초기에 진지하지 못하고 허황된 꿈을 가지고 있던 그 친구는 시간이 갈수록 진지해지고, 공부라는 것이 정말 어렵다는 것을 깨달아 가고 있었다. 당장 점수의 향상보다는 기본기를 다지려는 노력도 하고 있었고, 산만하던 태도가 점점 차분해져 가고 있었고, 선생님들의 말씀을 경청하고 성실하게 상담하고 조언을 받아들이는 태도를 갖게 되었다.

가정해 보자. 위의 학생이 그냥 대학에 진학하여 공부할 경우와 재수라는 숙성의 과정을 거친 후에 대학에서 공부하는 태도의 차이는 상당한 차이가 있지 않을까?! 우리는 주변에서 이런 부류의 학생들을 자주 접할 수 있다. '야, 넌 그렇게 열심히 공부하는데 겨우 반에서 10등이냐? 난 공부를 전혀 안하는 데도 이번 시험에서 20등인데. 야, 내가 너처럼 공부하면 5등정도는 금방 할 수 있어.' 이 글을 읽고 있는 독자들은 이런류의 말을 하던 사람이었는가? 아니면 듣던 사람들이었는가? 이런 얘기를 하는 건 쉬웠고, 이런 얘기를 듣는 것은 참 모멸감을 갖게 하는 재수 없는 얘기가 아니었던가?

우리가 공부를 하건, 장사를 하건, 직장생활을 하던지 간에 목표를 정하고 그 목표를 성취해 가는 과정은 각고의 노력과 시간 투자를 필요로 한다. 하지만 나이가 어리고 진지하지 못한 사람일수록 남의 성공과 성취를 평가절하하고 가벼이 여기는 경우가 많다. 하지만 그 성공은 정당한 방법과 절차를 거쳐야 하며 타인에게 피해를 주지 않는 것이어야 한다. 허언과 검증 없는 말, 그리고 캐나다 국적자라는 이유로 병역의 의무는 행하지 않으면서 국내에서 내국인보다 더 많은 이익을 얻고 있는 현실도 받아들일 수 없는 일이지만, 그가 미친 그릇된 공부에 대한 태도 때문에 소중한 청소년기를 허송세월하게 된 이들에 대한 위로 차원에서라도 이글을 적고 싶었다. 우리 부모들이 좀 더 현명하다면 이와 유사한 일이 다시 발생하더라도 좀 더 올바르게 자녀 지도를 할 수 있지 않을까? 세상은 아는 것만큼만 보인다.

소설 도시의 펭귄

김종훈 부장은 쓰린 속을 쓰다듬으며 침대에서 일어나 부엌으로 간다. 부엌에는 이미 아내가 아침식사를 준비 중이다. 어제 늦게까지 진행된 술자리의 여독 때문인지 아니면 맘 속의 다른 공허함 때문인지 김부장의 속이 더 허하다. 아내가 끓이고 있는 북엇국이 허한 속을 좀 풀어 달래줄 거라 기대해 보지만, 그래도 마음속에 남아 있는 풀기 힘든 아내와 인해에 대한 미안함이 왠지 마음을 씁쓸하게 한다. 그가 식탁에 앉자, 큰딸 인해가

"아빠 잘 잤어?" 라고 밝게 인사 하며 식탁으로 온다.

"응. 그래 인해도 잘 잤니?"

그 뒤에 둘째인 아들놈이 인사도 없이 머리를 긁적이며 식탁으로 다가온다.

"에이, 엄마 난 북엇국 싫은데.... 햄 볶아 준다고 했었잖아?!"

"야, 너 왜 오늘도 반찬 투정이야? 햄이 건강에 얼마나 안 좋은지 알아?"

"치, 아빤. 국도 건강에 안 좋다고 TV에 나왔다구."

"명환아, 엄마가 저녁에 햄 볶아 줄 테니깐. 지금은 그냥 먹어."

종훈의 머릿속엔 지난 토요일에 고1이 되는 딸 인해를 크게 혼

냈던 것에 대한 머쓱함이 아직 남아있다. 한편으론 애들의 학교 성적이 뭐 그리 중요한지 생각하면서도, 인해가 보여줬던 인정하고 싶지 않던 성적표에 버럭 화를 냈었는데, 그 뒤부턴 자신이 좀 초라해 보일 거란 생각을 한다. 그나마 투덜거리는 아들 녀석의 몇 마디 말이 다소 어색한 분위기를 누그러뜨리는 것 같아 다행이다. 초등학교 6학년인 아들 명환이는 아침식사를 하면서도 내내 이런 저런 얘길 하느라 정신이 없다.

"아빠, 난 꼭 서울대 갈 거야. 그래야 아빠가 기분 좋지."

"야, 너 서울대 가는 게 그리 쉬운 줄 알아? 너처럼 공부 안하면 전문대도 못 가."

인해가 쏘아 붙인다. 애들은 서둘러 식사를 끝내고 가방을 챙겨 짧은 인사를 하고 학교로 향한다. 이제 종훈도 출근을 서둘러야 할 때다. 하지만 출근 전에 한 10분이라도 아내와 애들얘기를 하고 갈려는 참이다.

"인해엄마, 애들 학원은 좀 알아봤어?"

"네, 몇 군데 알아봤는데, 다른 엄마들한테 의견 좀 더 들어봐야겠어요."

"그래. 고생이 많구려."

"그러니깐, 내가 진작에 애들 학원을 보내던지 과외를 시키던지 하자고 했잖아요, 그리도 똥고집을 부리더니 이젠 맘이 바빠요?!"

아내는 토요일의 감정의 여진이 아직 남아 있는지, 목소리가 조금씩 높아지고 있다. 지난 토요일엔 마치 본인이 죄인이나 된 것처럼 인해 옆에서 아무 말도 못하고 있더니. 오늘은 목소리에 날이 서있다. 그날은 종훈이 인해 모의고사 성적 때문에 인해와 명환이는 물론 아내까지 싸잡아 혼내느라 길길이 날뛰었었지만, 지금의 분위기는 좀 역전되어 있다.

거기다가, 비록 월급쟁이이긴 하지만 상대적으로 고액 연봉을 받고 있는 종훈이 돈 문제에 관해서는 아내 앞에서는 한없이 위축되는 사건이 하나 있다. 어릴 때부터 공부를 잘했던 종훈과는 달리 성남에 사는 동생 상훈은 어릴 때부터 공부에 재능이 없고 축구에 취미가 있었다. 고등학교 축구선수 시절, 무릎부상을 당한 이후에 크게 두각을 나타내지 못하던 상훈이 나이 30이 넘어 시골에 계시던 어머니를 모셔오겠다는 조건과 함께 노래방 사업을 하겠다며 종훈에게 손을 내밀었을 때 이를 쉽사리 거절할 수가 없었고, 결국 상훈이 노래방을 접게 되자 거의 2억 넘게 투자한 돈을 전혀 회수할 수 없었다. 처음엔 1억으로 시작했던 돈이 몇 달, 그리고 한 두 해가 지나다 보니 2억이 넘어서게 되더니... 종훈 자신도 믿을 수 없었다. 이 돈 때문에 종훈과 그의 아내 사이에는 이혼 얘기도 심각하게 오갔었고... 그 사이에 애들에게 크게 신경을 못 쓴 것 같아서 미안한 마음도 가득하다.

"아, 공부야 애들이 알아서 하는 거지... 그리고 엄마들이 애들 학원을 이리저리 보내면 애들만 힘들 거라고 생각했었지."

"또 옛날하고 똑같은 얘길 하고 있네! 계속 그러기에요?"

"이 사람아.. 바쁜 사람 붙들고 자꾸 과거지사 얘기 할 거야.

내가 싸우자고 지금 이러는 거 아니잖아. 암튼 이번 주까지는 학원 좀 잘 알아봐서 둘 다 어떻게 공부 시킬지 좀 잘 정해봐. 내가 어제 만났던 황원장 그 놈 만나서 다시 좀 이거저거 물어 볼 테니."

"어제 황원장 만나서 내내 얘기 듣느라 술 마신다고 했었잖아요?"

"이 사람아. 친구들하고 같이 만나면 내 얘기만 하게 되나...."

"어제 상구씨도 왔다면서요?!"

"음. 그놈 아들 원일이가 이번에 서울대 수학과 들어가서 그 놈이 1차, 2차 다 샀어."

"그 집 아들 의대 갈 거라 하지 않았어요?"

"상구는 아들이 의대 가길 바랬는데, 아들놈이 고집 부려서 합격한 의대를 안가고 수학과 간다고 해서 좀 섭섭해 하던데, 참... 그 놈은 무슨 복인지?"

"이젠 상구씨가 좀 부럽긴 해요?! 우리 인해도 좀 진작에 과외 좀 시키자니깐..."

"아, 상구는 걔 와이프가 어릴 때부터 끼고 가르쳤다잖아."

"그래서 제가 또 잘못했다는 거예요? 상구씨 와이프는 중학교 수학선생님이잖아요. 그러니 당연히 원일이가 다른 애들보다 유리하죠. 당신하고 나도 학교선생님이라면 우리 애들 직접 가르칠 수 있겠지만, 우리가 그럴 여건도 아니고..."

"아, 그만하고... 인해 학원 잘 알아보고, 명환이도 이제 곧 중학생 될 거니깐 같이 좀 잘 알아봐. 학교에 가서 선생님들하고 상담도 좀 해보고"

"알았어요. 학교 선생님들도 답답해하세요. 애들이 실력이 다 따로 따로 잖아요. 그러니 누굴 기준으로 가르치시겠어요?! 암튼 제가 직장 끝나면 좀 돌아 다녀 볼게요."

"그래, 수고해. 옷 좀 예쁘게 입고 상담하러 다녀."

"왜요? 옷이 후즐그레하면 학원에서 상담 안 해 준다고 그래요? 치호씨가?"

"그런게 아니고, 엄마가 좀 세련돼야지.... 그 쪽에서 좀 더 자세히 설명해 줄 거 아니야.. 나 다녀올게."

"치~~ 예쁜 옷이나 좀 사주면서 그런 말씀 하시지."

"아, 이 사람아 난 뭐 돈 펑펑 쓰고 다니나?"

"아, 돈 없다면서 맨 날 술자리에 스크린 골프에..."

"남자가 친구들 만나다 보면 어쩔 수 없는 거잖아."

"알았어요. 암튼 이번만은 내 맘대로 학원이든 과외든 정 할 테니깐 뭐라고 태클걸 생각하지 말아요."

"그래, 알았어. 나 다녀올게."

"참, 어머님 용돈하고 병원비 드렸지?"

"그래요. 엊그제 금요일 날 어머님 뵈러 갔을 때 동서한테 줬어요. 잘 다녀오세요."

종훈은 서둘러 신정동 아파트를 나와 을지로에 있는 직장에 제 시간에 도착하기 위해 지하철에 올라탄다. 오늘은 평소보다 조금 늦게 집에서 나와서 인지, 아님 운이 없어서인지, 손잡이를 잡고 서있는 종훈의 바로 앞에 앉은 구겨진 양복의 30대 남자는 연신 고개를 숙인 채 졸고 있을 뿐 일어날 기색을 전혀 보이질 않는다. 아마 종훈 보다 더 먼 출퇴근을 하는 사람인 듯하다. 집에서 지하철로 50분 정도 거리에 사무실이 있는 남들이 부러워하는 대기업의 김종훈 부장. 주변에선 훈남에 좋은 직장 다니는 유능하고 자상한 아버지라고 칭찬이 자자하다. 하지만 이제 막 50이라는 나이를 넘어선 종훈은 스스로 이 직장에서 언제까지 버텨낼 수 있을지를 생각하면 왠지 자신이 없다.

가끔 토요일에 친구들과 가까운 관악산이나 청계산을 등산 할 때면 왠지 친구들에 비해 호흡도 가쁘고 관절도 더 아픈 듯하다. 하지만 이 나이면 으레 찾아오는 몸 상태니 꾀병부리지 말라는 친구들의 잔소리가 질책 겸 응원이 되는 나이이다. 지방 소읍 출신인 본인이 최고 대학은 아니지만 남들이 부러워하는 서울에 있는 명문대 경영학과를 졸업하고 취직한 당대 최고의 대기업. 그때 집안 형편이 좀 더 괜찮았던 친구들 중엔 고시를 패스한 친구도 있고, 공부를 계속해서 대학 강단에 서 있는 친구도 있다. 하지만, 그 당시엔 본인의 선택 역시 최고의 선택이 아니었던가? 어릴 적 같은 동네에서 자랐던 친구의 사촌 동생인 전문대를 졸업한 예쁜 아내를 만나 결혼을 했을 때도 그 얼마나 뿌듯했었던가!

한데 지금 직장에선 왠지 빽이 없는 건지, 아님 영어를 후배들 만큼 못해서 인지, 희망하는 해외 지사 근무에서 자꾸 밀리고 이사 승진의 가망성도 점점 옅어져가는 나날의 연속이다. 성남에 있는 동생 집에 기거하시는 어머님은 2월 어느 날 노인정에 가다가 넘어져서 어깨가 탈골됐고 2주 전에 수술을 받았다. 종훈이 큰 아들인데, 직접 모시지도 못하고 동생네 집에 계시게 하는 것이 늘 마음에 걸리는 일이다. 그래도 지금까지 이 큰 아들이 얼마나 부모님껜 자랑스러운 아들이었던가?! 서울의 명문 대학에 합격 했을 때, 그리고 졸업 후, 대기업에 취직 했을 때 얼마나 두 분이 기뻐하시고 자랑스러워 하셨던가?! 이제는 홀로 남으신 어머님은 종훈이 아직도 세상에서 가장 똑똑한 자식이라 생각하고 계시는데...

내 앞자리 옆에 앉은 여학생은 연신 열심히 스마트폰을 들여다본다. 아마 무릎위에 놓인 책을 보니 구의동쪽에 있는 호수가 유명한 대학에 다니는 친구인가 보다.

"야, 요즘은 서울에 있는 대학에 들어가면 다 서울대로 쳐줘..."

라 했던 어제 한 친구 놈의 얘기가 머리에 스친다. 젊다는 것만으로도 충분히 예쁜 이 여대생의 얼굴위에 첫째 인해의 얼굴이 오버랩 된다.

'인해도 이 친구처럼 자라주면 좋겠는데.'

인해도 초등학교 시절엔 얼마나 당차고 영특한 아이였던가. 그땐 학급 회장도 몇 번하고, 학교 대표로 글짓기 대회도 나가고.... 그때 까지만 해도 종훈은 인해가 본인을 꼭 빼 닮아서 공부하나만은 남부럽지 않게 할 거라고 자신했었는데, 인해가 고1이 되어 첫 번째 치른 모의고사에서 받아온 성적이 전국의 중간쯤 되는 성적이라니. 도저히 받아 들일 수 가 없다. 고2때부터 담배도 피우고 친구들과 간간히 맥주도 들이켰던 종훈의 학창시절 경험으로부터 보자면 공부는 남의 도움 없이도 그리 어려운 일이 아니었는데.

"야! 요즘은 우리 때랑 공부하는 게 달라. 학교 공부만으로 입시 대비하는 게 쉽지 않아. 그리고 애들 중3때 성적이 거의 고3때까지 유지 된다고 보면 돼. 고1때부터 새로 시작하려면 정말 힘들다. 돈도 훨씬 더 많이 들고, 애들은 몇 배 고생하게 되고.."

평소 이런식으로 얘기 했던 학원 원장인 치호놈의 얘기에 좀 더 귀를 기울여 들었어야 했나? 애 엄마가 좀 더 일찍 맞벌이라도 한다고 했을 때 허락했어야 했나? 종훈은 왠지 자식들을 입시경쟁의 장에 내모는 것이 싫었었다. 입신양명을 유달리 강조하셨던 소작농 출신의 가부장적인 아버지 밑에서 자랐던 종훈은 본인의 애들에게는 공부를 강요하지 않는 쿨한 아빠가 되고 싶었다. 또 애들이 편히 쉬지 못하고 이리저리 가방 들고 시간에 맞춰 이 학원 저 학원을 다니는 것이 너무 측은해 보였었다. 그리고 솔직히 말하자면 무한대의 투자를 요구하는 것처럼 보이는 사교육의 전쟁터에 자신이 애들을 안고 뛰어들 자신이 없었다. 자신의 위축된 재정능력을 감안하면 애들한테 도저히 충분한 사교육을 시키는 것이 무모한 도전이라고도 생각했었다.

본인의 노후와 생존해 계신 노모 그리고 가끔 이라도 찾아뵙는 장인 장모님을 감안하면 애들에게 월 백 만원이 넘는 교육비를 쓴다는 것은 도저히 이해가 안 되는 일이었다. 그래서 인해가 중1 그리고 명환이가 3학년이 되었을 때, 명환이 태권도 도장을 제외하고 모든 사교육을 정리하고 스스로 공부하게 시켰었다. 그리고 그간 인해와 명환이가 잘 알아서 커주고 있다고 생각했었다. 그래도 애들이 모두 본인이 나온 대학정도는 갈 수 있을 거라고 막연히 기대했었다. 그간 애들이 공부를 잘하기 위해서는 '할아버지의 경제력, 아빠의 무관심, 엄마의 정보력'이 필요하다는 말을 한껏 비웃어 왔다. 그런데... 이제 와 보니 그게 아닌 것 같다. 인해가 뒤처진 부분을 한꺼번에 만회하기에는 너무 많이 와 버린 것 같다. 이젠 어떡하지?!

종훈의 직장에 매년 들어오는 신입사원들의 출신학교와 어학능력이 어느 정도인지 종훈은 그 누구보다 잘 알고 있다. 게다가 나이가 들수록 영어에 대한 자신감은 점점 줄어든다. 학창시절엔 영어를 꽤 잘 했던 것 같은데, 왠지 자신이 외국인과 미팅에서 영어로 말하면 후배들이 뒤에서 킥킥거리며 비웃는 것 만 같다. 대학 때 맨날 쳐 놀면서 공부 안하던 친구 놈이 미국에서 몇 년 공부 하고 국내에 돌아온 후 다국적 기업에서 잘나가는 것도 그 친구를 은근히 멀리하게 된 숨은 이유일까? 인해와 명환의 미래를 그려보며 이런 저런 생각을 하다 보니 지하철은 벌써 을지로 3가역에 도착했다.

'참, 20대엔 키 크고 잘생겼던 놈이, 30대엔 돈 잘 버는 놈이, 40대엔 지위가 높은 놈이 부럽더니 이젠 자식 잘된 놈이 부러운 시간이 되 버렸네.'라고 중얼거리며 지하철역을 나와 회사 건물로 서둘러 들어가 사무실에 도착한다.

"부장님, 최 이사님 방에서 10분후에 회의 있습니다."

부하직원 박 과장이 친절하게 알려준다.

"그래 박 과장. 천안공장 중국 이전안 보고 준비는 다 됐지?"

"네 부장님. 지난주에 말씀 하신 대로 보고서 작성했습니다."

"그래 그 보고서 미리 가지고 좀 와봐. 다시 한 번 같이 검토해 보자고."

"네. 곧 준비해서 오겠습니다."

김종훈 부장의 머리는 이제 회사업무에 집중해야 할 때다. 김부장은 책상위에 놓인 커피를 한 모금 들이키며 옆에 놓인 신문을 펼친다. 그의 눈앞에 펼쳐진 신문에는 '영국도 '아이 장래' 할아버지 재력에 좌우'라는 타이틀의 기사가 눈에 들어온다. 한겨레신문 등록: 2013.07.01 20:08

'이런 망할 놈의 세상. 영국마저 이러네. 휴~ 애들은 학교에서 오늘 수업을 잘하고 있나?'

아버지 종훈의 마음은 짙게 탄 숯보다 까맣고, 그가 지금 마시는 커피 맛은 오늘 따라 더 쓰다. 종훈이 어릴 땐 '나중에 정 할 일 없으면 농사라도 짓지 뭐!'라는 안전판이 있었지만, 도시에서 자란 지금의 애들은 그런 생각마저 못할 것이다. 그의 머릿속에는 언제가 봤던 남극 황제 펭귄에 관한 다큐멘터리 내용이 스쳐간다. 암컷이 낳은 알을 아무것도 먹지 않고 2달 이상 품어서 부화시키는 수컷펭귄, 생선을 먹고 그 먹이를 소화기관의 일부와 합쳐서 뽑아낸 펭귄밀크를 새끼에게 먹이는 어미펭귄. 그리고 새끼 펭귄들이 생후 2개월이 되면 시작하는 처절한 생존교육.... 남극의 혹독한 현실 속 펭귄과 종훈네 가족의 오늘의 현실이 너무도 많이 닮았다.

"부장님, 회의 들어가시죠!"

박 과장의 목소리가 종훈의 귓가를 스친다. 서울의 사무실안이 남극처럼 춥게 느껴진다.

epilogue

젊은 시절 밤새 잠 못 이루며 썼던 연애편지를 그 다음날 아침에 읽어보면서 얼굴이 화끈 거렸던 기억이 이 글을 쓰고 난 지금 내 머리 속에서 데칼코마니가 되어 살아난다. 글이 진행되면 될수록 내가 가진 생각들을 더 편하고 정확하게 표현하지 못하는 내 자신의 무능에 대한 안타까움이 갈무리 글을 쓰는 지금까지 여전하다.

이 책을 처음 쓸 때는 독자들에게 (사)교육에 대한 올바른 정보를 제공하는 것을 주된 목적으로 했었지만, 글이 진행되면서 지나치게 사교육을 옹호하는 글로 흐른 것이 아닌가 하는 걱정이 책을 마무리하는 이 순간에 가득하다. 하지만, 필자가 작금의 교육현실을 무시한 채 공교육만을 옹호하거나 사교육과 공교육의 기계적 중립을 강조하는 글을 쓰고 싶지는 않았다. 비록 우리사회의 아프고 찢겨진 부분이긴 하지만, 지금 있는 그대로의 사교육의 실체를 확인하고 어떻게 부모의 입장에서 사교육을 가장 잘 활용할 수 있을지에 대한 의견을 독자들에게 제시하고 싶었다.

개인적으로 유럽식 사회민주주의를 지향하는 필자가 사교육에 관한 이 글을 쓰는 과정에서 지극히 보수적 시각을 가지고 있는 나 자신을 발견하고서 깜짝 놀라는 계기이기도 했었다. 교육은 좀 보수적이어야 한다는 어설픈 주장으로 나를 합리화 하려는 것은 아니지만, 어찌 됐든 현재의 우리사회는 극한 계층 간의 경쟁이 있고, 그 경쟁 속에서 개인의 역량을 함양하는 것이 유일한 생존법인 것이 안타까운 일이진만 피할 수 없는 현실이다. 필자도 이런 극한의 경쟁 없이도 우리 사회구성원 누구나가 인간답게 살 수 있는 사회를 만드는 초인의 출현을 기대하지만, 이런 기대가 현실이 되는 것은 난망해 보인다. 그래서 개인은 작금의 시대상황에 맞춰 어쩔 수 없이 자기 자신을 지키고 보위할 경쟁력을 가져야 하고, 미래를 살아갈 우리의 자녀들이 그 경쟁력을 기르는데 무한한 도우미가 되어야할 부모의 역할이 더욱 막중해져 가고 있다.

모든 부모가 교육 전문가가 될 수 없고, 모든 부모가 자녀들의 학습 코치가 될 수 없다. 그래서 우리는 우리를 대신할 교육 전문가를 찾고, 그들의 도움을 얻어야 하는 것이 현실이다. 혹, 부모가 교육 전문가를 잘 찾아낸다고 해서 우리의 자녀들이 다 성공적으로 변하고 그들의 꿈을 이루는 것은 아니다. 필자에게 개인적으로 자녀학습에 관한 도움을 청하는 사람들이 주변에 종종 있다. 하지만 그 범위가 지극히 제한 적이었다는 아쉬움이 있었다. 그래서 이 책을 통해 그 범위를 좀 더 넓혀서 교육에 관한 보편적인 정보를 좀 더 많은 사람들과 공유할 수 있게 하자는 것이 필자의 의도였다. 이 책을 통해 작은 약속을 하나 하자면, 필자에게 연락을 하면 필자가 직접 강의한 고등부 영문법 동영상 강의와 교재를 선물로 드릴 테니 주저 하지 말고 필자와 연락하고 소통하시기 바란다.

자식 농사가 세상 모든 일들 가운데 가장 어려운 일임을 새삼 느껴가는 사람들이 많을 것 이다. 또 자녀들을 어떻게 길러야 할지 답을 찾고 있는 사람들도 많을 것이다. 필자는 '교육에는 정답이 없다.' 라는 기본 전제를 가지고 있으면서도 부모들이 자녀들의 교육에 관해서 조금 더 알고 신경을 쓰면, 자녀들이 지금 보다 한 걸음씩 더 좋아질 수 있다고 믿는 사람이다. 미흡하나마 이 책이 독자여러분의 자녀들이 더 넓고 거친 세상을 향해 당당히 항해해 나가는데 적으나마 도움이 되기를 바란다. 탈무드에 있는 격언을 하나를 소개하면서 이 글을 마친다.

'돼지는 무게로 등급을 매기고 사람은 교육으로 등급을 매긴다.'

부모가 알아야 할

사교육의 비밀

2015년 4월 10일 초판 1쇄 인쇄
2015년 4월 20일 초판 1쇄 발행

지은이 | 황치호 **펴낸이** | 안우리 **펴낸곳** | 스토리하우스
편　집 | 권연주 **디자인** | 이주현 · 이수진
등케록 | 제 324-2011-000035호
주케소 | 서울시 영등포구 영등포동 8가 56-2
전케화 | 02-2636-6272 **팩케스** | 0505-300-6272
이메일 | whayeo@gmail.com
ISBN | 979-11-85006-15-4 03370

값: 15,800원